混沌系统的分析、同步及在经济中的应用

徐玉华　谢承蓉　著

科学出版社

北　京

内 容 简 介

本书结合作者近年来的研究工作，首先介绍了几类新构造的混沌系统，并分析了其动力学特征；其次介绍了混沌系统投影同步的几种不同方法；再次介绍了混沌系统的几类有限时间同步控制策略；最后介绍了混沌系统在经济中的应用.

本书既注重理论方法分析，又结合实际应用，可供从事自动化控制工作的科研人员、工程技术人员、经济管理工作者，以及高等院校自动化、应用数学、管理科学及相关专业的教师、研究生和高年级本科生阅读和参考.

图书在版编目(CIP)数据

混沌系统的分析、同步及在经济中的应用/徐玉华，谢承蓉著. —北京：科学出版社，2020.12

ISBN 978-7-03-065305-5

Ⅰ. ①混…　Ⅱ. ①徐…　②谢…　Ⅲ. ①混沌理论-应用-经济学-研究　Ⅳ. ①F0

中国版本图书馆 CIP 数据核字（2020）第 092521 号

责任编辑：王丽平　贾晓瑞／责任校对：彭珍珍
责任印制：吴兆东／封面设计：无极书装

科学出版社 出版
北京东黄城根北街 16 号
邮政编码：100717
http://www.sciencep.com

北京虎彩文化传播有限公司 印刷
科学出版社发行　各地新华书店经销
*
2020 年 12 月第 一 版　开本：720×1000　B5
2021 年 3 月第二次印刷　印张：11 1/2
字数：230 000

定价：98.00 元

（如有印装质量问题，我社负责调换）

前　言

混沌是 20 世纪 90 年代科学界最引人注目的研究热点之一, 也被看成物理学在 20 世纪发生的第三次革命. 在 20 世纪 70 年代中期, 混沌作为一个专用术语, 首次出现在科学文献中. 然而, 不同领域的科学家往往对混沌有着不同的定义, 至今科学家们对混沌这一概念尚未有统一的理解. 正如陈关荣、汪小帆两位前辈所说: "对于从事非线性科学、特别是非线性动力系统研究的科学工作者来说, 混沌的基本概念还是相当明确的, 这是学术界好几代人共同努力的结果."

由于科学的发展以及人们对世界认识的不断深入, 混沌理论越来越被人们看作复杂系统的一个重要理论. 理论上研究混沌的目的是多方面的, 主要是揭示混沌的本质, 刻画它的基本特征, 了解它的动力学性态, 并力求对它加以控制和利用, 使之为人类服务. 多年来, 由于动力系统学及混沌理论的迅速发展, 动力系统学中复杂混沌行为分析成为非线性系统科学研究领域的一个热点. 随着混沌控制和反馈控制研究的日益深入, 出现了各种新的混沌吸引子和混沌控制方法. 目前混沌反馈控制方法在离散系统中的研究已经较为完善, 但是在连续系统中的研究还远未达到成熟, 如何实现利用反馈控制方法产生新的连续混沌吸引子, 对连续混沌系统提出更有效的控制策略仍是人们普遍关注的问题之一. 基于此, 本书利用混沌反馈控制的思想和方法构造出了几类新的连续混沌系统, 新混沌系统的提出为混沌理论与实际应用提供了更多的连续混沌模型, 研究混沌同步的一些控制策略也为混沌控制与同步的实现作了一些有意义的尝试. 因此, 新的混沌吸引子的发现, 将有助于我们加强对混沌现象的认识, 丰富混沌模型, 而新同步控制方法的提出, 将有助于发展混沌的控制与同步理论.

在许多领域, 混沌已被发现是有用的或者有着巨大的应用前景. 到了 20 世纪 90 年代, 混沌的研究进入实际应用阶段, 混沌与其他学科相互交叉、相互渗透, 促进综合发展, 使混沌在生物、数学、物理、化学、电子信息、人脑科学、军事科学, 以至经济学、社会学、哲学、艺术等人文领域都有应用. 比如, 在经济学方面, 有些经济学家过去认为经济系统具有绝对的平衡态, 并认为经济系统最终会稳定在这个平衡态上. 实际上, 经济系统常常是非线性的, 不规则间歇的经济周期不可避免. 对经济系统的干预类似于系统的外在扰动, 这种扰动可能阻碍这种周期, 加快了某一经济系统的衰退, 进而延缓了另一经济系统的衰退, 显然, 对管理者而言, 这是非常重要的, 对化解和防范经济风险具有积极的意义. 因此, 本书的另一目的就是讨论混沌系统在经济中的若干应用, 了解混沌无处不在, 为我们更好地防范风险提供些许参考.

本书由 4 个部分 6 个章节构成: 绪论和基础知识 (第 1 章和第 2 章)、几类新混沌系统的动力学分析 (第 3 章)、混沌系统的同步 (第 4 章和第 5 章)、应用研究 (第 6 章):

绪论和基础知识 (第 1 章和第 2 章): 第 1 章对与课题相关的背景进行了阐述; 第 2 章阐述了本书所涉及的基础知识.

几类新混沌系统的动力学分析 (第 3 章): 新构造的几类混沌系统的动力学, 包括基于反馈控制 Lorenz 系统的新混沌系统、基于反馈控制 Lü 系统的新混沌系统、基于反馈控制 Chen 系统的新混沌系统、具有 5 项表达式的 2-涡卷新混沌系统、具有 4 项表达式的 2-涡卷新混沌系统、不稳定的 4-涡卷新混沌系统、单参数 4-涡卷混沌系统等.

混沌系统的同步 (第 4 章和第 5 章): 第 4 章讨论了混沌系统的一般错位投影同步、基于动力系统比例函数的投影同步、基于定积分比例函数的投影同步、基于自适应定积分比例函数的投影同步、基于有限时间有界比例函数的投影同步、混沌系统的混合投影同步、混沌系统的自适应比例函数投影同步、混沌系统同步性质的一个注记等. 第 5 章讨论了混沌系统的一般有限时间同步、混沌系统的有限时间有界同步、混沌系统的固定时间同步、混沌系统修改的固定时间同步等.

应用研究 (第 6 章): 第 6 章主要讨论了混沌系统在广告经济系统、金融风险演化系统、股票价格波动演化系统以及双寡头博弈模型中的应用.

作者感谢国家自然科学基金 (61673221)、教育部人文社科基金 (14YJCZH173)、江苏省高等学校自然科学基金重大项目 (20KJA120002)、江苏省自然科学基金 (BK20181418)、湖北省教育厅重点科技项目 (D20156001)、江苏省高等学校自然科学研究面上项目 (19KJB120007)、江苏省 "六大人才高峰" 项目 (DZXX-019)、江苏省 "青蓝工程" 中青年学术带头人项目以及江苏高校优势学科建设工程三期项目南京审计大学应用经济学 (苏政办发〔2018〕87 号) 等的资助, 感谢科学出版社王丽平老师对本书出版的大力支持. 在从事研究和本书的写作过程中, 作者得到了许多同行的支持和帮助, 特别是其中一些结果是我们与合作者共同完成的, 作者在此一并表示感谢!

限于作者的水平, 书中不足和疏漏之处在所难免, 恳请同行专家和广大读者批评指正.

作 者

2020 年 7 月于南京

目　录

第 1 章　绪　　论

1.1　混沌学的发展

20 世纪下半叶, 非线性科学得到了前所未有的蓬勃发展. 其中, 对混沌的研究占有极大的比例. 混沌现象是 20 世纪最重要的科学发现之一, 它揭示了自然界及人类社会中普遍存在的复杂性, 如有序与无序的统一, 确定性与随机性的统一, 这扩大了人们的视野, 加深了人们对客观世界的认识, 正如著名物理学家福特 (J. Ford) 曾说过: “混沌的发现是 20 世纪物理学的第三次革命.” 而混沌学的发展也经历了一个较长的历史过程[1].

1892 年, Poincaré 在他的 *Les Methodes Nouvelles de la Mecannique Celeste* 中提出了 Poincaré 猜想. 他把动力学系统和拓扑学有机地结合起来, 并提出三体问题在一定范围内, 其解是随机的, 实际上是一种保守系统中的混沌[2].

1954 年, Kolmogorov 在他的《哈密顿函数中微小变化时条件周期运动的保持》中提出了 KAM 定理的雏形. 这为早期明确不仅耗散系统有混沌, 而且保守系统也有混沌的理论铺平了道路[3].

1963 年, Lorenz 在他的 *Deterministic Non-periodic flow* 给出 Lorenz 方程, 这就是在耗散系统中, 一个确定的方程却能导出混沌解的第一个实例[4].

1964 年, Hénon 给出了埃农映射 (Hénon mapping), 得到了一个简单的混沌吸引子[5].

1971 年, Ruelle 和 Takens 在他们的《论湍流的本质》中第一个提出用混沌来描述湍流形成机理的新观点[6].

1975 年, 李天岩和约克在他们的 *Period three implies chaos* 中提出了混沌的数学定义, 混沌作为一个数学名词第一次在科学文献中出现[7].

1976 年, May 在他的 *Simple mathematical models with very complicated dynamics* 中分析了 Logistic 方程的动力学特征, 考察了混沌区的精细结构[8].

1977 年, 混沌研究的国际会议第一次召开, 这标志着混沌科学的诞生.

1978—1979 年, Feigenbaum 发现了著名的费根鲍姆常数 (Feigenbaum constant)[9].

1982 年, Mandelbort 给出了世界上第一张曼德勃罗特集 (Mandelbort set) 的混沌图像[10].

1984 年, 我国科学家郝柏林出版了 *Chaos* 一书, 该书推动了混沌科学的发展[11].

1986 年, 中国第一届混沌会议在桂林召开.

1988 年, 在文献《控制理论未来的发展方向》中, 混沌的控制作为一个新的研究方向被提出.

现在, 尽管混沌科学已经过多年的发展, 并和其他科学互相渗透, 但是, 混沌系统的复杂性至今还没有被人们完全了解. 因此, 混沌至今还没有一个公认的非常严格的标准数学定义, 如迪万尼 (Devaney)(迪万尼从初值敏感性、拓扑传递性、周期点集的稠密性等三个方面给出了描述) 意义下的混沌映射以及连续动力系统的 Smale 马蹄意义下的混沌[12-13]. 目前影响较大的混沌定义是李天岩博士和他的导师约克在题为 *Period three implies chaos* 的论文中提出的定义[1].

1.2 连续混沌系统的研究现状

从现象上看, 混沌运动貌似随机过程, 而实际上混沌运动与随机过程有着本质的区别. 任何混沌现象不仅是确定性的运动, 而且还具有类似随机的行为[14-15]. 另外, 非线性特性是系统产生混沌的必要条件, 但并非任何具有非线性特性的系统都一定会产生混沌现象, 一般认为当系统具有以下的特征时就产生了混沌现象[1]:

(1) 系统的运动轨迹为一吸引子现象 (复杂的几何形状);

(2) 系统运动的功率谱具有连续谱上叠加尖峰的特点;

(3) 系统中至少有一个 Lyapunov 指数大于零.

近几十年来, 各国学者们对混沌的研究工作不断深入. 在 20 世纪 90 年代中期, 人们发现混沌有时不但是有用的, 而且需要得到强化, 导致了混沌反馈控制的迅速崛起, 在这些探讨中, 对于混沌反馈控制在离散系统中的研究已经取得了巨大的成功, 即对任意给定的一个有限维离散系统, 我们总可以设计一个简单的非线性状态反馈控制器来使受控系统产生混沌现象, 而且产生的混沌是严格数学意义下的混沌[3]. 比如, 1996 年, 通过使用反馈控制方法, Chen 等就率先研究了产生离散混沌的方法[15], 其后 Chen 等又明确地提出了关于 “反馈混沌化” 的概念[3,16-17]. 2003 年, Lu 等提出了一个 Maroto 定理的改进版本, 严格地证明了所提出的混沌化算法能够产生 Li-Yorke 意义下的离散混沌[18]等等. 但是, 对于连续混沌系统, 则情况变得非常复杂, 对它的研究还远没有达到完善, 研究者进行了大量的尝试, 许多新的连续混沌系统相继被提出, 简要介绍如下:

1963 年, Lorenz 发现第一个连续混沌系统[4].

1976 年, Rössler 提出了 Rössler 混沌系统[19-20].

1983 年, Chua 提出了著名的 Chua 电路[19,21], 它是迄今为止在非线性电路中产生复杂动力学行为最有效而简单的混沌振荡电路之一.

2000 年, 通过使用噪声诱发反馈控制方法, 甘春标等实现了 Newton-Leipni 系统的混沌运动[22].

1996 年, Vanecek 和 Celikovsky 提出了广义 Lorenz 系统的概念[23].

1999 年, 通过使用反馈控制方法, Chen 发现了 Chen 系统[24].

2000 年, 通过使用时滞反馈控制方法, Wang 等实现了连续时间系统的反馈混沌化[25].

2001 年, 通过使用 $x|x|$ 函数, Tang 等实现了连续系统的混沌化[26].

2002 年, 通过使用反馈控制方法, Lü 等相继发现了 Lü 混沌系统和统一混沌系统[27-28].

2002 年, 通过使用线性反馈控制方法, Codreanu 等使由稳定映射耦合成的同步 CML 系统失去同步并进入混沌状态[29].

2004 年, Liu 等发现了 Liu 混沌系统[30].

2005 年, Celikovsky 和 Chen 提出了广义 Lorenz 规范式[31], 广义 Lorenz 系统包含经典的 Lorenz 混沌系统、Chen 混沌系统和 Lü 混沌系统.

2005 年, 通过反馈控制统一混沌系统, Li 等发现了一个超混沌系统[32].

2006 年, 通过反馈控制 Lü 混沌系统, Lu 等发现了一个超混沌 Lü 系统[33].

后来, 研究者通过各种控制方法发现了一些新连续混沌系统, 有的是广义 Lorenz 规范式的特例, 有的与 Lorenz 系统有着相似的结构, 但它们是不拓扑等价的[31]. 另外, 吕金虎、禹思敏等通过使用一些非线性函数以及分段函数进行反馈控制产生了一些复杂的多涡卷混沌吸引子[34-36].

目前, 利用混沌反馈控制方法, 在三维自治微分系统中, 陆续发现了不同涡卷数的新连续混沌系统[37-43], 如 Liu 和 Chen 发现了一个能产生 2-涡卷和 4-涡卷的混沌系统[37]. Lü, Chen 和 Cheng 发现了一个能产生两个 1-涡卷和两个 2-涡卷的混沌系统[38]. Li 发现了一个能产生 3-涡卷的混沌系统[39]. Qi 构造了一个 4-涡卷的混沌系统[41]等等.

由于在一些混沌的应用领域, 比如, 在通信、密码、信息储存、电子仪器、模式识别、图像处理、信号处理、流体混合、经济管理等领域产生或强化混沌现象已成为一个关键性的研究问题, 因此, 提出新的连续混沌系统并针对各种新连续混沌系统开展动力学特性及应用研究, 具有重要的理论意义和实际价值[44-46].

1.3 混沌控制与同步的研究现状

所谓混沌控制是指对混沌的控制和诱导. 混沌的控制和诱导是非线性动力系

统与非线性控制的新理论与新方法, 是智能控制的重要组成部分. 从广义上讲, 混沌控制可分为两类: 一类是抑制混沌动力学行为; 另一类是产生或强化混沌动力学行为. 后者通常称为混沌反馈控制. 通常混沌控制有两种目标: 第一种是跟踪问题, 第二种是镇定问题. 目前, 人们对混沌控制广义的认识是: 在混沌有危害时, 成功地抑制混沌; 在混沌有用时, 产生所需要的具有某些特定性质的混沌运动, 甚至产生特定的混沌轨道; 在系统处于混沌状态时, 通过控制, 产生人们需要的各种输出. 总之, 尽可能地利用混沌的自身各种特点来达到控制目的, 是所有混沌控制的共同特点[5,47-48].

自从 Ott, Grebogi 和 Yorke 提出的 OGY 方法成功实现混沌控制后[49], 经过几十年的发展, 尤其是最近 30 年的迅猛发展, 混沌控制取得了丰硕的成果, 提出了各种混沌控制方法. 例如, 在文献 [48, 50] 中, 通过使用反馈控制方法, Chen 实现了 Duffing 和 Chua 系统的控制. 在文献 [51] 中, 通过使用线性反馈控制方法, Gallego 实现了 Lorenz 系统的控制. 在文献 [52] 中, 通过使用脉冲时延反馈控制方法, Naumenko 等可以使被控混沌系统运行在指定的周期轨道上. 在文献 [53] 中, 通过使用脉冲控制方法, Qiu 等实现了混沌神经网络的混沌控制. 在文献 [54] 中, 通过使用模糊控制方法, Chen 等实现了不确定混沌系统的控制. 在文献 [55] 中, 通过使用非线性控制法, 方天华实现了超混沌系统的控制. 在文献 [56] 中, 通过控制系统行为, 张晓辉等实现了混沌高周期轨道的构造. 在文献 [57] 中, 通过使用延迟反馈控制方法, 张思进等实现了碰摩转子映射系统的控制. 在文献 [58,59] 中, 通过使用反馈控制方法, Luo 等实现了超混沌系统、时空混沌系统的控制. 在文献 [60] 中, 通过使用自适应方法, 薛月菊等实现了时空混沌的模糊控制. 在文献 [61] 中, 通过使用周期拍控制方法, 李伟等实现了保守系统的混沌控制. 在文献 [62] 中, 通过使用 Backstepping 控制方法, Yu 等实现了 Lü 系统的控制. 在文献 [63] 中, 通过使用时延控制方法, Guan 等研究了混沌系统的稳定化问题. 在文献 [64] 中, 通过使用非线性反馈控制方法, Yang 等实现了超混沌系统的控制. 在文献 [65] 中, 通过使用混沌优化控制方法, Lu 等实现了不确定系统的控制. 在文献 [66] 中, 通过使用开关控制方法, Liu 等实现了系统的混沌控制. 在文献 [67] 中, 通过使用周期参数扰动控制方法, Wu 等实现了系统的混沌控制. 在文献 [68] 中, 通过使用无源控制方法, Wang 等实现了统一混沌系统的混沌控制. 在文献 [69] 中, 通过使用非对称匹配控制方法, Rech 等实现了系统的混沌控制. 在文献 [70] 中, 通过使用变结构控制方法, Hung 等实现了统一混沌系统的混沌控制. 在文献 [71] 中, 通过使用滑模控制方法, Salarieh 等实现了随机混沌系统的混沌控制等等.

混沌控制理论的发展已逐渐改变了人们对混沌运动不可控制及不可靠性的成见, 人们开始逐渐认识到混沌的重要作用, 并开始利用混沌.

所谓混沌同步是对于从不同的初始条件出发的两个混沌系统, 随着时间的推移, 它们的轨迹逐渐达到一致. 一般可以分为两类: 一类是在形成的误差系统中引入控制机制, 使误差系统有等于零的渐近稳定平衡点, 来达到同步控制的目的; 另一类是在受控系统的参数中引入控制机制, 来达到受控系统的输出同步于参考信号的目的. 从总体上来说, 仍属于混沌控制的范畴. 后来通过 Kocarev 等的工作, 混沌控制与混沌同步问题被合并成了一个问题, 即把混沌同步问题看成一类让受控系统混沌轨道按照目标系统轨道运动的控制问题[72-76].

在 1665 年, 荷兰物理学家、钟摆的发明者惠更斯发现科学史上最早的同步现象. 在 1990 年, Pecora 和 Carroll 提出混沌同步的思想, 并通过混沌电路, 模拟了混沌同步的过程[77]. 随着混沌同步和控制问题研究的日益深入, 研究者提出了各种实现混沌系统同步的机理和方法. 例如, 在文献 [78] 中, Sun 等研究了混沌系统的指数同步. 在文献 [79] 中, Li 等研究了混沌系统的广义同步. 在文献 [80] 中, Shi 等研究了混沌系统的增维同步. 在文献 [81] 中, Sawalha 等研究了混沌系统的降维同步. 在文献 [82] 中, Wang 等研究了混沌系统的有限时间同步. 在文献 [83] 中, Salarieh 等研究了混沌系统的多系统同步. 在文献 [84] 中, Liu 等研究了混沌系统的脉冲同步. 在文献 [85] 中, Ha 等研究了混沌系统的完全同步. 在文献 [86] 中, Wang 等研究了混沌系统的部分同步. 在文献 [87] 中, Choon 等研究了混沌系统的模糊同步. 在文献 [88] 中, Kebriaei 等研究了混沌系统的鲁棒自适应同步. 在文献 [89] 中, Sudheer 等研究了混沌系统的函数投影同步. 在文献 [90] 中, Zhang 等研究了混沌系统的弱同步. 在文献 [91] 中, Sun 等研究了混沌系统的错位投影同步等等.

近年来, 分数阶混沌系统的控制与同步研究也得到了迅速的发展[92-95].

混沌控制与同步理论的发展大大推进了混沌的应用进程, 如在电子学、激光、化学、生物、脑科学、神经网络系统、经济学、管理学、社会学、密码学以及保密通信等诸多学科领域中, 混沌控制与同步都具有非常大的应用潜力[45-46].

1.4 混沌系统在经济中应用的研究现状

混沌理论应用于经济学研究始于 20 世纪 80 年代, 它突破了传统的线性思维定式, 将经济、金融系统看成一个复杂的、相互耦合的和适应性的非线性动力学系统, 在这个非线性系统中, 由于系统中参数的稍微改变, 系统的运动轨迹产生不稳定继而产生混沌行为, 这种现象是非常常见的. Day 研究表明, 当人口数量最大且人均收入低于维持最低生活水平所需收入时, 人口数量的变化将表现出混沌现象[96], 同时, Benhabib 等认为不同收入阶层的消费行为是有差异的, 穷人消费行为表现是稳定的, 而富人消费行为就会表现出不同状态, 比如可能是周期或者是混沌的. 因此, 实现经济系统优化目标的一种动态行为可能表现出混沌, 这些研究进一步表明了经济系统在一定条件下可以表现出混沌行为[97]. 1984 年, Baumol 等在考虑企业的 R&D 支出水平与企业生产增长率之间的关系时发现企业生产增长率表现出不规则波动, 如周期性变化, 甚至是混沌的[98]. 1989 年, Baumol 等研究结果表明广告支出水平达到一定的上限就会导致销售收入表现出周期性变化, 甚至混沌[99]. 1993 年, 朱鋐雄等在经济数据中证明有混沌现象存在[100]. 1993 年, 在管理运筹学领域, Feichtinger 等研究了排队系统、库存系统、计划调度系统也会产生混沌现象[101]. 1980 年, 威廉・ A. 巴特尼和陈平在股票市场中发现了混沌吸引子的存在[102]. 后来, 人们进一步了解到基于传统的经济学理论基础之上的经济模型也会产生随机性现象. 1987 年, 美国经济学家拉姆塞通过对美国金融市场上的货币量波动和美国商品市场上的存量波动进行研究, 得到了混沌存在的完整数据[103]. 1998 年, 叶中行和杨利平等对上证指数进行了分析, 发现了上证指数中的混沌特性[104]. 2000 年, 高红兵等给出了我国证券市场的几个混沌的判据[105]. 2003 年, 刘洪教授提出混沌预测范式的基本观点, 将经济预测问题作为复杂系统问题加以研究, 指出应用混沌理论对经济开展进一步深入研究的领域与方向[106]. 1999 年, 美国学者埃德加・ E. 彼得斯在其专著中介绍和推广混沌理论在金融领域中的应用[107] 等等.

总的来说, 研究者大都是根据经验数据或者理论上探讨了经济中存在混沌现象, 但是建立具体的经济混沌动力模型的较少. 特别是在经济系统中, 由于经济活动具有连续性, 因此, 连续型经济动力模型在有些场合可能会更好地模拟现实经济系统.

第2章 基础知识

本章介绍本书涉及的主要基础知识.

2.1 混沌的定义

目前在混沌科学研究领域, "混沌" 并没有一个众所周知的确切定义, 现在比较公认的是 Li 和 Yorke 提出的混沌定义[7].

定义 2.1 若存在某 x_0, 有 $f_n(x_0) = x_0$, 对于 $k < n$(k 为自然数), 有 $f_k(x_0) \neq x_0$, 我们就说 x_0 是 f 的一个周期点.

定义 2.2 当 x_0 为 f 的一个 n 周期点时, 我们称 $\{x_0, f_1(x_0), f_2(x_0), \cdots, f_{n-1}(x_0)\}$ 为 f 的 n 周期轨道.

定理 2.1 (Li-Yorke 定理) 假设 $f(x)$ 是闭区间 $[a, b]$ 上的连续自映射, 若 $f(x)$ 有 3 周期点, 那么对于任意一个为正整数的 n, $f(x)$ 有 n 周期点.

定义 2.3 (Li-Yorke 混沌定义) 如果在闭区间 I 上的连续单峰映射 $f(x)$ 满足下面条件.

(1) $f(x)$ 的周期点的周期无上界.

(2) 闭区间 I 上存在不可数子集 S, 满足

(i) $\forall x \in S, y \in S$, 当 $x \neq y$ 时, 有 $\lim\limits_{n\to\infty} \sup |f^n(x) - f^n(y)| > 0$;

(ii) $\forall x \in S, y \in S$, 有 $\lim\limits_{n\to\infty} \inf |f^n(x) - f^n(y)| = 0$;

(iii) $\forall x \in S$ 和任一周期点 y, 有 $\lim\limits_{n\to\infty} \sup |f^n(x) - f^n(y)| > 0$.

就可以确定它有混沌现象.

因此, 由 Li-Yorke 定理和 Li-Yorke 定义, 如果在闭区间 I 上存在一个周期为 3 的周期点的连续单峰映射 $f(x)$, 就一定会出现混沌现象.

2.2 混沌的判别[76]

如何判别一个系统是否混沌, 除了直接使用定义法, 还可用 Lyapunov 指数. Lyapunov 指数指的是在相空间内距离相近的两条轨线随着时间的推移, 按照指数分离的规律相互聚合又分离的平均变化速率. Lyapunov 指数常常被用来作为描述混沌运动对初始条件敏感性的量, 记该量为 LE, 则 LE 描述以下几种情形[1]:

(1) 当 $LE > 0$ 时, 相邻的两条轨线是分离的, 对于初值依赖性强, 系统是混沌的;

(2) 当 $LE = 0$ 时, 系统处于临界的稳定状态;

(3) 当 $LE < 0$ 时, 系统在此方向相体积收缩, 运动状态稳定.

2.3 吸引子在耗散系统中的存在性[23]

定义 2.4 若某一点附近的相体积随时间的变化而缩小, 这个点就被称为吸引子.

现有一平行六面体 $OABC$, 如图 2-1 所示, 它的体积为 $\mathrm{d}x\mathrm{d}y\mathrm{d}z$, 位移函数为 u, v, w. 若时间经过了 Δt 之后, $OABC$ 变成 $O'A'B'C'$, 有下列点发生了坐标变化

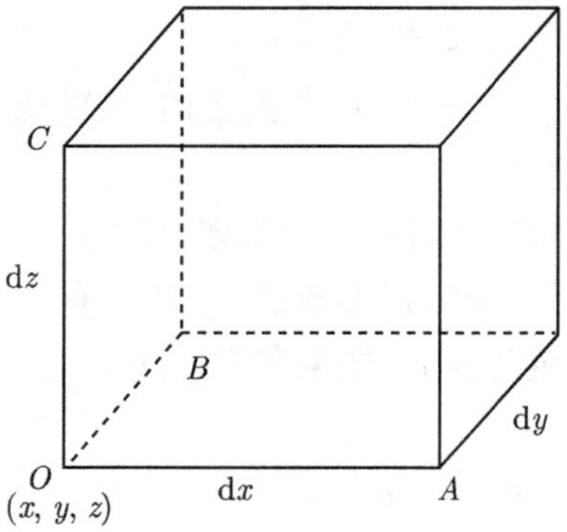

图 2-1 平行六面体

$$O' : (x + \Delta u, y + \Delta v, z + \Delta w),$$

$$A' : \left(x + \mathrm{d}x + \Delta u + \frac{\partial \Delta u}{\partial x}\mathrm{d}x, y + \Delta v + \frac{\partial \Delta v}{\partial x}\mathrm{d}x, z + \Delta w + \frac{\partial \Delta w}{\partial x}\mathrm{d}x\right),$$

则有

$$O'A' = \left(1 + \frac{\partial \Delta u}{\partial x}, \frac{\partial \Delta v}{\partial x}, \frac{\partial \Delta w}{\partial x}\right)\mathrm{d}x.$$

同理

$$O'B' = \left(\frac{\partial \Delta u}{\partial y}, 1 + \frac{\partial \Delta v}{\partial y}, \frac{\partial \Delta w}{\partial y}\right)\mathrm{d}y, \quad O'C' = \left(\frac{\partial \Delta u}{\partial z}, \frac{\partial \Delta v}{\partial z}, 1 + \frac{\partial \Delta w}{\partial z}\right)\mathrm{d}z,$$

同时 $O'A'B'C'$ 的体积为

$$V+\Delta V=\begin{vmatrix} 1+\dfrac{\partial \Delta u}{\partial x} & \dfrac{\partial \Delta v}{\partial x} & \dfrac{\partial \Delta w}{\partial x} \\ \dfrac{\partial \Delta u}{\partial y} & 1+\dfrac{\partial \Delta v}{\partial y} & \dfrac{\partial \Delta w}{\partial y} \\ \dfrac{\partial \Delta u}{\partial z} & \dfrac{\partial \Delta v}{\partial z} & 1+\dfrac{\partial \Delta w}{\partial z} \end{vmatrix} \mathrm{d}x\mathrm{d}y\mathrm{d}z,$$

它的相对体积增加了

$$\Delta\alpha=\frac{\Delta V}{V}=\frac{\partial \Delta u}{\partial x}+\frac{\partial \Delta v}{\partial y}+\frac{\partial \Delta w}{\partial z}+o(\Delta s),$$

$$\Delta s=\sqrt{\Delta x^2+\Delta y^2+\Delta z^2}.$$

从而

$$\frac{\mathrm{d}\alpha}{\mathrm{d}t}=\frac{\partial \dot{u}}{\partial x}+\frac{\partial \dot{v}}{\partial y}+\frac{\partial \dot{w}}{\partial z}=\frac{\partial \dot{x}}{\partial x}+\frac{\partial \dot{y}}{\partial y}+\frac{\partial \dot{z}}{\partial z}.$$

在耗散系统中有 $\dfrac{\mathrm{d}\alpha}{\mathrm{d}t}<0$, 因此吸引子只在耗散系统中成立.

2.4 动力系统平衡性点的稳定性[18]

对于下列的动力系统

$$\begin{cases} \dot{x}_1=f_1(x_1,x_2,\cdots,x_n), \\ \dot{x}_2=f_2(x_1,x_2,\cdots,x_n), \\ \qquad\vdots \\ \dot{x}_n=f_n(x_1,x_2,\cdots,x_n), \end{cases} \tag{2.1}$$

先求出方程 (2.1) 的平衡点 $P_0(x_{10},x_{20},\cdots,x_{n0})$. 假若存在某个邻域, 方程 (2.1) 的解 $x_1(t),x_2(t),\cdots,x_n(t)$ 满足

$$\lim_{t\to\infty}x_1(t)=x_{10},\lim_{t\to\infty}x_2(t)=x_{20},\cdots,\lim_{t\to\infty}x_n(t)=x_{n0}, \tag{2.2}$$

称平衡点 $P_0(x_{10},x_{20},\cdots,x_{n0})$ 是稳定的; 否则称 $P_0(x_{10},x_{20},\cdots,x_{n0})$ 是不稳定的.

将点 $P_0(x_{10},x_{20},\cdots,x_{n0})$ 代入方程 (2.1) 可得到对应的 Jacobian 矩阵 (2.3), 即

$$A=\left.\begin{pmatrix} f_{1x_1} & f_{1x_2} & \cdots & f_{1x_n} \\ f_{2x_1} & f_{2x_2} & \cdots & f_{2x_n} \\ \vdots & \vdots & & \vdots \\ f_{nx_1} & f_{nx_2} & \cdots & f_{nx_n} \end{pmatrix}\right|_{P_0(x_{10},x_{20},\cdots,x_{n0})}. \tag{2.3}$$

根据方程 (2.1) 的特征方程 $\det(A-\lambda I)=0$, 求出 λ, 则有下列结论:

(1) 当 λ 为负数或有负实部时, 点 $P_0(x_{10},x_{20},\cdots,x_{n0})$ 为稳定平衡点.

(2) 当 λ 为正数或有正实部时, 点 $P_0(x_{10},x_{20},\cdots,x_{n0})$ 为不稳定平衡点.

2.5 非线性系统 Lyapunov 稳定性判别[76,108]

利用 Lyapunov 第二方法判定微分方程组解的稳定性的关键就在于怎么去构建一个 Lyapunov 函数, 主要思路是先构建一个函数 $V(x,y)$, 接着求出 $V(x,y)$ 的全导数 $\dfrac{\mathrm{d}V(x,y)}{\mathrm{d}t}$, 利用 $\dfrac{\mathrm{d}V(x,y)}{\mathrm{d}t}$ 判定微分方程组的解是否稳定.

设非线性微分方程组

$$\frac{\mathrm{d}x}{\mathrm{d}t}=F(x), \tag{2.4}$$

其中 $x=(x_1,\cdots,x_n)^{\mathrm{T}}$, $F(x)=(f_1(x_1,\cdots,x_n),\cdots,f_n(x_1,\cdots,x_n))^{\mathrm{T}}$, 假定 $F(0)=0$, 且 $F(x)$ 在 $G=\{(x_1,\cdots,x_n):\|x\|\leqslant a\}$ 内有偏导数且连续, 对于 (2.4) 有如下定义和定理.

定义 2.5 假定 $V(x)$ 是定义在 $\|x\|\leqslant a$ 内的一个实连续函数, 且 $V(0)=0$. 若在这个区域里恒定有 $V(x)\geqslant 0$, 就称 $V(x)$ 是常正的. 若对所有 $x\neq 0$ 都有 $V(x)>0$, 且 $V(0)=0$, 则称 $V(x)$ 是定正的. 若 $-V(x)$ 是常正 (定正) 的, 则称 $V(x)$ 是常负 (定负) 的.

接下来, 假定 $V(x)$ 的一切变量的偏导数都存在, 将方程 (2.4) 的解代入, 再对 t 求导, 得到方程 (2.4) 的全导数

$$\left.\frac{\mathrm{d}V}{\mathrm{d}t}\right|_{(n)}=\sum_{i=1}^{n}\frac{\partial V}{\partial x_i}\frac{\mathrm{d}x_i}{\mathrm{d}t}=\sum_{i=1}^{n}\frac{\partial V}{\partial x_i}f_i(x_1,\cdots,x_n).$$

定理 2.2 对于方程 (2.4), 若定正函数 $V(x)$ 存在且该函数的全导数 $\dfrac{\mathrm{d}V}{\mathrm{d}t}$ 常负或 $\dfrac{\mathrm{d}V}{\mathrm{d}t}\equiv 0$, 那么, 方程 (2.4) 的解稳定.

定理 2.3 对于方程 (2.4), 若定正函数 $V(x)$ 存在且该函数的全导数 $\dfrac{\mathrm{d}V}{\mathrm{d}t}$ 是定负的, 那么, 方程 (2.4) 的解是渐近稳定的.

定理 2.4 对于方程 (2.4), 若定正函数 $V(x)$ 存在且 $V(x)$ 的全导数 $\dfrac{\mathrm{d}V}{\mathrm{d}t}$ 可写成

$$\frac{\mathrm{d}V}{\mathrm{d}t}=\mu V(x)+W(x),$$

那么, 当 $\mu\neq 0$ 非负时, W 是常正函数或者 $W\equiv 0$; 当 $\mu=0$ 时, W 是定正函数, 且在 $x=0$ 的任意一个小邻域内都存在某个 $\bar{x}$, 使得 $V(\bar{x})>0$, 则方程 (2.4) 的解不稳定.

定理 2.5 若定正函数 $V(x)$ 存在, 它的全导数 $\frac{\mathrm{d}V}{\mathrm{d}t}$ 是定负的, 并且使 $\frac{\mathrm{d}V}{\mathrm{d}t}=0$ 的 x 中除了 $x=0$ 外, 方程 (2.4) 没有其他的解, 那么方程 (2.4) 的解是渐近稳定的.

2.6 混沌同步[77]

定义 2.6 考虑如下两个非线性动力系统:

$$\dot{x}=f_1(t,x), \tag{2.5}$$

$$\dot{y}=f_2(t,y)+u(t,x,y), \tag{2.6}$$

其中 $x,y\in R^n$ 分别为系统的状态变量, $f_1,f_2:[R^+\times R^n]\to R^n$ 为非线性映射, $u:[R^+\times R^n\times R^n]\to R^n$ 为混沌系统的同步控制量, R^+ 为非负实数集.

如果

$$\lim_{t\to\infty}\|y(t)-x(t)\|=0,$$

则称系统 (2.5) 和系统 (2.6) 实现了混沌同步, 其中系统 (2.5) 称为驱动系统, 系统 (2.6) 称为响应系统.

如果设误差向量为 $e=y-x$, 则由系统 (2.6) 和系统 (2.5) 得到其同步误差系统

$$\frac{\mathrm{d}e}{\mathrm{d}t}=f_2(t,y)+u(t,x,y)-f_1(t,x). \tag{2.7}$$

相应地, 由误差系统 (2.7) 在原点处的稳定性原理, 可实现系统 (2.5) 和系统 (2.6) 的混沌同步.

在混沌同步研究中, 主要用 Lyapunov 稳定性原理或由 Pecora 和 Carroll 提出的条件 Lyapunov 指数判据 (所谓条件 Lyapunov 指数判据是指, 只有当响应系统的所有条件 Lyapunov 指数都是负值时, 才能达到响应系统和驱动系统的同步) 来判断同步系统的稳定性. 以前者为主要判据, 后者是同步的一个必要条件, 但线性稳定性定理表明, 对大多数动力系统来说, 该必要条件也是充分条件, 故在研究中也被用作判据[109].

2.7 有限时间同步

定义 2.7 对于驱动系统 (2.5) 和响应系统 (2.6), 如果对任意的初始状态 $x(0),y(0)$, 存在有限时间 T(依赖系统初始条件 $x(0),y(0)$), 使得

$$\lim_{t\to T}\|y(t)-x(t)\|=0,$$

则称驱动系统 (2.5) 和响应系统 (2.6) 实现了有限时间同步.

定义 2.8　对于驱动系统 (2.5) 和响应系统 (2.6), 如果对任意的初始状态 $x(0), y(0)$, 存在有限时间 T(不依赖系统初始条件 $x(0), y(0)$), 使得

$$\lim_{t\to T} \|y(t) - x(t)\| = 0,$$

则称驱动系统 (2.5) 和响应系统 (2.6) 实现了固定时间同步.

第 3 章 新混沌系统的动力学分析

3.1 引　言

在 Lorenz 发现第一个混沌吸引子之后的若干年间, Lorenz 系统[4]作为一个典型的混沌模型得到了广泛、深入的研究. 20 世纪 70 至 80 年代是混沌理论的发展时期, 在此期间, Rössler 构造了一个简单的三维混沌系统[19-20]. 在 Lorenz 系统的基础上, 1999 年 Chen 利用混沌反馈控制方法成功实现了一个与 Lorenz 系统相似但非拓扑等价的 Chen 系统[24]. 2002 年 Lü 等利用混沌反馈控制方法发现了 Lü系统和统一混沌系统[27-28]. 随后人们把工程中的混沌现象从当初作为一种科学探索逐步转移到极具潜力的工程应用上来. 因此, 有目的地产生混沌不仅是混沌理论研究的需要, 而且已成为混沌应用的关键问题[109-110].

近几十年来, 利用混沌反馈控制方法, 在三维微分系统中, 许多新的连续混沌系统陆续被发现[37-43]. 目前, 一些研究者探讨在一个三维微分系统中究竟能构造多少个不拓扑等价的混沌系统, 以及一个三维混沌系统在参数变化时究竟能产生多少个不同涡卷的混沌吸引子, 显然, 对这类问题的研究具有一定的理论意义和实际意义.

本章内容主要提出了几类新混沌系统, 并分析了其动力学, 包括基于反馈控制 Lorenz 系统的新混沌系统、基于反馈控制 Lü 系统的新混沌系统、基于反馈控制 Chen 系统的新混沌系统、具有 5 项表达式的 2-涡卷新混沌系统、具有 4 项表达式的 2-涡卷新混沌系统、不稳定的 4-涡卷新混沌系统、单参数 4-涡卷混沌系统等.

3.2 基于反馈控制 Lorenz 系统族的新混沌系统的构造与分析

3.2.1 基于反馈控制 Lorenz 系统的新混沌系统动力学分析[111]

考虑如下受控的 Lorenz 系统

$$\begin{cases} \dot{x} = a(y - x), \\ \dot{y} = bx - xz - y + u, \\ \dot{z} = xy + cz, \end{cases} \tag{3.1}$$

其中 a, b, c 为常数.

设反馈控制器 u 是具有下列形式

$$u = l_1 x + l_2 y + l_3 z, \tag{3.2}$$

其中 l_1, l_2, l_3 是待定的常数, 受控系统 (3.1) 的 Jacobian 矩阵在点 (x_0, y_0, z_0) 取值为

$$J_{(x_0,y_0,z_0)} = \begin{pmatrix} -a & a & 0 \\ b + l_1 - z_0 & l_2 - 1 & l_3 - x_0 \\ y_0 & x_0 & c \end{pmatrix}. \tag{3.3}$$

现在来考虑系统 (3.1)—(3.3) 的平衡点, 令

$$\begin{cases} a(y - x) = 0, \\ bx - xz - y + u = 0, \\ xy + cz = 0. \end{cases} \tag{3.4}$$

显然, 若 $l_3^2 - 4c(b + l_1 + l_2 - 1) > 0$, 则系统存在下列三个平衡点

$$O(0,0,0), \quad E^+(x_1, y_1, z_1), \quad E^-(x_2, y_2, z_2),$$

其中

$$x_1 = y_1 = \frac{l_3 + \sqrt{l_3^2 - 4c(b + l_1 + l_2 - 1)}}{2}, \quad z_1 = -\frac{x_1^2}{c},$$

$$x_2 = y_2 = \frac{l_3 - \sqrt{l_3^2 - 4c(b + l_1 + l_2 - 1)}}{2}, \quad z_2 = -\frac{x_2^2}{c}.$$

由上式我们可以看出, 当 $b + l_1 + l_2 - 1 = 0$ 时, 对于 E^-, l_3 和特征值的取值没有关系, 因此, 它不影响系统 Lyapunov 指数的取值. 为简化控制器的设计, 我们不妨选取 $l_3 = 0$, 这样, 常数 l_1, l_2 能通过系统的 Jacobian 矩阵 (3.3) 在两个非 0 平衡点的取值来确定. 为了使控制系统 (3.1) 在控制器 (3.2) 的作用下出现混沌, 两个非 0 平衡点不能是稳定的, 也就是说, 在求两个非 0 平衡点的 Jacobian 矩阵特征值时至少有一个特征值的实部为正数. 基于 Routh-Hurwitz 稳定性判据, 经过尝试, 选取控制器为

$$u = y, \tag{3.5}$$

则得到下列新混沌系统

$$\begin{cases} \dot{x} = a(y - x), \\ \dot{y} = bx - xz, \\ \dot{z} = xy + cz, \end{cases} \tag{3.6}$$

当 a=10, b=16, $c = -1$ 时, 系统 (3.6) 是混沌的 (图 3-1).

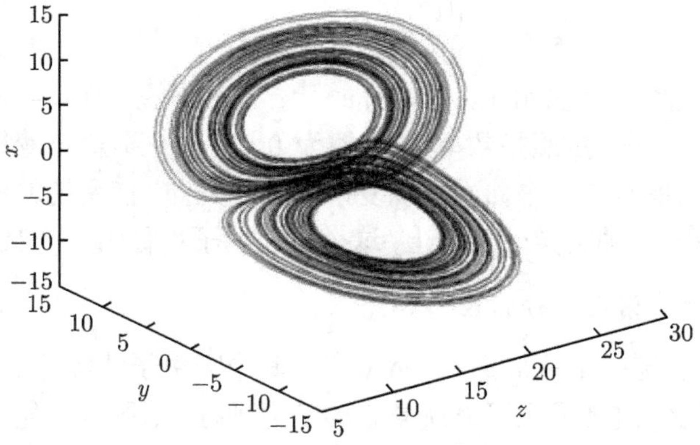

图 3-1 第一类混沌吸引子

同时, 新系统 (3.6) 可以写成下列形式

$$\dot{H}=\begin{pmatrix} A & 0 \\ 0 & \lambda_3 \end{pmatrix} H+x\begin{pmatrix} 0 & 0 & 0 \\ 0 & 0 & -1 \\ 0 & 1 & 0 \end{pmatrix} H, \tag{3.7}$$

其中 $H=(x,y,z)^{\mathrm{T}}$, $\lambda_3=c=-1\in R$, A 是一个 2×2 的实矩阵,

$$A=\begin{pmatrix} a_{11} & a_{12} \\ a_{21} & a_{22} \end{pmatrix}=\begin{pmatrix} -a & a \\ b & 0 \end{pmatrix}=\begin{pmatrix} -10 & 10 \\ 16 & 0 \end{pmatrix},$$

并且它的特征值 λ_1, $\lambda_2\in R$ 满足下列条件

$$-\lambda_2=5+\sqrt{185}>\lambda_1=-5+\sqrt{185}>-\lambda_3=1>0.$$

因此, 根据一般 Lorenz 系统族的定义, 新系统仍属于一般 Lorenz 系统族.

下面将讨论新系统 (3.6) 的一些基本的动力学性质.

1. 对称性和不变性

首先, 我们注意到系统在变换 $(x,y,z)\to(-x,-y,z)$ 下的不变性, 即关于 z 轴具有对称性, 且这种对称性对所有的系统参数都保持不变.

2. 耗散性和吸引子的存在性

对于新系统 (3.6), 有下列表达式

$$\nabla V=\frac{\partial \dot{x}}{\partial x}+\frac{\partial \dot{y}}{\partial y}+\frac{\partial \dot{z}}{\partial z}=-a+c=f,$$

其中 $f=-a+c=-11$, 因此, 系统 (3.6) 的动力学行为具有耗散的特性, 它收敛于指数形式

$$\frac{\mathrm{d}V}{\mathrm{d}t} = e^{f} = e^{-11}.$$

即在时刻 t, V_0 收缩到体积元 $V_0 e^{ft} = V_0 e^{-11t}$. 也就是说, 当 $t \to \infty$ 时, 对含系统轨线的任一体积元都是按照指数率 f 压缩为 0. 但这并不意味着每个小体积收敛到一点, 它可以简单地在一个曲面上以复杂的方式延伸, 使系统的所有轨线最后都限制在一个体积为 0 的特定子集合上, 这个特定的子集称为一个吸引子.

3. Poincaré图、谱图和分岔图

图 3-2 为新系统在 $x = 0$ 的 Poincaré 图, 其中吸引子的叶片清晰可见, 并且吸引子的叶片被折叠, 这就导致了系统复杂的动力学行为. 图 3-3 显示了新系统的连续的宽带特征. 另外, 新系统的分岔图 (图 3-4) 展示了新系统有基本的分岔性质.

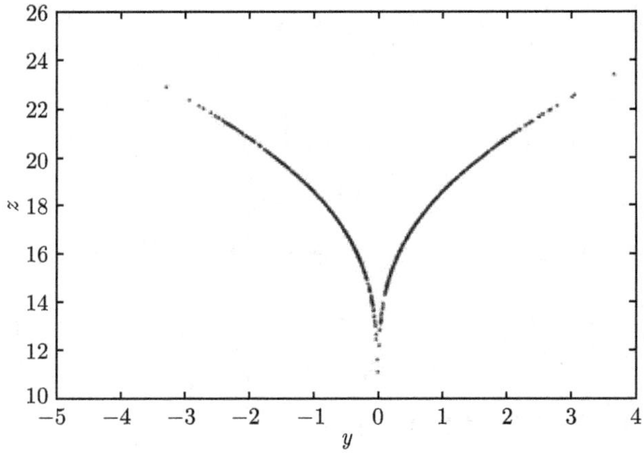

图 3-2　Poincaré 图

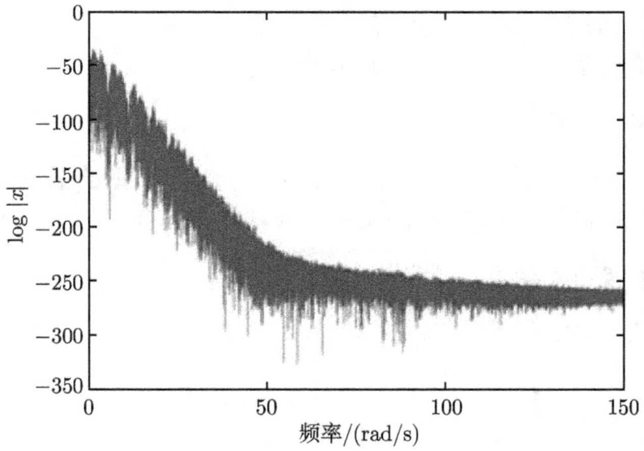

图 3-3　功率谱图

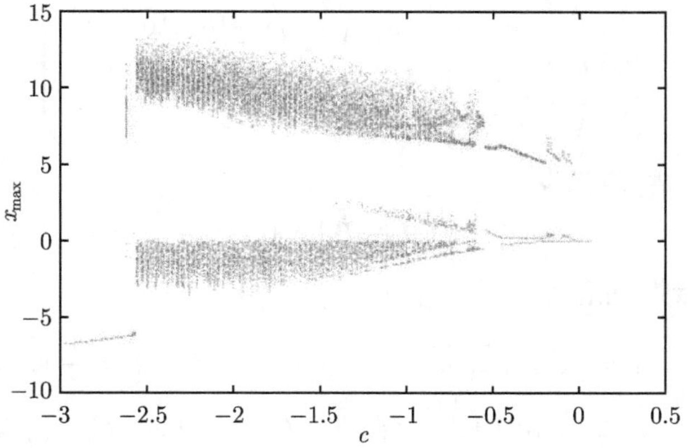

图 3-4　分岔图

4. 分数维与 Lyapunov 指数

Lyapunov 指数是刻画系统邻近轨道平均分离快慢的平均量, 若系统的最大的 Lyapunov 指数大于零, 则通常认为系统是混沌系统. 对于新系统, 计算得到系统的 Lyapunov 指数为

$$L_1 = 0.7822, \quad L_2 = 0.1507, \quad L_3 = -9.5257.$$

Lyapunov 分数维是

$$D_L = j + \frac{1}{|L_{j+1}|}\sum_{i=1}^{j} L_i = 2 + \frac{L_1 + L_2}{|L_3|} = 2 + \frac{0.9329}{|-9.5257|} = 2.0979,$$

分数维说明系统具有分形的特征.

5. 平衡点的稳定性

令

$$\begin{cases} a(y-x) = 0, \\ bx - xz = 0, \\ xy + cz = 0. \end{cases} \tag{3.8}$$

当 a=10, b=16, $c=-1$ 时, 系统有三个平衡点

$$O(0,0,0), \quad E^+(4,4,16), \quad E^-(-4,-4,16).$$

下面我们分析这三个平衡点的稳定性.

对于 $O(0,0,0)$, 系统 (3.6) 被线性化, Jacobian 矩阵为

$$J_O = \begin{pmatrix} -a & a & 0 \\ b-z & 0 & -x \\ y & x & c \end{pmatrix} = \begin{pmatrix} -10 & 10 & 0 \\ 16 & 0 & 0 \\ 0 & 0 & -1 \end{pmatrix}.$$

为计算它的特征值, 我们令

$$|\lambda I - J_O| = 0.$$

通过计算, 可得到特征值

$$\lambda_1 = -5+\sqrt{185}, \quad \lambda_2 = -5-\sqrt{185}, \quad \lambda_3 = -1,$$

其中 $\lambda_1 > 0$, $\lambda_2 < 0$, $\lambda_3 < 0$. 因此, 平衡点 $O(0,0,0)$ 是一个鞍点, 从而系统在这个点是不稳定的.

同样, 对于平衡点 E^+, Jacobian 矩阵为

$$J_{E^+} = \begin{pmatrix} -a & a & 0 \\ b-z & 0 & -x \\ y & x & c \end{pmatrix} = \begin{pmatrix} -10 & 10 & 0 \\ 0 & 0 & -4 \\ 4 & 4 & -1 \end{pmatrix}.$$

令

$$|\lambda I - J_{E^+}| = 0.$$

其特征值为

$$\lambda_1 = -11.2237, \quad \lambda_2 = 0.1119+5.3384\mathrm{i}, \quad \lambda_3 = 0.1119-5.3384\mathrm{i},$$

其中 $\lambda_1 < 0$, λ_2 和 λ_3 是一对具有正实部共轭特征值.

对于平衡点 E^-, Jacobian 矩阵为

$$J_{E^-} = \begin{pmatrix} -a & a & 0 \\ b-z & 0 & -x \\ y & x & c \end{pmatrix} = \begin{pmatrix} -10 & 10 & 0 \\ 0 & 0 & 4 \\ -4 & -4 & -1 \end{pmatrix}.$$

令

$$|\lambda I - J_{E^-}| = 0.$$

其特征值仍然为

$$\lambda_1 = -11.2237, \quad \lambda_2 = 0.1119+5.3384\mathrm{i}, \quad \lambda_3 = 0.1119-5.3384\mathrm{i},$$

其中 $\lambda_1 < 0$, λ_2 和 λ_3 是一对具有正实部共轭特征值.

从上面简单的分析可知, 系统的三个平衡点是鞍–结点, 因此三个平衡点都是不稳定的.

6. 新系统的形成机制

下面简单阐述新吸引子的形成机制, 考虑下面受控系统, 即

$$
\begin{cases}
\dot{x} = a(y - x), \\
\dot{y} = bx - xz + d, \\
\dot{z} = xy + cz.
\end{cases} \tag{3.9}
$$

在系统 (3.9) 中, d 是一个在一定范围内变化的参数. 当参数 d 改变时, 混沌行为能有效地被控制, 这里取初值为 $(-1, 2, 15)$.

当参数 $d = -1.7$ 时, 系统的轨线为一个极限环, 见图 3-5(a);

当参数 $d = -1.5$ 时, 系统出现一个左半吸引子, 见图 3-5(b);

当参数 $d = 1.5$ 时, 系统出现一个右半吸引子, 见图 3-5(c);

当参数 $d = 1.7$ 时, 系统的轨线为一个极限环, 见图 3-5(d).

在控制中, 可以看到 $|d|$ 充分大时, 混沌吸引子消失; 当 $|d|$ 充分小时, 混沌吸引子出现. 因此, $|d|$ 是一个重要的控制参数.

根据图 3-5, 新吸引子有一个复合结构, 即它是由两个简单的吸引子——左半和右半吸引子——通过一个镜像映射相互融合而成.

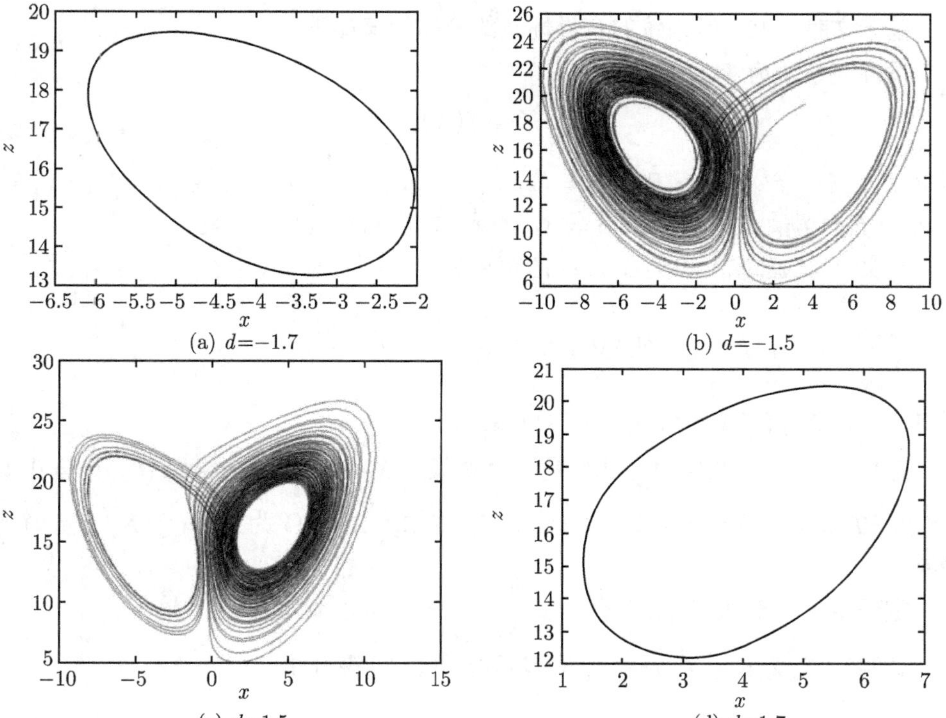

(a) d=−1.7 (b) d=−1.5

(c) d=1.5 (d) d=1.7

图 3-5 受控系统的相图

图 3-6 展示了系统随参数 $d(-2 \leqslant d \leqslant 2)$ 变化的最大的 Lyapunov 指数谱. 在图中可以清楚看到有 7 个周期窗口, 即 $W_1(-1.16, -0.82), W_2(-0.66, -0.36), W_3(-0.14, 0.44), W_4(0.46, 0.8), W_5(0.82, 1.2), W_6(1.22, 1.46), W_7(1.48, 1.76)$. 显然, 这些周期窗口对系统的演化是非常重要的.

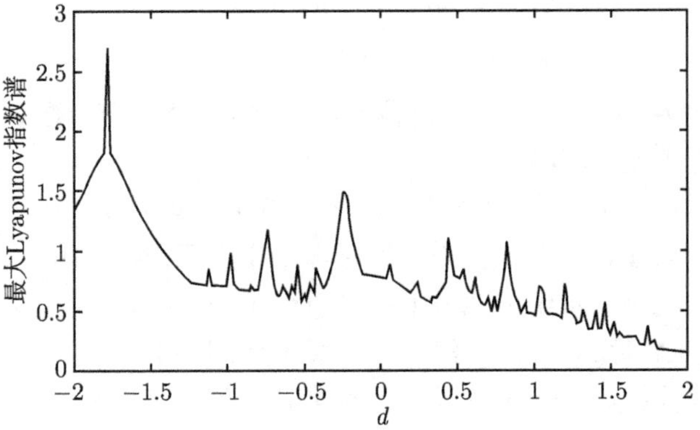

图 3-6 最大的 Lyapunov 指数谱

7. 新系统的有界性

基于文献 [112], 新系统的有界性轨线分布规律如下.

设混沌系统为

$$\dot{X} = f(X),$$

其中 $X \in R^n$, $f : R^n \to R^n$, $X = (x_1, x_2, \cdots, x_n)^{\mathrm{T}}$, $t_0 > 0$, $X_0 \in R^n$, $X(t, t_0, X_0)$ 是 $\dot{X} = f(x)$ 满足 $X(t_0, t_0, X_0) = X_0$ 的解, 并且 $\Omega \subset R^n$ 是紧集.

定义 $X(t, t_0, X_0)$ 和集合 Ω 间的距离为

$$\rho(X(t), \Omega) = \inf_{\hat{X} \in \Omega} \left\| X(t) - \hat{X} \right\|,$$

其中 $\Omega_\varepsilon = \{X \,|\rho(X, \Omega) < \varepsilon\}$, 且有 $\Omega \subset \Omega_\varepsilon$.

定义 3.1 设集合 $\Omega \subset R^n$ 是一个紧集, $\forall X_0 \in \dfrac{R^n}{\Omega}$, $\lim\limits_{t \to \infty} \rho(X(t), \Omega) = 0$, 即 $\varepsilon > 0$, $\exists T > t_0$, 当 $t \geqslant T$ 时, $X(t, t_0, X_0) \in \Omega_\varepsilon$, 则称 Ω 为 $\dot{X} = f(X)$ 的一个最终界.

定理 3.1 对系统 (3.6) 有 $z \geqslant \dfrac{1}{2a}x^2$, $2a > -c > 0$ 成立.

证明 定义 $V = \dfrac{1}{2a}x^2 - z$, 沿着系统 (3.6) 的微分是

$$\dot{V} = \frac{1}{a}x\dot{x} - \dot{z} = xy - x^2 - xy - cz = -x^2 - cz.$$

因此

$$\dot{V}+(-c)V=-x^2-cz-c\left(\frac{1}{2a}x^2-z\right)=\left(-\frac{c}{2a}-1\right)x^2.$$

因为 $2a>-c>0$, 所以 $-\dfrac{c}{2a}-1<0$, 即 $\dot{V}+(-c)V\leqslant 0$.

根据微分方程理论中的比较原理, $V\leqslant 0$, 因此 $z\geqslant\dfrac{1}{2a}x^2$.

定理 3.2 当 $2a>-c>0,\ b>0$ 时, 系统 (3.6) 有如下最终界:

$$\Omega=\left\{(x,y,z)\,\middle|\,(y-k_2x)^2+k_1x^2+(z-\tau)^2\leqslant R\right\},$$

且

$$R=\max_{(x,y,z)\in\Gamma}\left\{(y-k_2x)^2+k_1x^2+(z-\tau)^2\right\},\quad k_1>0,\quad 1>-\frac{c}{2a}>k_2>0,$$

$$l=k_1a+k_2b+k_2^2a,\quad \Gamma=\left\{(x,y,z)\,\middle|\,lx^2+\beta y^2+\gamma\left(z+\frac{\tau c}{2\gamma}\right)^2=\frac{\tau^2c^2}{4\gamma}\right\},$$

$$\beta=k_2a,\quad \tau=k_1a+b+k_2a+k_2^2a,\quad \gamma=-c-2k_2a.$$

证明 定义

$$V=\frac{1}{2}k_1x^2+\frac{1}{2}(y-k_2x)^2+\frac{1}{2}(z-\tau)^2,$$

沿着系统 (3.6) 的微分为

$$\begin{aligned}\dot{V}&=k_1\dot{x}x+(y-k_2x)(\dot{y}-k_2\dot{x})+(z-\tau)\dot{z}\\&=-(k_1a+k_2b+k_2^2a)x^2-k_2ay^2+cz^2+k_2x^2z+(k_1a+b+k_2a+k_2^2a-\tau)xy-\tau cz\\&=-lx^2-\beta y^2+cz^2+k_2x^2z-\tau cz.\end{aligned}$$

由定理 3.1 得

$$\dot{V}\leqslant -lx^2-\beta y^2+(c+2k_2a)z^2-\tau cz=-lx^2-\beta y^2-\gamma\left(z+\frac{\tau c}{2\gamma}\right)+\frac{\tau^2c^2}{4\gamma}.$$

故当 $lx^2+\beta y^2+\gamma\left(z+\dfrac{\tau c}{2\gamma}\right)^2\geqslant\dfrac{\tau^2c^2}{4\gamma}$ 时, $\dot{V}\leqslant 0$. 那么当系统 (3.6) 的轨道在 Γ 外时, $V(t)=V(x(t),y(t),z(t))$ 是递减的. 从而有 $\lim\limits_{t\to\infty}V(t)\in V(\Gamma)$, 即 $\lim\limits_{t\to\infty}V(t)\leqslant\dfrac{R}{2}$.

3.2.2　基于反馈控制 Lü 系统的新混沌系统动力学分析[113]

考虑如下受控的 Lü 系统

$$\begin{cases} \dot{x} = a(y-x), \\ \dot{y} = -xz + cy + u, \\ \dot{z} = xy - bz, \end{cases} \tag{3.10}$$

其中 a, b, c 为常数.

因为常数 c 决定 y 的变化, 故可设 u 是一个具有下列形式的反馈控制器

$$u = ex + dz, \tag{3.11}$$

其中 d, e 至少有一个不为零.

令

$$\begin{cases} a(y-x) = 0, \\ -xz + ex + cy + dz = 0, \\ xy - bz = 0. \end{cases} \tag{3.12}$$

假如 $d^2 + 4b(e+c) > 0$, 那么系统有三个平衡点

$$O(0,0,0), \quad E^+(x_1, y_1, z_1), \quad E^-(x_2, y_2, z_2),$$

其中

$$x_1 = y_1 = \frac{d + \sqrt{d^2 + 4b(e+c)}}{2}, \quad z_1 = \frac{x_1^2}{b},$$
$$x_2 = y_2 = \frac{d - \sqrt{d^2 + 4b(e+c)}}{2}, \quad z_2 = \frac{x_2^2}{b}.$$

为了使反馈控制系统能够产生混沌, 这三个平衡点不可能是稳定的, 也就是在这些平衡点的 Jacobian 矩阵至少有一个不稳定的特征值[38].

为了简单, 以平衡点 $O(0,0,0)$ 为例, 系统在 $O(0,0,0)$ 的 Jacobian 矩阵为

$$J_O = \begin{pmatrix} -a & a & 0 \\ e & c & d \\ 0 & 0 & -b \end{pmatrix}.$$

令

$$|\lambda I - J_O| = 0,$$

那么, 特征值为 $\lambda_1 = -b, \lambda_{2,3} = \dfrac{-(a-c) \pm \sqrt{(a-c)^2 + 4a(c+e)}}{2}$.

当我们选择 $b \geqslant 0, a > c > 0, e \in R$ 时, 系统在平衡点 $O(0,0,0)$ 一定是不稳定的, 为了简单, 我们选择 $e = 0$.

故可得到 u 是一个具有下列形式的反馈控制器

$$u = dz, \tag{3.13}$$

从而得到下列新系统

$$\begin{cases} \dot{x} = a(y - x), \\ \dot{y} = -xz + cy + dz, \\ \dot{z} = xy - bz, \end{cases} \tag{3.14}$$

在参数变化的范围内, 这个系统是混沌的, 并且有一些复杂的动力学性质. 例如, 当参数取 $a = 36, b = 3, c = 28, d = 0.5$(满足条件: $b > 0, a > c > 0$), 初值为 (1,1,1) 时, 系统产生两个涡卷 (图 3-7).

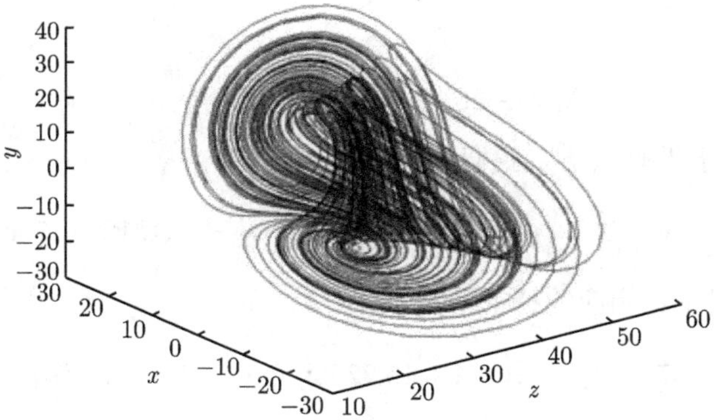

图 3-7 新吸引子

同时, 新系统可写成下列表达式

$$\dot{H} = \begin{pmatrix} -36 & 36 & 0 \\ 0 & 28 & 0.5 \\ 0 & 0 & -3 \end{pmatrix} H + x \begin{pmatrix} 0 & 0 & 0 \\ 0 & 0 & -1 \\ 0 & 1 & 0 \end{pmatrix} H, \tag{3.15}$$

其中 $H = (x, y, z)^{\mathrm{T}}$.

因此, 根据一般 Lorenz 系统族的定义, 新系统不再属于一般 Lorenz 系统族.

下面分析这个系统的基本动力学特性.

1. 两涡卷混沌吸引子

1) 平衡点的稳定性

令

$$\begin{cases} a(y-x)=0, \\ -xz+cy+dz=0, \\ xy-bz=0. \end{cases} \tag{3.16}$$

若 $a=36$, $b=3$, $c=28$, $d=0.5$, 系统有三个平衡点

$$E_1(0,0,0), \quad E_2(9.4186,9.4186,29.5698), \quad E_3(-8.9186,-8.9186,26.5136).$$

对于 E_1, 系统的 Jacobian 矩阵为

$$J_{E_1}=\begin{pmatrix} -a & a & 0 \\ 0 & c & d \\ 0 & 0 & -b \end{pmatrix}=\begin{pmatrix} -36 & 36 & 0 \\ 0 & 28 & 0.5 \\ 0 & 0 & -3 \end{pmatrix}.$$

为了获得它的特征值, 令

$$|\lambda I-J|=0.$$

于是有

$$\lambda_1=-36, \quad \lambda_2=28, \quad \lambda_3=-3. \tag{3.17}$$

类似地, 对于平衡点 E_2, 我们有相应的特征值

$$\lambda_1=-19.2424, \quad \lambda_2=4.1212+17.4967\mathrm{i}, \quad \lambda_3=4.1212-17.4967\mathrm{i}. \tag{3.18}$$

对于平衡点 E_3, 相应的特征值为

$$\lambda_1=-21.3567, \quad \lambda_2=5.1784+15.7753\mathrm{i}, \quad \lambda_3=5.1784-15.7753\mathrm{i}. \tag{3.19}$$

从等式 (3.17)—(3.19) 可知, E_1, E_2 和 E_3 都是不稳定的鞍点.

2) 混沌特性

任何一个系统若有一个正的 Lyapunov 指数, 则该系统被定义是混沌的, 对于新系统 (3.14), 计算得到系统的 Lyapunov 指数为

$$L_1=3.8896, \quad L_2=0.0377, \quad L_3=-11.4249.$$

Lyapunov 分数维是

$$\begin{aligned} D_L &= j+\frac{1}{|L_{j+1}|}\sum_{i=1}^{j}L_i=2+\frac{L_1+L_2}{|L_3|} \\ &= 2+\frac{3.9273}{|-11.4249|}=2.3437. \end{aligned}$$

另外, 我们发现新系统显示了连续的宽带特征 (图 3-8).

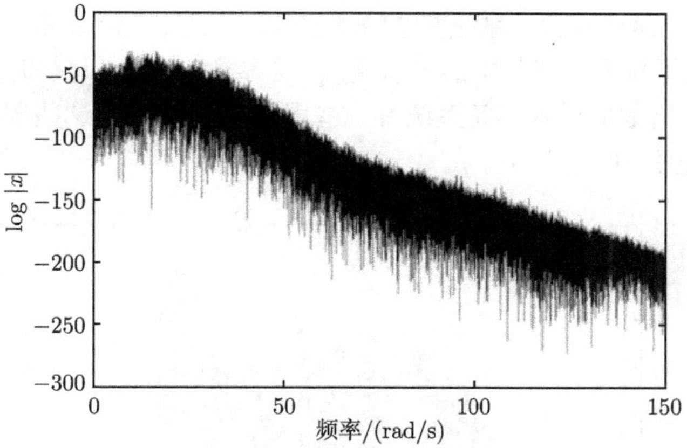

图 3-8 新吸引子的功率谱

当参数 d 变化时, Poincaré 图 (图 3-9) 显示吸引子的叶片清晰可见, 并且吸引

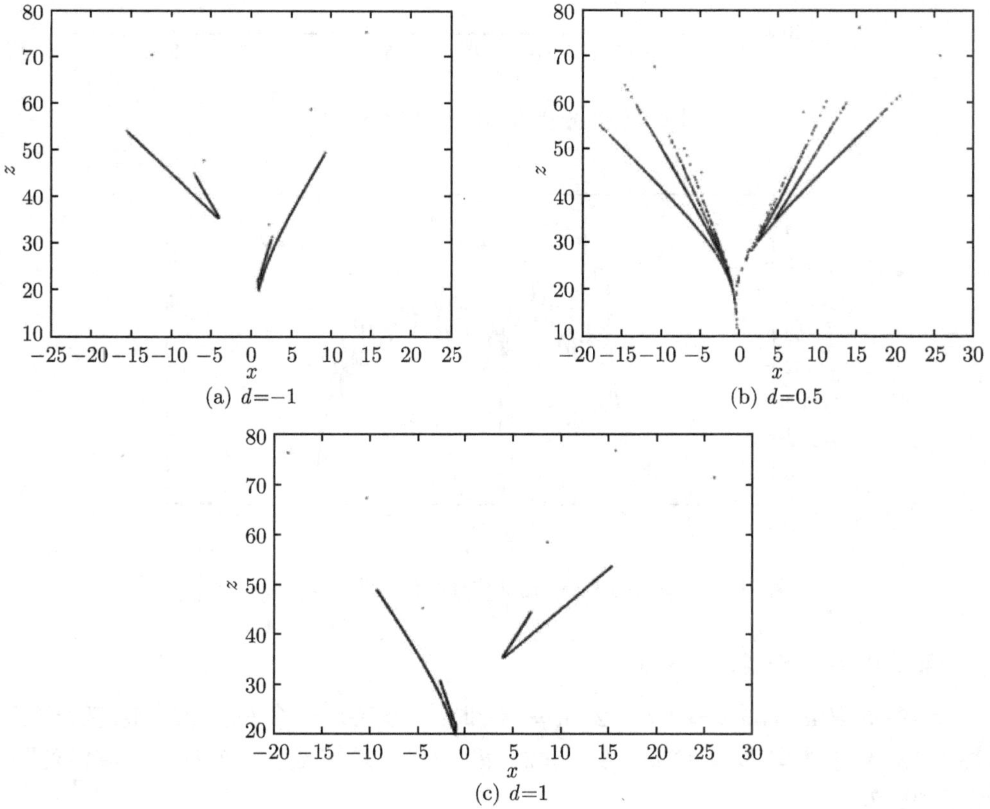

图 3-9 在 $y=0$ 平面上 Poincaré 图

子的叶片被折叠, 这就导致了系统复杂的动力学行为. 图 3-10 显示了新系统的分岔图, 分岔图展示了新系统有基本的分岔性质. 当参数 $-2 \leqslant d \leqslant 2$ 时, 图 3-11 中的最大 Lyapunov 指数谱显示了新系统有一些周期窗口, 显然, 这些周期窗口对系统的演化是非常重要的.

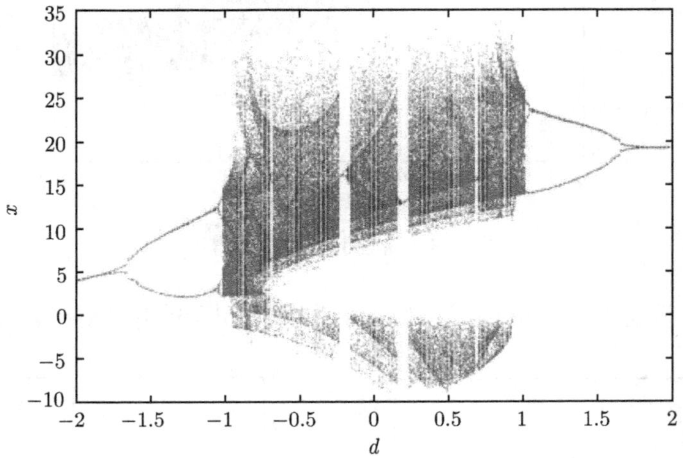

图 3-10 分岔图, 其中 $-2 \leqslant d \leqslant 2$

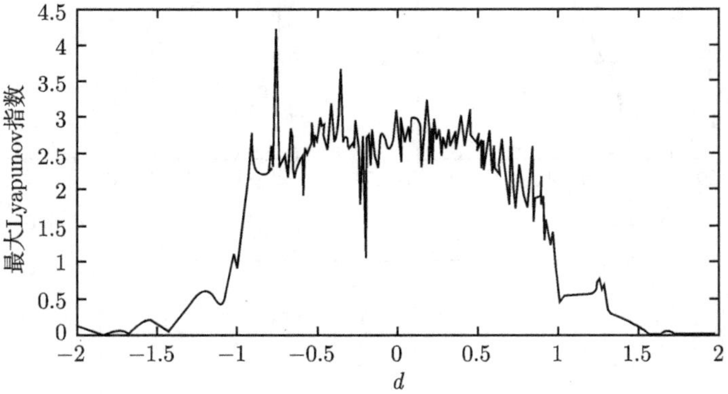

图 3-11 最大的 Lyapunov 指数谱, 其中 $-2 \leqslant d \leqslant 2$

2. *左和右 1-涡卷混沌吸引子*

当参数取 $a = 36, b = 3, c = 28, d = -1$ 时, 系统展示一个左 1-涡卷混沌吸引子 (图 3-12), 当参数取 $a = 36, b = 3$, $c = 28$, $d = 1$ 时, 系统展示一个右 1-涡卷混沌吸引子 (图 3-13).

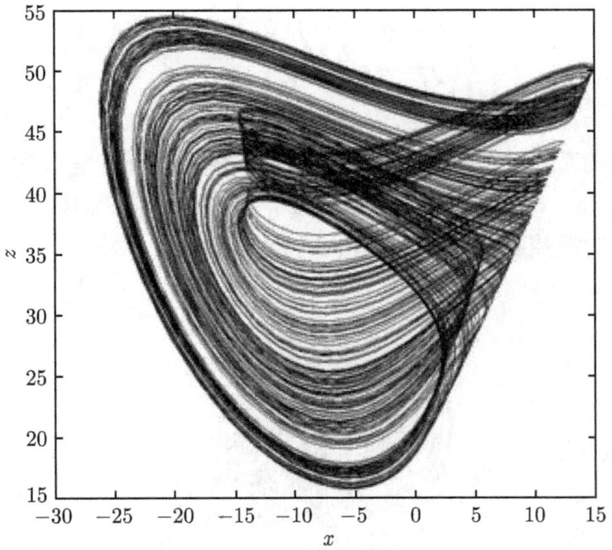

图 3-12 左 1-涡卷混沌吸引子

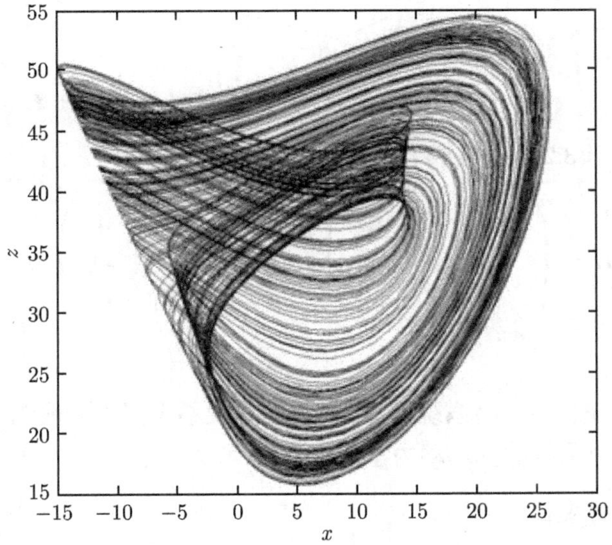

图 3-13 右 1-涡卷混沌吸引子

3.2.3 基于反馈控制 Chen 系统的新混沌系统动力学分析

基于混沌反馈化分析, 把控制器 $u = ez$ 加到 Chen 混沌系统的第二个等式, 则得到下列的混沌系统

$$
\begin{cases}
\dot{x} = a(y - x), \\
\dot{y} = -xz + dx + cy + ez, \\
\dot{z} = xy - bz,
\end{cases}
\tag{3.20}
$$

在系统参数变化的范围内, 这个系统是混沌的, 并且有一些复杂的动力学性质. 例如, 当参数取 $a = 35$, $b = 3$, $c = 28$, $d = -20$, $e = 0.4$, 系统初值为 (1,1,1) 时, 则系统产生两个涡卷的混沌吸引子 (图 3-14).

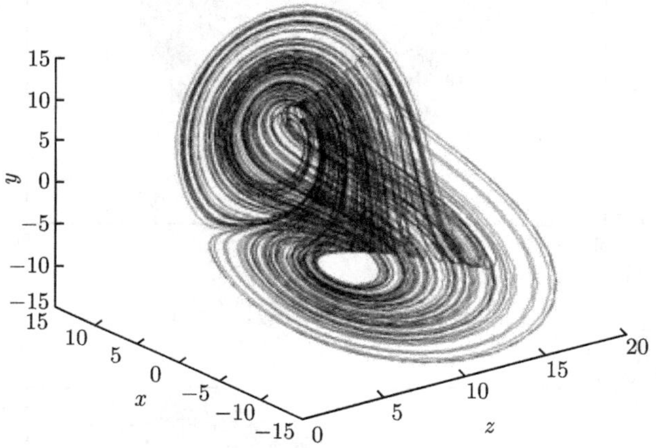

图 3-14　新混沌吸引子

同时, 新系统 (3.20) 可写成下列表达式

$$
\dot{H} = \begin{pmatrix} -35 & 35 & 0 \\ -20 & 28 & 0.4 \\ 0 & 0 & -3 \end{pmatrix} H + x \begin{pmatrix} 0 & 0 & 0 \\ 0 & 0 & -1 \\ 0 & 1 & 0 \end{pmatrix} H,
\tag{3.21}
$$

其中 $H = (x, y, z)^{\mathrm{T}}$.

因此, 根据一般 Lorenz 系统族的定义, 新系统不再属于一般 Lorenz 系统族. 下面分析这个系统的基本动力学特性.

1. 平衡点的稳定性

令

$$
\begin{cases}
a(y - x) = 0, \\
-xz + dx + cy + ez = 0, \\
xy - bz = 0,
\end{cases}
\tag{3.22}
$$

当 $a = 35$, $b = 3$, $c = 28$, $d = -20$, $e = 0.4$ 时, 系统有三个平衡点

$$
E_1(0, 0, 0), \quad E_2(5.1031, 5.1031, 8.6804), \quad E_3(-4.7031, -4.7031, 7.3729).
$$

对于 E_1, 系统的 Jacobian 矩阵是

$$J_{E_1}=\begin{pmatrix}-a & a & 0\\ 0 & c & d\\ 0 & 0 & -b\end{pmatrix}=\begin{pmatrix}-35 & 35 & 0\\ -20 & 28 & 0.4\\ 0 & 0 & -3\end{pmatrix}.$$

令

$$|\lambda I-J_{E_1}|=0.$$

则特征值为

$$\lambda_1=-20.5953,\quad \lambda_2=13.5953,\quad \lambda_3=-3. \tag{3.23}$$

类似地, 在平衡点 E_2 的特征值为

$$\lambda_1=-14.0108,\quad \lambda_2=2.0054+10.9994\mathrm{i},\quad \lambda_3=2.0054-10.9994\mathrm{i}. \tag{3.24}$$

在平衡点 E_3 的特征值为

$$\lambda_1=-15.3494,\quad \lambda_2=2.6747+9.8999\mathrm{i},\quad \lambda_3=2.6747-9.8999\mathrm{i}. \tag{3.25}$$

从上面讨论的结果可知, E_1, E_2 和 E_3 都是不稳定的鞍点.

2. 混沌特性

当初值取 $(1,1,1)$ 时, 通过计算得到新系统的 Lyapunov 指数为 $L_1=4.4109$, $L_2=0.7019$, $L_3=-10.0186$. 相应地, Lyapunov 分数维是 2.5103. 对于 $-1.5\leqslant e\leqslant 1.5$, 图 3-15 展示了新系统最大的 Lyapunov 指数谱. 在图 3-15 中可以清楚看到有两个大的周期窗口, 即 $W_1(-1.43,-0.92)$ 和 $W_2(1.02,1.44)$, 显然, 这两个周期窗口系统的演化是非常重要的.

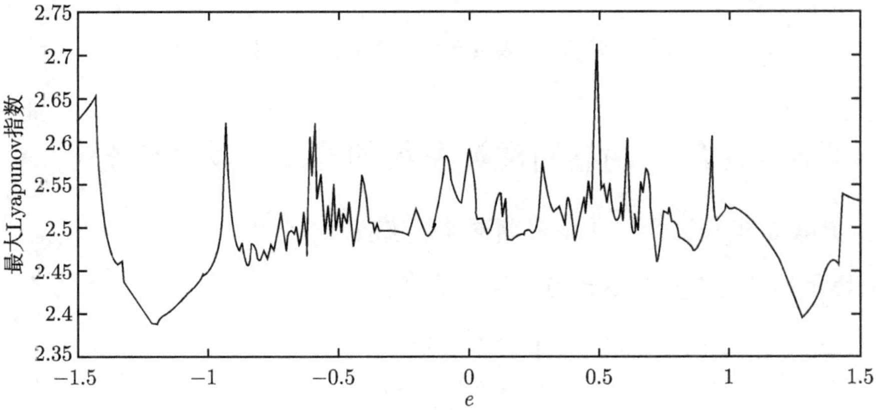

图 3-15 最大的 Lyapunov 指数谱, 其中 $-1.5\leqslant e\leqslant 1.5$

当参数变化时, 分岔图是对系统演化性质的一个很好的总结. 对于参数 $-1.5 \leqslant e \leqslant 1.5$, 新系统的分岔图 (图 3-16) 展示了新系统有基本的分岔性质. 而且当参数取 $a = 35$, $b = 3$, $c = 28$, $d = -20$, $e = \pm 0.75$ 时, 新系统展示了一个左 1-涡卷和右 1-涡卷混沌吸引子 (图 3-17).

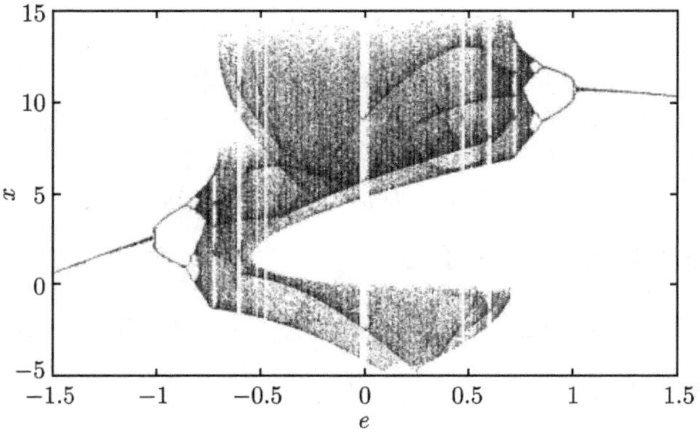

图 3-16 分岔图, 其中 $-1.5 \leqslant e \leqslant 1.5$

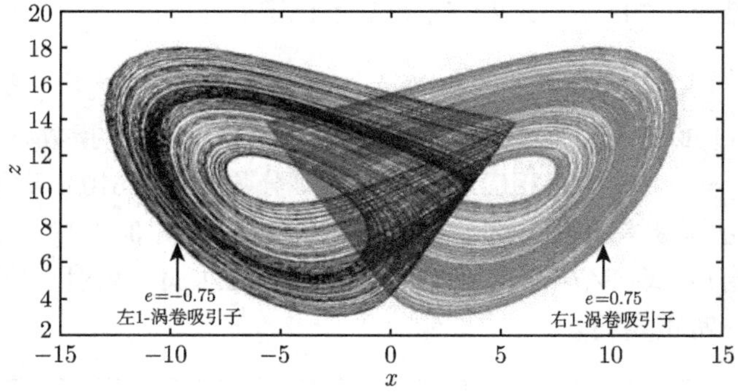

图 3-17 左 1-涡卷和右 1-涡卷混沌吸引子

3.3 具有 2-涡卷新混沌系统的构造与动力学分析

3.3.1 具有 5 项表达式的 2-涡卷新混沌系统动力学分析[114]

考虑下列具有 5 项表达式的 2-涡卷混沌系统

$$
\begin{cases}
\dot{x} = a(z - x), \\
\dot{y} = b - xz, \\
\dot{z} = xy,
\end{cases}
\tag{3.26}
$$

当系统参数为 $a = 10, b = 45$ 时, 系统 (3.26) 是混沌的 (图 3-18).

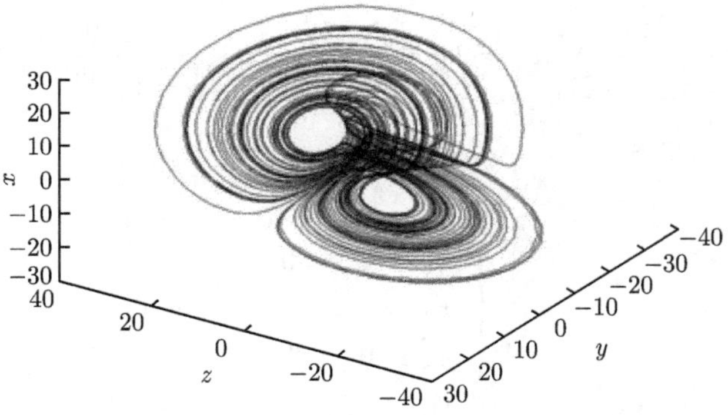

图 3-18 新系统的混沌吸引子

系统的基本动力学分析如下.

1. 对称性和不变性

首先, 我们注意到系统在变换 $(x, y, z) \to (-x, y, -z)$ 下的不变性, 即关于 y 轴具有对称性, 且这种对称性对所有的系统参数都保持不变.

2. 耗散性和吸引子的存在性

对于新系统 (3.26), 有下列表达式

$$\Delta V = \frac{\partial \dot{x}}{\partial x} + \frac{\partial \dot{y}}{\partial y} + \frac{\partial \dot{z}}{\partial z} = -a,$$

其中 $f = -a = -10$, 因此系统 (3.26) 的动力学行为具有耗散的特性, 它收敛于指数形式

$$\frac{\mathrm{d}V}{\mathrm{d}t} = e^f = e^{-10},$$

即在时刻 t, V_0 收缩到体积元 $V_0 e^{ft} = V_0 e^{-10t}$. 也就是说, 当 $t \to \infty$ 时, 对含系统轨线的任一体积元都是按照指数率 f 收缩为 0. 从而, 系统的所有轨线最后都限制在一个体积为 0 的特定子集合上, 并且系统的渐近轨线固定在一个 (子集合) 吸引子上.

3. 分数维和 Lyapunov 指数

Lyapunov 指数是刻画系统邻近轨道平均分离快慢的平均量, 若系统最大的 Lyapunov 指数大于零, 则通常认为系统是混沌系统. 对于新系统, 计算得到系统的 Lyapunov 指数为

$$L_1 = 4.9066, \quad L_2 = 0.1174, \quad L_3 = -10.7260.$$

Lyapunov 分数维是

$$D_L = j + \frac{1}{|L_{j+1}|}\sum_{i=1}^{j} L_i = 2 + \frac{L_1 + L_2}{|L_3|} = 2 + \frac{5.0240}{|-10.7260|} = 2.4684.$$

4. 平衡点的稳定性

令

$$\begin{cases} a(z-x) = 0, \\ b - xz = 0, \\ xy = 0. \end{cases} \tag{3.27}$$

则得到两个平衡点

$$E^+ = (\sqrt{45}, 0, \sqrt{45}), \quad E^- = (-\sqrt{45}, 0, -\sqrt{45}).$$

下面我们分析这两个平衡点的稳定性.

对于 $E^+ = (\sqrt{45}, 0, \sqrt{45})$, 系统 (3.27) 被线性化, Jacobian 矩阵为

$$J_{E^+} = \begin{pmatrix} -a & 0 & a \\ -z & 0 & -x \\ y & x & 0 \end{pmatrix} = \begin{pmatrix} -10 & 0 & 10 \\ -\sqrt{45} & 0 & -\sqrt{45} \\ 0 & \sqrt{45} & 0 \end{pmatrix}.$$

为计算它的特征值, 我们令

$$|\lambda I - J_{E^+}| = 0.$$

通过计算, 可得到特征值

$$\lambda_1 = -11.2237, \quad \lambda_2 = 0.1119 + 5.3384\mathrm{i}, \quad \lambda_3 = 0.1119 - 5.3384\mathrm{i},$$

其中 $\lambda_1 < 0$, λ_2 和 λ_3 是一对具有正实部共轭特征值.

对于平衡点 $E^- = (-\sqrt{45}, 0, -\sqrt{45})$, 特征值为

$$\lambda_1 = -12.2942, \quad \lambda_2 = 1.1471 + 8.4788\mathrm{i}, \quad \lambda_3 = 1.1471 - 8.4788\mathrm{i}.$$

其中 $\lambda_1 < 0$, λ_2 和 λ_3 是一对具有正实部共轭特征值.

从上面简单的分析可知, 系统的两个平衡点是鞍–结点. 因此, 两个平衡点都是不稳定的.

5. 谱图、Poincaré图、分岔图和最大的 Lyapunov 指数谱

图 3-19 显示了新系统的连续宽带特征. 图 3-20 (a)—(c) 为新系统分别在 $y = 0$, $z = 0$ 和 $x = 0$ 上 Poincaré 图, 其中吸引子的叶片清晰可见, 吸引子的叶片被折叠, 并且有几乎对称的分支, 这就导致了系统复杂的动力学行为. 另外, 对于

系统参数 $-1 \leqslant b \leqslant 50$, 新系统的分岔图 3-21 展示了新系统有复杂的分岔性质. 图 3-22 说明了新系统复杂的性质在最大的 Lyapunov 指数谱和分岔图上表现具有一致性.

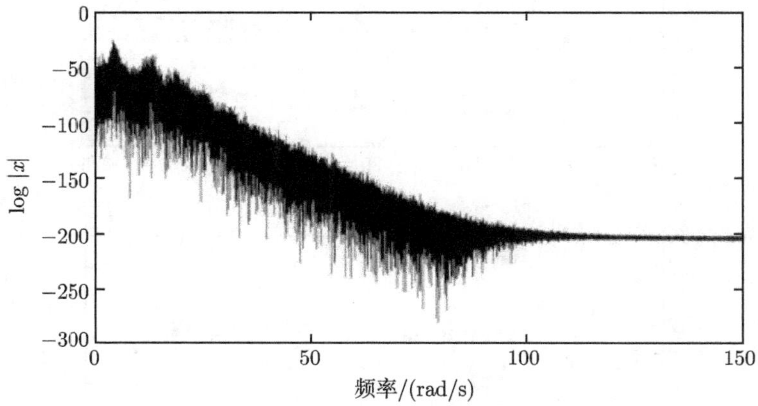

图 3-19 新混沌系统的功率谱图

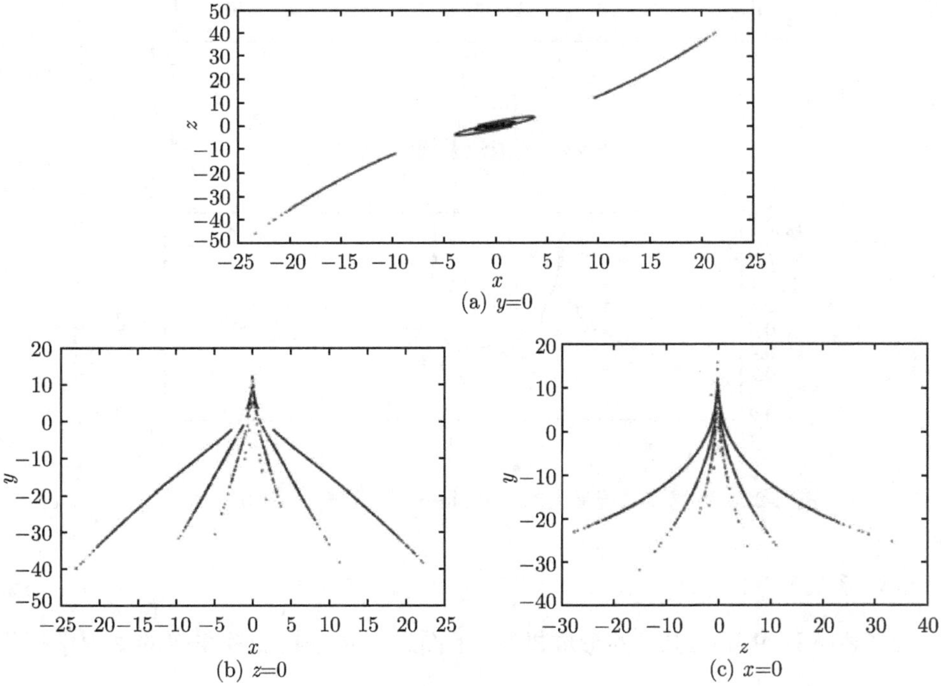

图 3-20 新混沌系统的 Poincaré 图

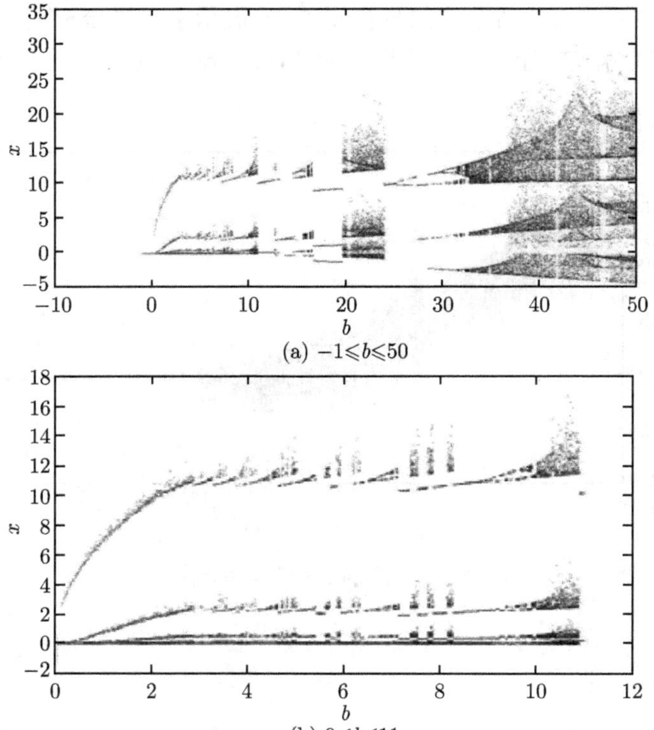

(a) $-1\leqslant b\leqslant 50$

(b) $0\leqslant b\leqslant 11$

图 3-21　新混沌系统的分岔图

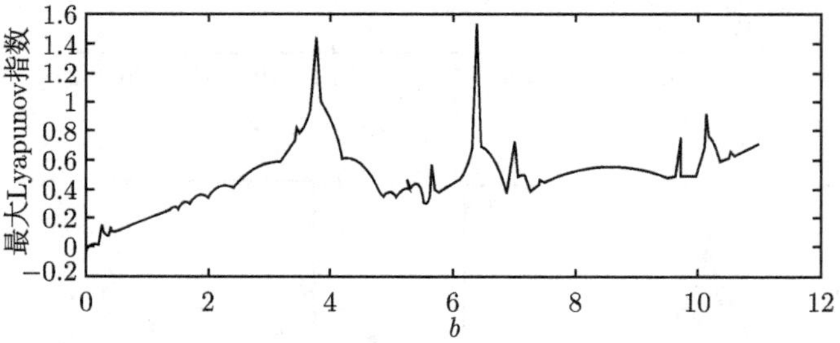

图 3-22　新混沌系统最大的 Lyapunov 指数谱, 其中 $0\leqslant b\leqslant 11$

6. 新系统的形成机制

为了深入研究新吸引子的形成机制, 下面进一步分析受控系统的动力学行为, 即

$$\begin{cases} \dot{x}=a(z-x), \\ \dot{y}=b-xz, \\ \dot{z}=xy+d, \end{cases} \tag{3.28}$$

在系统 (3.28) 中, d 是一个在一定范围内变化的参数. 当参数 d 改变时, 系统的混沌行为能被有效地控制, 这里取系统初值为 $(4, 2, -2)$.

当 $d = -17$ 时, 系统的轨线为一个极限环, 见图 3-23(a);

当 $d = -15$ 时, 系统出现周期 2 分岔, 见图 3-23(b);

当 $d = -12$ 时, 系统出现一个左半吸引子, 见图 3-23(c);

当 $d = \pm 8$ 时, 系统的一部分轨线被限制掉, 见图 3-23(d),(e);

当 $d = 12$ 时, 系统出现一个左半吸引子, 见图 3-23(f);

当 $d = 15$ 时, 系统出现周期 2 分岔, 见图 3-23(g);

当 $d = 17$ 时, 系统的轨线为一个极限环, 见图 3-23(h).

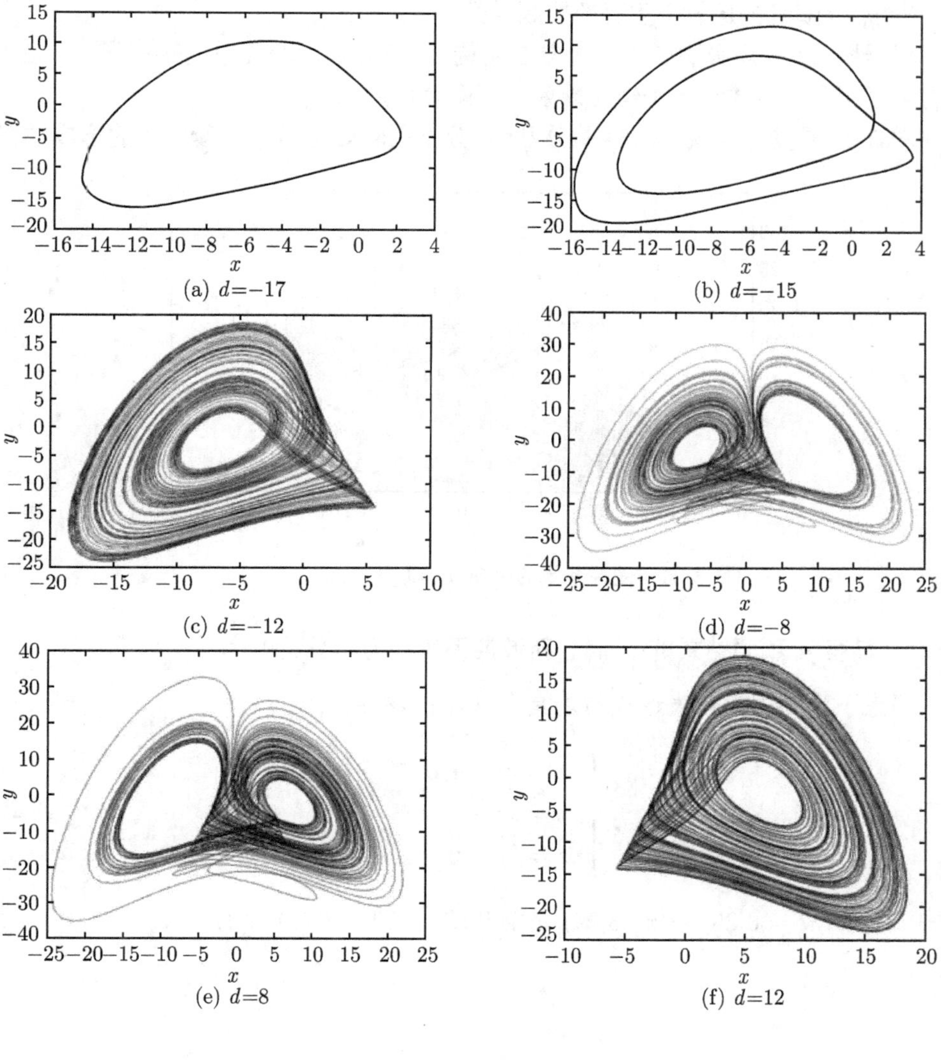

(a) d=−17 (b) d=−15

(c) d=−12 (d) d=−8

(e) d=8 (f) d=12

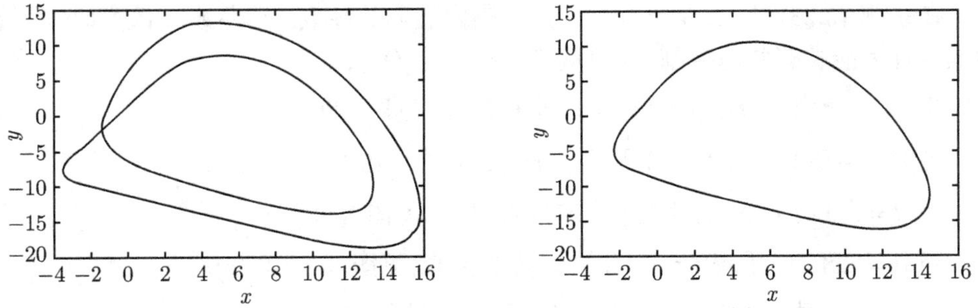

(g) d=15　　(h) d=17

图 3-23　受控系统的相图

在控制中, 可以看到 $|d|$ 充分大时, 混沌吸引子消失; 当 $|d|$ 充分小时, 混沌吸引子出现. 因此 $|d|$ 是一个重要的控制参数.

根据图 3-23, 新吸引子有一个复合结构, 即它是由两个简单的吸引子——左半和右半吸引子——通过一个镜像映射相互融合而成的.

图 3-24 是受控系统 (3.28) 的分岔图, 分岔图较好地总结了新系统的形成过程.

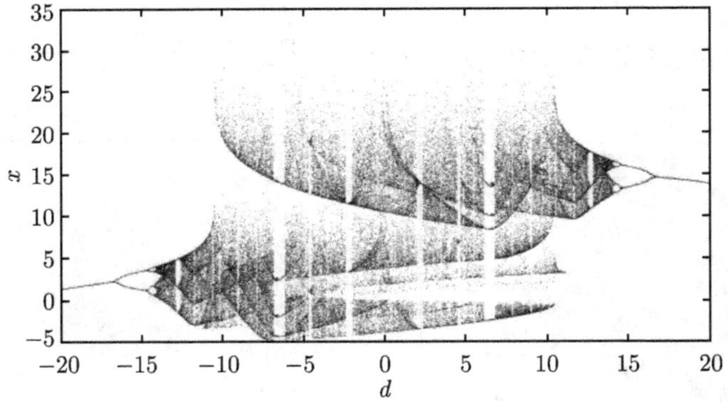

图 3-24　受控系统的分岔图, 其中 $-20 \leqslant d \leqslant 20$

3.3.2　具有 4 项表达式的 2-涡卷新混沌系统动力学分析[115]

考虑下列动力系统表达式右端具有 4 项的混沌系统

$$\begin{cases} \dot{x} = \ln(a + e^{y-x}), \\ \dot{y} = xz, \\ \dot{z} = b - xy, \end{cases} \tag{3.29}$$

其中 $a = 0.1$, $b = 0.25$, 系统 (3.29) 是混沌的, 如图 3-25(a)—(d).

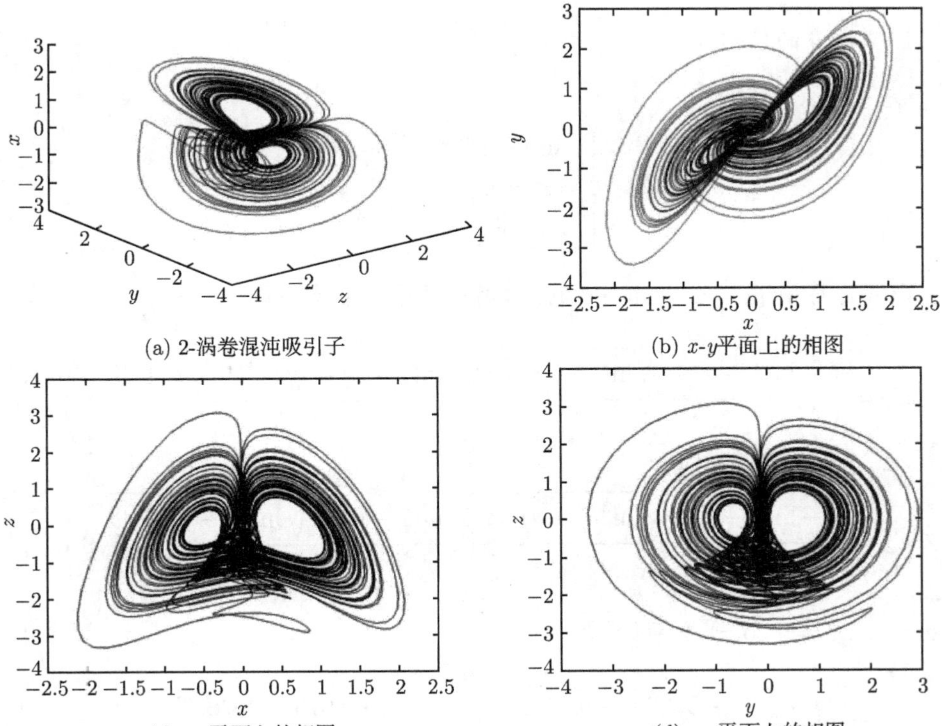

(a) 2-涡卷混沌吸引子 (b) x-y平面上的相图

(c) x-z平面上的相图 (d) y-z平面上的相图

图 3-25 混沌系统在不同平面上的相图

当 $a=0, b=0.25$ 时, 系统 (3.29) 转化为如下系统

$$\begin{cases} \dot{x} = y - x, \\ \dot{y} = xz, \\ \dot{z} = b - xy, \end{cases} \tag{3.30}$$

该动力系统表达式右端具有 5 项, 显然, 当 $a=0, b=0.25$ 时, 系统 (3.30) 不是混沌的, 如图 3-26 所示.

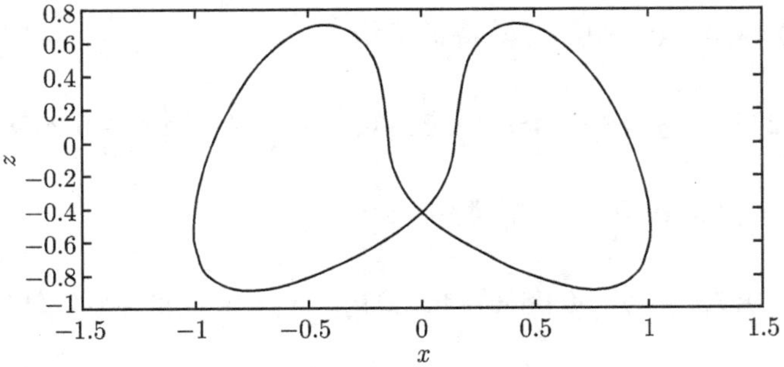

图 3-26 x-z 平面上的相图

1. 平衡点的稳定性

令

$$\begin{cases} \ln(a+e^{y-x})=0, \\ xz=0, \\ b-xy=0. \end{cases} \tag{3.31}$$

当 $a<1, \ln^2(1-a)+4b\geqslant 0$ 时, 系统有两个平衡点, 即

$$E_1=\left(\frac{-\ln(1-a)-\sqrt{\ln^2(1-a)+4b}}{2},\frac{\ln(1-a)-\sqrt{\ln^2(1-a)+4b}}{2},0\right),$$

$$E_2=\left(\frac{-\ln(1-a)+\sqrt{\ln^2(1-a)+4b}}{2},\frac{\ln(1-a)+\sqrt{\ln^2(1-a)+4b}}{2},0\right).$$

令 $a=0.1, b=0.25$, 平衡点如下

$$E_1=(-0.4976,-0.6029,0),\quad E_2=(0.6029,0.4976,0).$$

对于平衡点 $E_1=(-0.4976,-0.6029,0)$, 系统 (3.31) 被线性化, Jacobian 矩阵为

$$J_{E_1}=\begin{pmatrix} -\dfrac{e^{y-x}}{a+e^{y-x}} & \dfrac{e^{y-x}}{a+e^{y-x}} & 0 \\ z & 0 & x \\ -y & -x & 0 \end{pmatrix}.$$

为计算它的特征值, 令

$$|\lambda I-J_{E_1}|=0.$$

对于 $E_1=(-0.4976,-0.6029,0)$, 其特征值为

$$\lambda_1=0.1299,\quad \lambda_2=-0.5489+0.2983\mathrm{i},\quad \lambda_3=-0.5489-0.2983\mathrm{i}. \tag{3.32}$$

另外, 对于 $E_2=(0.6029,0.4976,0)$, 特征值为

$$\lambda_1=-1.0772,\quad \lambda_2=0.0886+0.7393\mathrm{i},\quad \lambda_3=0.0886-0.7393\mathrm{i}. \tag{3.33}$$

由式子 (3.32)—(3.33), E_1, E_2 是鞍–结点, 因此它们都是不稳定的.

2. 新系统的混沌特性

对于新系统, 假设初值为 (1,1,1), 计算得到系统的 Lyapunov 指数为

$$L_1 = 0.1139, \quad L_2 = 0.0347, \quad L_3 = -0.2970.$$

Lyapunov 分数维是

$$D_L = j + \frac{1}{|L_{j+1}|}\sum_{i=1}^{j} L_i = 2 + \frac{L_1 + L_2}{L_3} = 2 + \frac{0.1486}{|-0.2970|} = 2.5003,$$

图 3-27 显示了新系统的连续宽带特征. 图 3-28(a)—(c) 为新系统分别在 $y=0$, $z=0$ 和 $x=0$ 上 Poincaré 图, 其中吸引子的叶片清晰可见, 吸引子的叶片被折叠, 并且有几乎对称的分支, 这就导致了系统复杂的动力学行为. 另外, 对于系统参数 $-0.39 \leqslant a \leqslant 0.39$, 新系统的分岔图 (图 3-29) 展示了新系统有复杂的分岔性质.

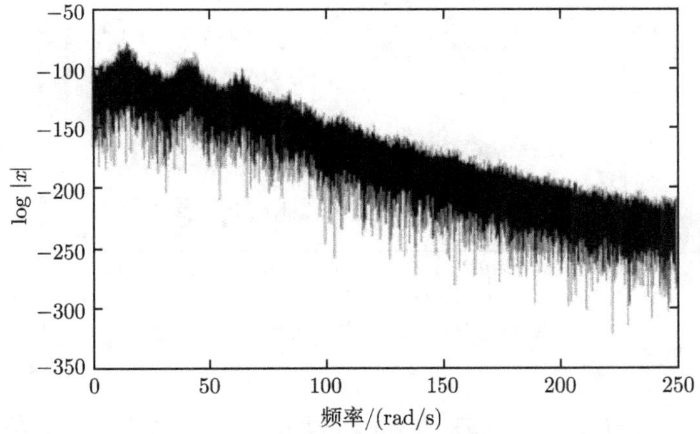

图 3-27　新混沌系统的功率谱

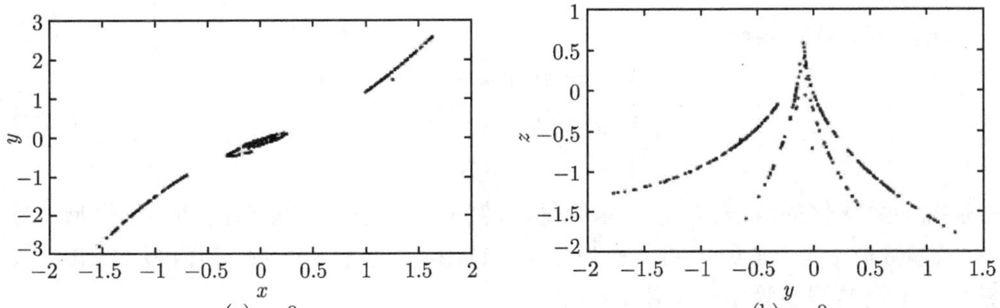

(a) z=0　　(b) x=0

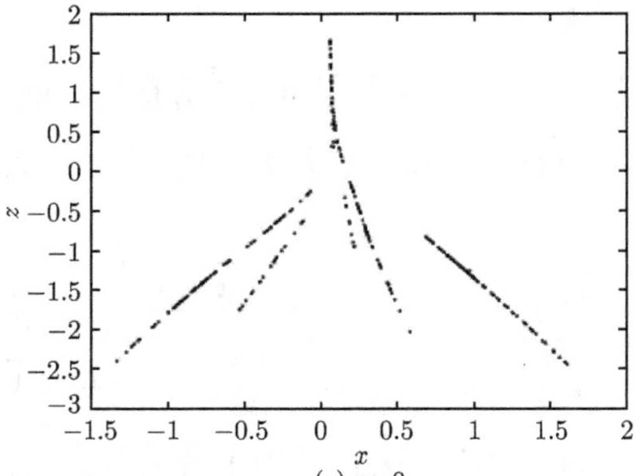

(c) y=0

图 3-28　Poincaré图

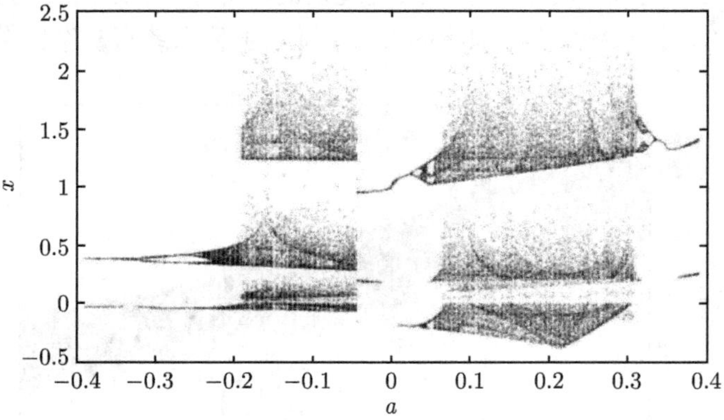

图 3-29　分岔图, 其中 $-0.39 \leqslant a \leqslant 0.39$

3.4　具有 4-涡卷新混沌系统的构造与动力学分析

3.4.1　不稳定的 4-涡卷新混沌系统动力学分析[116]

考虑下列三维系统

$$\begin{cases} \dot{x} = ay + bx + cyz, \\ \dot{y} = dy - z + exz, \\ \dot{z} = fz - xy, \end{cases} \tag{3.34}$$

在系统参数变化的范围内, 这个系统是混沌的, 并且有一些复杂的动力学性质. 例如, 当参数取 $a = 2.4, b = -3, c = 14, d = -11, e = 4, f = 5.85$ 时, 初值为 (1,3,5), 系统产生 4-涡卷混沌吸引子 (图 3-30(a)).

在文献 [43] 中, Sprott 提出系统运行的时间越长, 就越能保证系统解的稳定状态. 显然, 和已存在的三维系统中产生 2-涡卷或者 4-涡卷混沌吸引子相比, 我们提

出的新吸引子 (3.34) 是由瞬时混沌 2-涡卷和 2-涡卷混沌吸引子组成的 (图 3-30(b), (c)). 在时间 $t>55$, 系统运行结果表明, 新系统最终是一个 2-涡卷混沌吸引子.

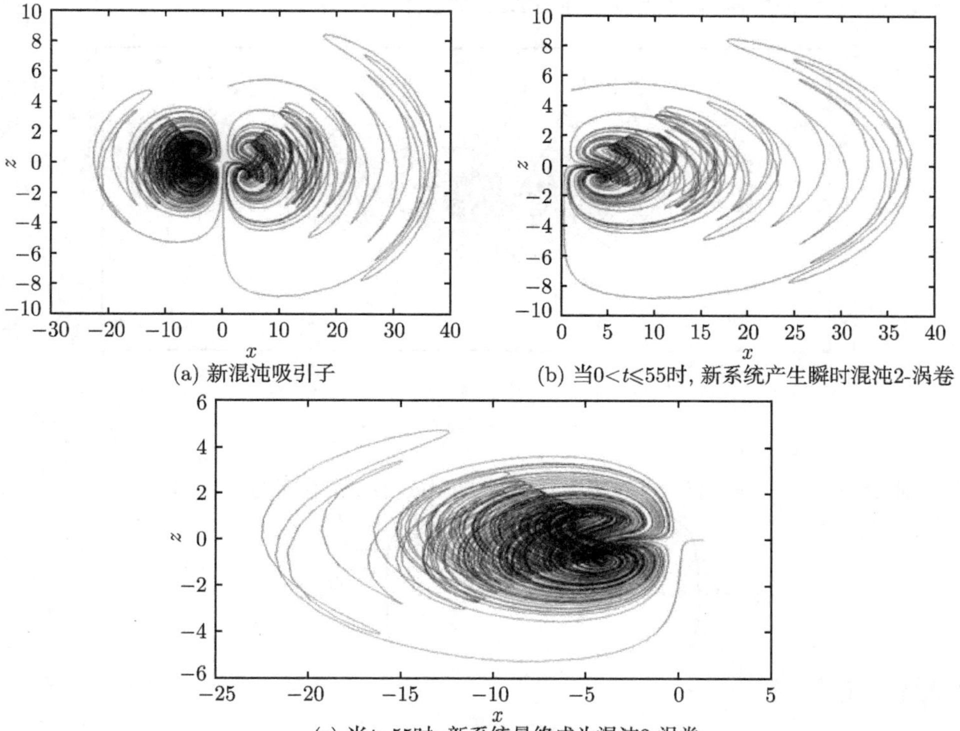

(a) 新混沌吸引子

(b) 当0<t≤55时, 新系统产生瞬时混沌2-涡卷

(c) 当t>55时, 新系统最终成为混沌2-涡卷

图 3-30 混沌系统在不同时间的相图

下面我们分析该系统的基本动力学性质.

1. 4-涡卷混沌吸引子

1) 平衡点的稳定性

令

$$\begin{cases} ay+bx+cyz=0, \\ dy-z+exz=0, \\ fz-xy=0, \end{cases} \tag{3.35}$$

其中 $a=2.4, b=-3, c=14, d=-11, e=4, f=5.85$. 它有五个平衡点

$$E_1(0,0,0), \quad E_2(4.1379, 1.0050, 0.7109), \quad E_3(-3.8879, 1.2560, -0.8347),$$

$$E_4(-3.8879-0.9981, 0.6633), \quad E_5(4.1379, -1.2473, -0.8823).$$

如图 3-31 所示, E_1 位于整个吸引子的中心, E_2, E_3, E_4 和 E_5 分别位于四个涡卷的中心. 从图可以看出, 平衡点 E_2, E_5 有助于产生瞬时混沌 2-涡卷, 而 E_3, E_4 为系统最终产生 2-涡卷混沌吸引子起到了重要作用.

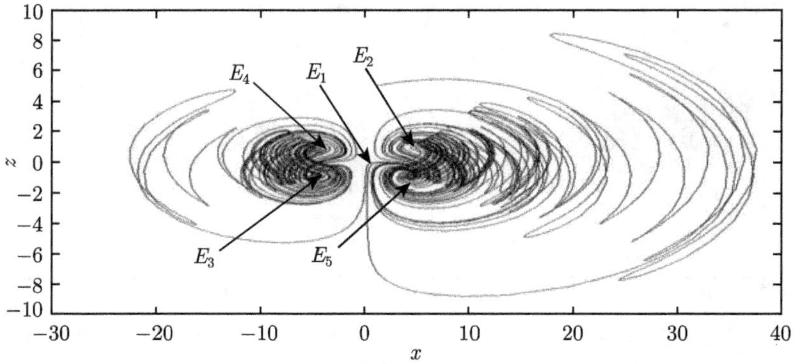

图 3-31　五个平衡点的分布

对于 $E_i(x_i, y_i, z_i)$ $(i = 1, \cdots, 5)$, 系统的 Jacobian 矩阵为

$$J_{E_i} = \begin{pmatrix} b & a + cz_i & cy_i \\ ez_i & d & ex_i - 1 \\ -y_i & -x_i & f \end{pmatrix} \quad (i = 1, \cdots, 5).$$

为求得特征值, 令

$$|\lambda I - J_{E_i}| = 0.$$

对于 E_1, 则相应的特征值如下

$$\lambda_1 = -3, \quad \lambda_2 = -11, \quad \lambda_3 = 5.85.$$

对于 E_2, 则相应的特征值如下

$$\lambda_1 = -12.9021, \quad \lambda_2 = 2.3761 + 7.0804\mathrm{i}, \quad \lambda_3 = 2.3761 - 7.0804\mathrm{i}.$$

对于 E_3, 则相应的特征值如下

$$\lambda_1 = -12.8005, \quad \lambda_2 = 2.3252 + 7.7881\mathrm{i}, \quad \lambda_3 = 2.3252 - 7.7881\mathrm{i}.$$

对于 E_4, 则相应的特征值如下

$$\lambda_1 = -12.5469, \quad \lambda_2 = 2.1984 + 6.9804\mathrm{i}, \quad \lambda_3 = 2.1984 - 6.9804\mathrm{i}.$$

对于 E_5, 则相应的特征值如下

$$\lambda_1 = -13.1525, \quad \lambda_2 = 2.5013 + 7.8516\mathrm{i}, \quad \lambda_3 = 2.5013 - 7.8516\mathrm{i}.$$

从上述特征值可知, $E_i(x_i, y_i, z_i)(i = 1, \cdots, 5)$ 是不稳定的.

2) 耗散性和吸引子的存在性

对于新系统 (3.34), 有下列表达式

$$\nabla V = \frac{\partial \dot{x}}{\partial x} + \frac{\partial \dot{y}}{\partial y} + \frac{\partial \dot{z}}{\partial z} = b + d + f,$$

其中 $b+d+f = -8.15$, 因此, 系统 (3.34) 的动力学行为具有耗散的特性, 它收敛于指数形式为

$$\frac{\mathrm{d}V}{\mathrm{d}t} = e^{-8.15},$$

即在时刻 t, V_0 收缩到体积元 $V_0e^{-8.15t}$. 也就是说, 当 $t \to \infty$ 时, 对含系统轨线的任一体积元都是按照指数率 f 收缩为 0. 但这并不意味着每个小体积收敛到一点, 它可以简单地在一个曲面上以复杂的方式延伸, 使系统的所有轨线最后都限制在一个体积为 0 的特定子集合上, 并且系统的渐近轨线固定在一个 (子集合) 吸引子上.

3) Lyapunov 指数、分数维与谱图

Lyapunov 指数是刻画系统邻近轨道平均分离快慢的平均量, 若系统的最大的 Lyapunov 指数大于零, 则通常认为系统是混沌系统. 对于新系统, 计算得到系统的 Lyapunov 指数为 (图 3-32)

$$L_1 = 2.5236, \quad L_2 = -0.0007, \quad L_3 = -3.3323.$$

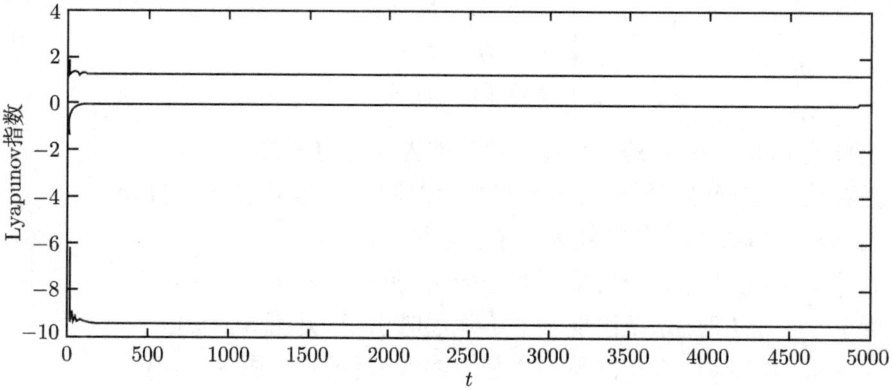

图 3-32 Lyapunov 指数图

严格地说, 轨线的 Lyapunov 指数依赖于该轨线的初值, 但对于混沌吸引子来说, 最终轨线的动力学行为已与初值无关, 故其 Lyapunov 指数也和初值无关.

Lyapunov 分数维是

$$D_L = j + \frac{1}{|L_{j+1}|}\sum_{i=1}^{j} L_i = 2 + \frac{L_1 + L_2}{|L_3|} = 2 + \frac{2.5229}{|-3.3323|} = 2.7571,$$

另外, 图 3-33 显示了新系统的连续宽带特征.

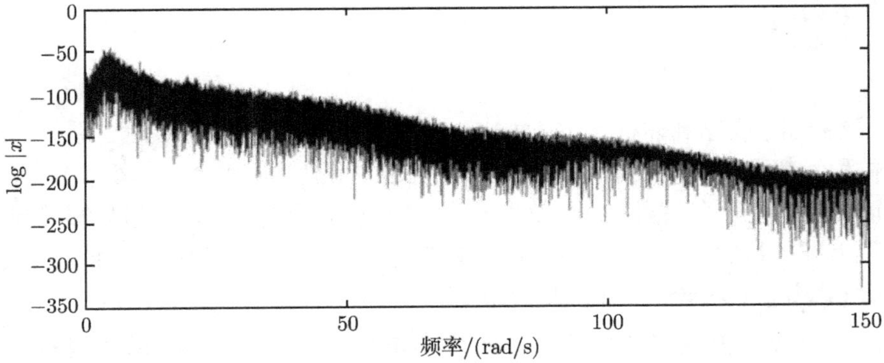

图 3-33 新系统的功率谱

4) 新系统形成过程

为了深入研究新吸引子的形成机制, 下面进一步分析受控系统的动力学行为, 即

$$\begin{cases} \dot{x} = ay + bx + cyz, \\ \dot{y} = dy - z + exz, \\ \dot{z} = fz - xy + u. \end{cases} \tag{3.36}$$

在系统 (3.36) 中, u 是一个在一定范围内变化的参数.

当参数 u 改变时, 混沌行为能有效地被控制, 这里取初值为 (1,3,5).

当 $u = -9$ 时, 系统的轨线为一个极限环, 见图 3-34(a);

当 $u = -5.11$ 时, 系统出现周期 2 分岔, 见图 3-34(b);

当 $u = -1.94$ 时, 系统出现一个 1-涡卷吸引子, 见图 3-34(c);

当 $u = -0.45$ 时, 系统出现一个左 2-涡卷吸引子, 见图 3-34(d);

当 $u = 0.45$ 时, 系统出现一个右 2-涡卷吸引子, 见图 3-34(e);

当 $u = 1.94$ 时, 系统出现一个 1-涡卷吸引子, 见图 3-34(f);

当 $u = 5.11$ 时, 系统出现周期 2 分岔, 见图 3-34(g);

当 $u = 9$ 时, 系统的轨线为一个极限环, 见图 3-34(h).

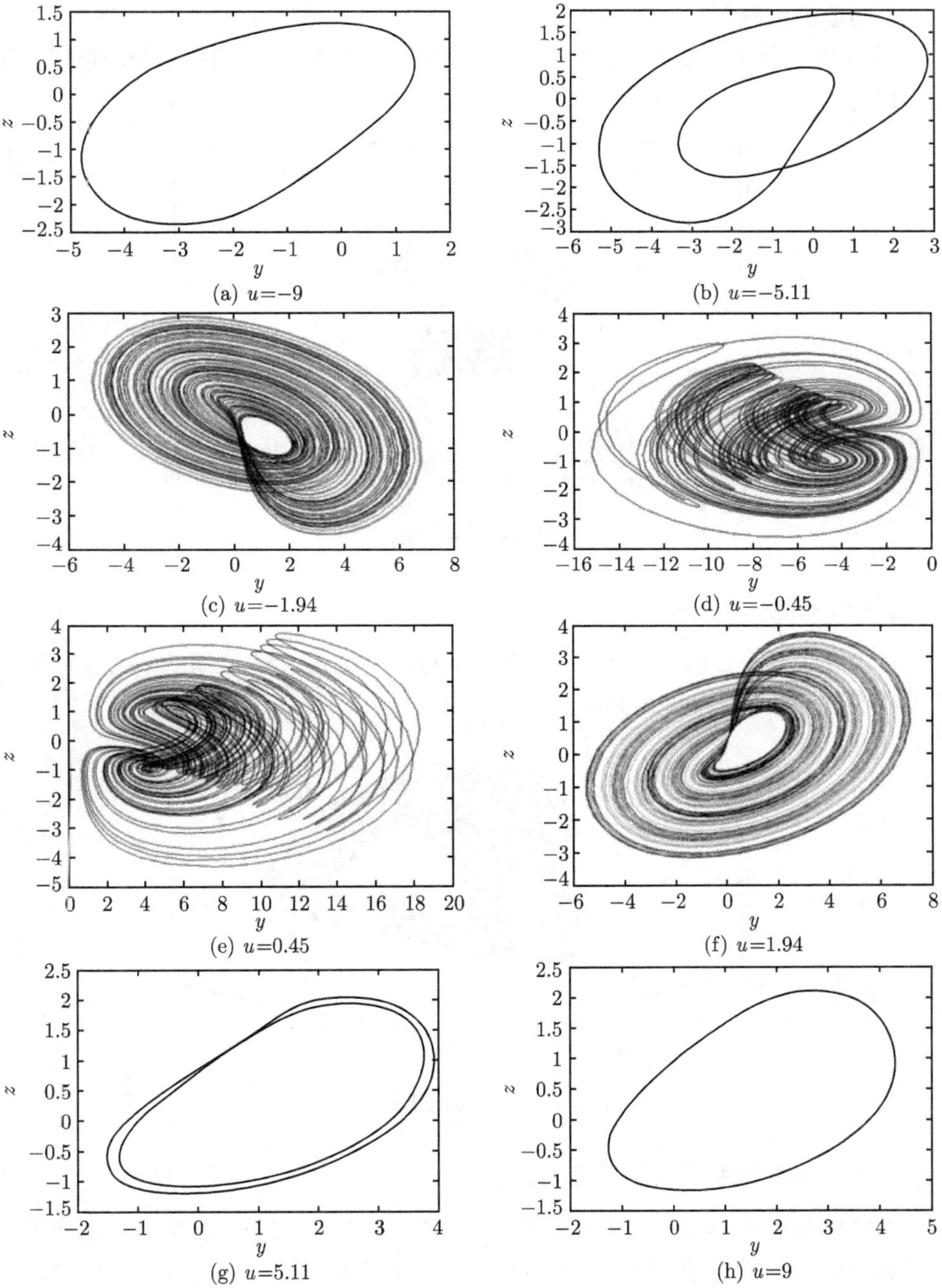

图 3-34 受控系统的相图

从图 3-34 可知, 新吸引子是由两个简单的吸引子——左半和右半吸引子——通过一个镜像映射相互融合而成的, 值得注意的是, 这两个简单的混沌吸引子起源于一个简单的极限环.

图 3-35 展示了系统 (3.36) 在 $-9 \leqslant u \leqslant 9$ 的分岔性质, 这和新系统的形成机制是一致的.

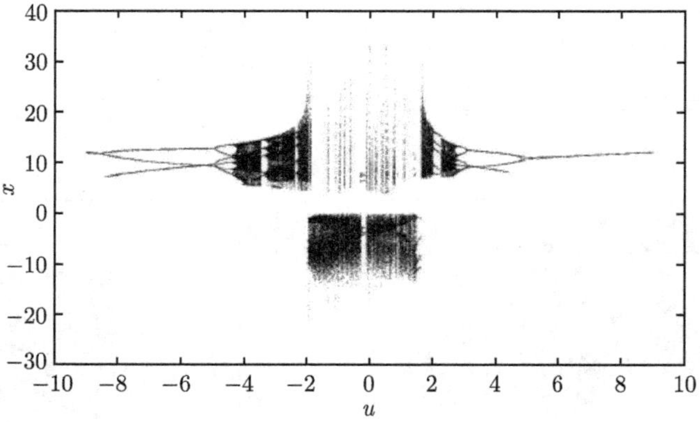

图 3-35　分岔图

2. 1-涡卷混沌吸引子

当参数取 $a=2.4, b=-3, c=14, d=-11, e=4, f=7$ 时, 系统 (3.34) 产生一个 1-涡卷混沌吸引子 (图 3-36).

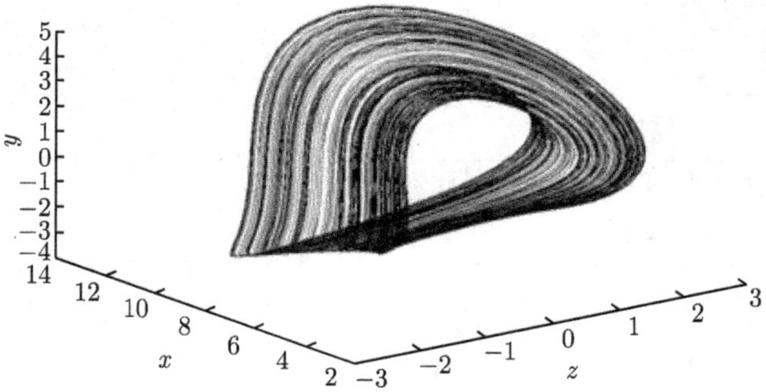

图 3-36　1-涡卷混沌吸引子

3. 左 2-涡卷和右 2-涡卷混沌吸引子

当参数取 $a=2.4, b=-3, c=14, d=-11, e=4, f=6$ 时, 系统 (3.34) 产生一个右 2-涡卷混沌吸引子 (图 3-37); 当参数取 $a=2.4, b=-3, c=14, d=-11, e=4, f=5.5$ 时, 系统 (3.34) 产生一个左 2-涡卷混沌吸引子 (图 3-38).

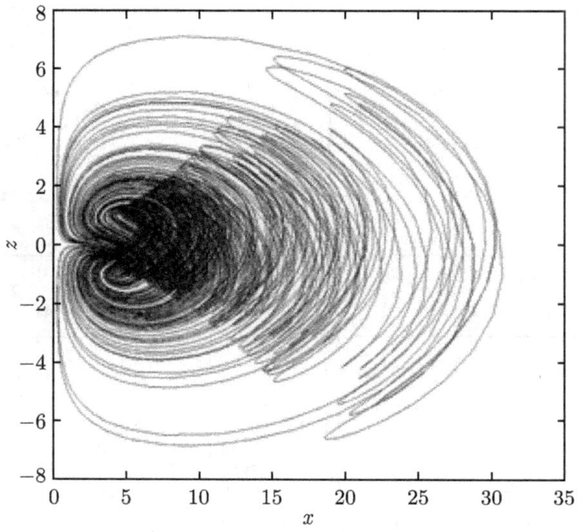

图 3-37 右 2-涡卷混沌吸引子

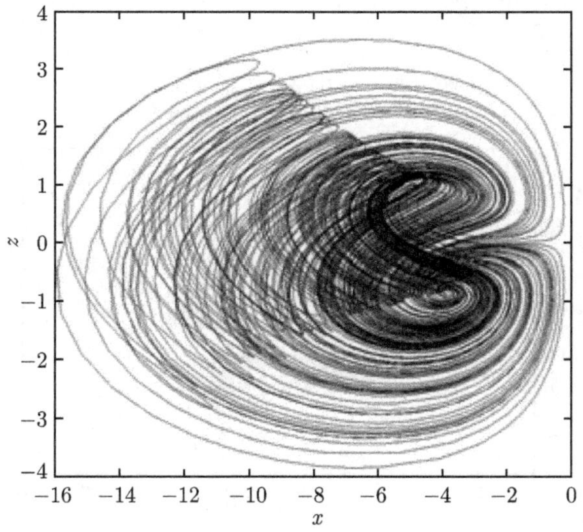

图 3-38 左 2-涡卷混沌吸引子

4. Poincaré图、分岔图和最大的 Lyapunov 指数图

当参数 f 变化时, 图 3-39 显示了新系统 (3.34) 的 Poincaré 图, 其中吸引子的叶片清晰可见, 并且吸引子的叶片被折叠, 这就导致了系统复杂的动力学行为. 图 3-40 展示了新系统有基本的分岔性质.

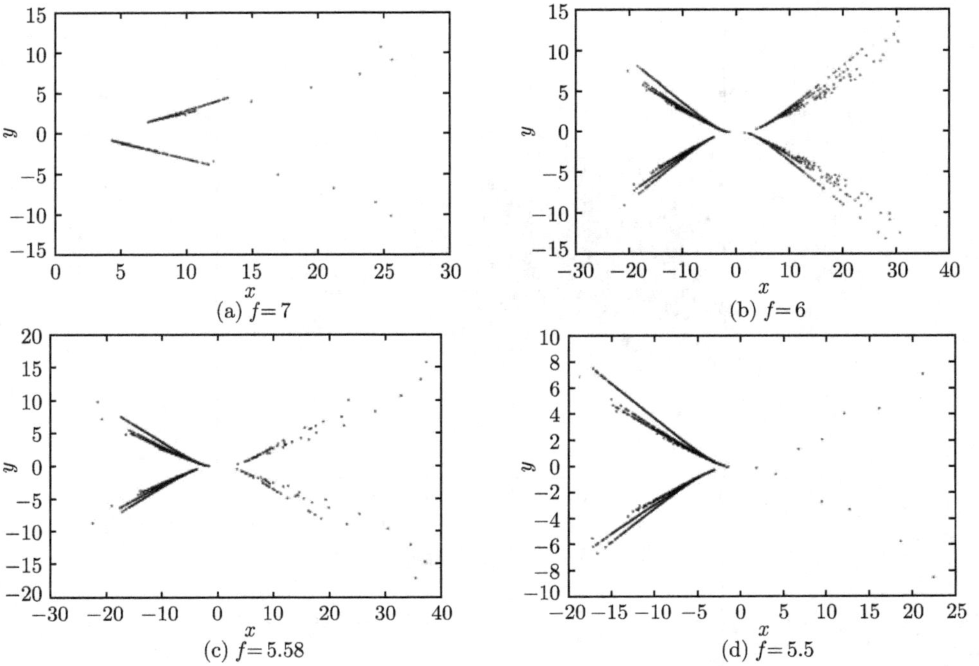

图 3-39　在 $z=0$ 平面上的 Poincaré 图

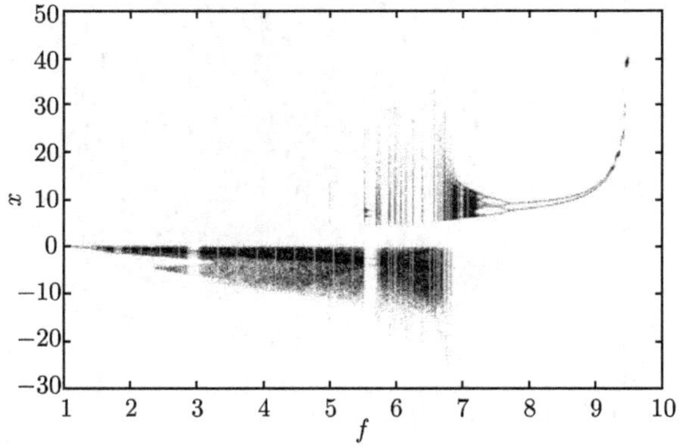

图 3-40　分岔图, 参数 $1 \leqslant f \leqslant 9.4$

3.4.2　单参数 4-涡卷混沌系统动力学分析[117]

考虑如下新单参数混沌系统

$$\begin{cases} \dot{x} = 4(x+y) - yz, \\ \dot{y} = -12y + xz, \\ \dot{z} = (4-a)x - 5z + xy. \end{cases} \tag{3.37}$$

当 $a \in (-0.18, 8.21)$ 时, 系统 (3.37) 是混沌的.

当系统 (3.37) 初值取 $(1, 1, -1), a = 1.84$ 时, 系统 (3.37) 展示一个 3-涡卷混沌吸引子 (图 3-41); 当 $a = 4.36$ 时, 系统 (3.37) 展示一个 4-涡卷混沌吸引子 (图 3-42); 当 $a = 4$ 时, 系统 (3.37) 展示一个上和下混合共存的 2-涡卷混沌吸引子 (图 3-43).

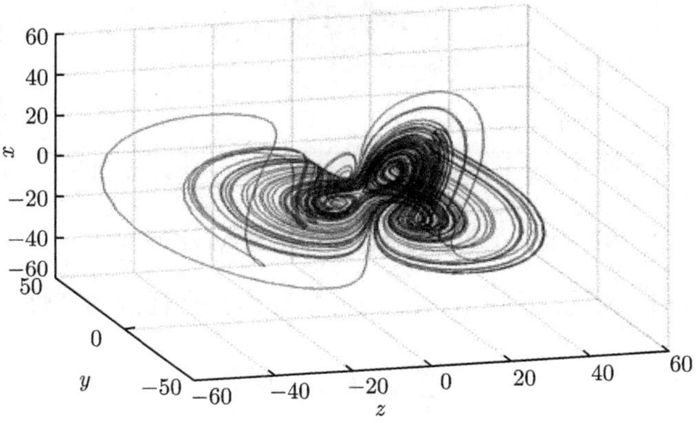

图 3-41 3-涡卷混沌吸引子

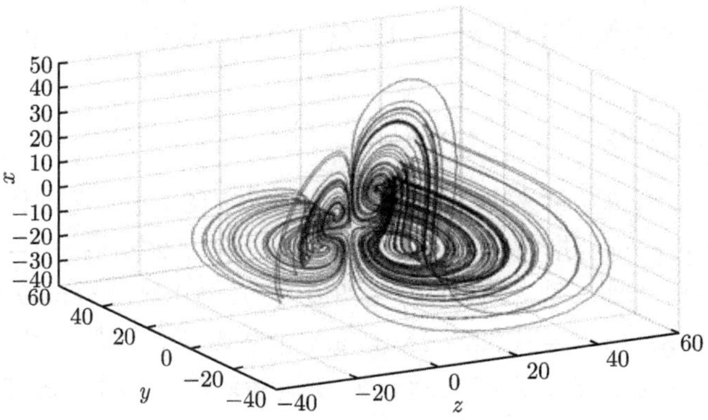

图 3-42 4-涡卷混沌吸引子

系统的基本动力学分析如下.

1. 耗散性和吸引子的存在性

对于新系统 (3.37), 有下列表达式

$$\nabla V = \frac{\partial \dot{x}}{\partial x} + \frac{\partial \dot{y}}{\partial y} + \frac{\partial \dot{z}}{\partial z} = f = -13,$$

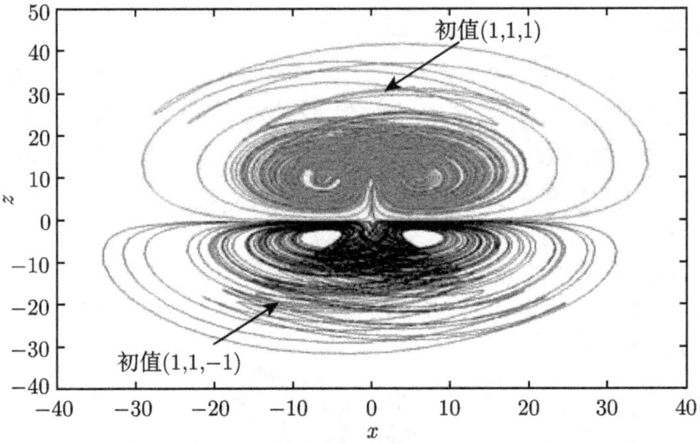

图 3-43　上和下混合共存的 2-涡卷混沌吸引子

其中 $f = -13 < 0$, 因此, 系统 (3.37) 动力学行为具有耗散的特性, 它收敛于指数形式

$$\frac{\mathrm{d}V}{\mathrm{d}t} = e^f = e^{-13},$$

即在时刻 t, V_0 收缩到体积元 $V_0 e^{ft} = V_0 e^{-13t}$. 也就是说, 当 $t \to \infty$ 时, 对含系统轨线的任一体积元都是按照指数率 f 压缩为 0. 从而, 系统的所有轨线最后都限制在一个体积为 0 的特定子集合上, 并且系统的渐近轨线固定在一个 (子集合) 吸引子上.

2. Lyapunov 指数

当参数 $a = 4$ 时, 系统展示两个 2-涡卷混沌吸引子, 通过计算, 当初值为 $(1,1,-1)$ 时, Lyapunov 指数为 $L_1 = 4.4036, L_2 = 0.8261, L_3 = -11.0945$. Lyapunov 分数维 $D_L^{2\text{-scroll-lower}} = 2.4714$, 当初值为 $(1,1,1)$ 时, Lyapunov 指数为 $L_1 = 5.0062, L_2 = 0.3232, L_3 = -11.0875$, Lyapunov 分数维 $D_L^{2\text{-scroll-upper}} = 2.4807$.

当参数 $a = 1.84$ 时, 系统展示一个 3-涡卷混沌吸引子, 通过计算, 当初值 $(1,1,-1)$ 时, Lyapunov 指数为 $L_1 = 4.3192, L_2 = 0.1136, L_3 = -10.6353$. Lyapunov 分数维 $D_L^{3\text{-scroll}} = 2.4168$.

当参数 $a = 4.36$ 时, 系统展示一个 4-涡卷混沌吸引子, 通过计算, 当初值 $(1,1,-1)$ 时, Lyapunov 指数为 $L_1 = 3.8488, L_2 = 0.5788, L_3 = -11.1588$. Lyapunov 分数维 $D_L^{4\text{-scroll}} = 2.3968$.

从上面的讨论结果可知 $D_L^{2\text{-scroll-lower}} > D_L^{3\text{-scroll}} > D_L^{4\text{-scroll}}$ 和 $D_L^{2\text{-scroll-upper}} > D_L^{3\text{-scroll}} > D_L^{4\text{-scroll}}$, 即混沌系统涡卷越多, Lyapunov 分数维数越低.

3. Poincaré图、分岔图和最大的 Lyapunov 指数谱

图 3-44(a)—(d) 为新系统在 $x=0$ 上的 Poincaré 图, 其中吸引子的叶片清晰可见, 并且吸引子的叶片被折叠, 这就导致了系统复杂的动力学行为. 图 3-45 新系统的分岔图展示了新系统有基本的分岔性质.

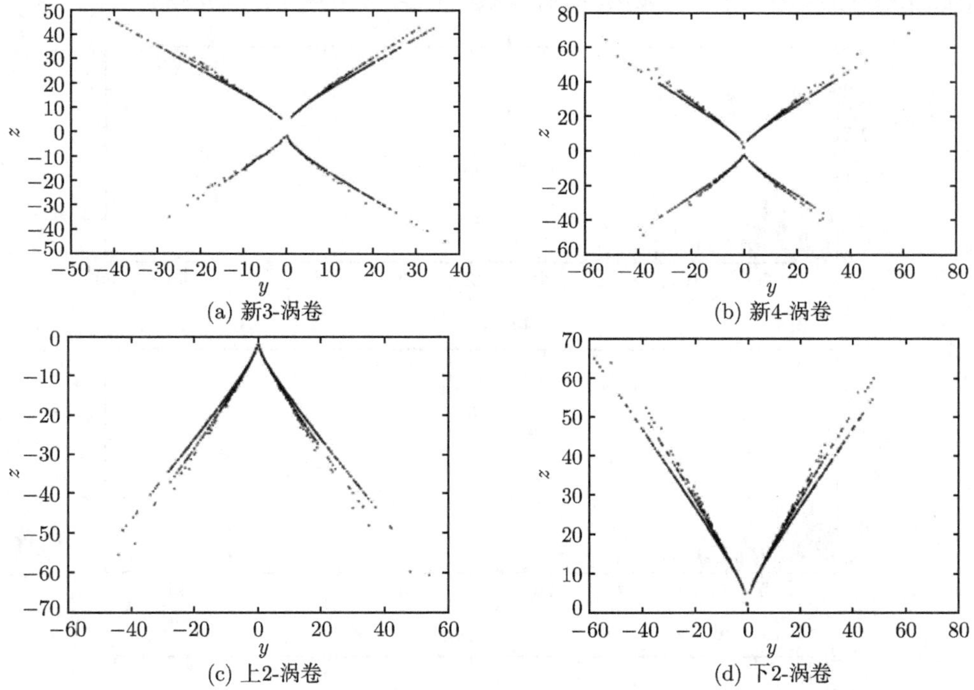

(a) 新3-涡卷　(b) 新4-涡卷

(c) 上2-涡卷　(d) 下2-涡卷

图 3-44　不同涡卷的 Poincaré 图, 其中 $x=0$

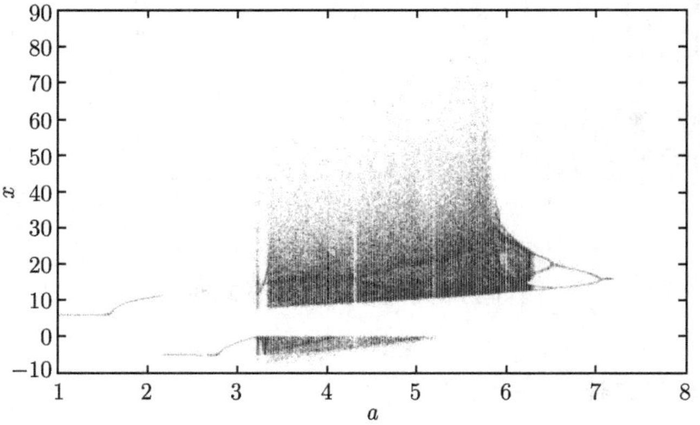

图 3-45　新系统的分岔图

4. 功率谱

当取系统初值为 $(1,1,-1)$ 时, 时间序列 $x(t)$ 的功率谱的展示如图 3-46 所示, 显然, 从图 3-46 可看出吸引子是非周期的且 $x(t)$ 的功率谱展示了连续的宽带特征, 由于不稳定极限环的存在性, 该谱在低频段有明显离散的峰, 这个噪声状的功率谱是混沌系统的本质特征, 明显地, 随着参数 a 值变大, 功率谱波动增加.

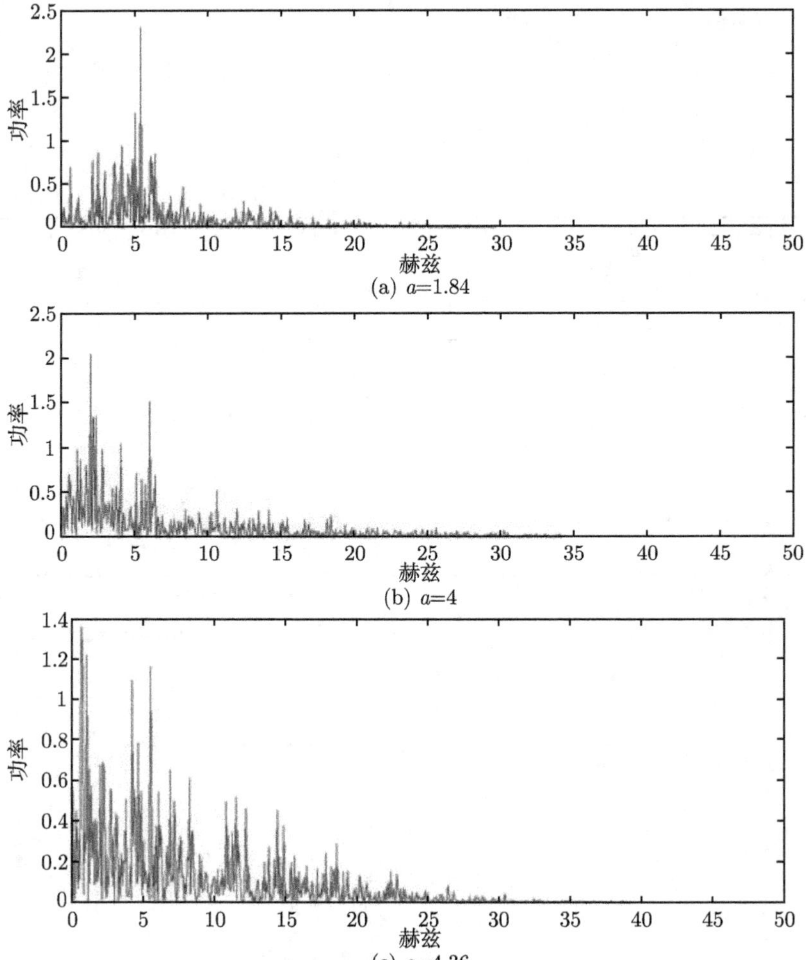

(a) a=1.84

(b) a=4

(c) a=4.36

图 3-46　时间序列 $x(t)$ 的功率谱

5. 平衡点的稳定性

众所周知, 系统的均值及稳定性对混沌的出现是非常重要的, 下面来考虑系统平衡点的稳定性.

令

$$\begin{cases} \dot{x} = 4(x+y) - yz, \\ \dot{y} = -12y + xz, \\ \dot{z} = (4-a)x - 5z + xy. \end{cases} \tag{3.38}$$

那么系统有五个平衡点

$$E_1(0,0,0),$$

$$E_2\left(\frac{3(a-4)+\sqrt{9(4-a)^2+60A^2}}{A}, \frac{3(a-4)+\sqrt{9(4-a)^2+60A^2}}{6}, 2A\right),$$

$$E_3\left(\frac{3(a-4)-\sqrt{9(4-a)^2+60A^2}}{A}, \frac{3(a-4)-\sqrt{9(4-a)^2+60A^2}}{6}, 2A\right),$$

$$E_4\left(\frac{3(a-4)+\sqrt{9(4-a)^2+60B^2}}{B}, \frac{3(a-4)+\sqrt{9(4-a)^2+60B^2}}{6}, 2B\right),$$

$$E_5\left(\frac{3(a-4)-\sqrt{9(4-a)^2+60B^2}}{B}, \frac{3(a-4)-\sqrt{9(4-a)^2+60B^2}}{6}, 2B\right),$$

其中 $A = 1+\sqrt{13}$, $B = 1-\sqrt{13}$.

定理 3.3 当参数 $a = 1.84$ 时, 系统的均值 $E_i(x_i, y_i, z_i)(i = 1, \cdots, 5)$ 是不稳定的.

证明 对于 $E_i(x_i, y_i, z_i)(i = 1, \cdots, 5)$, 系统的 Jacobian 矩阵为

$$J_i = \begin{pmatrix} 4 & 4-z_i & -y_i \\ z_i & -12 & x_i \\ 4-a+y_i & x_i & -5 \end{pmatrix} \quad (i = 1, \cdots, 5).$$

为求得特征值, 令 $|\lambda I - J_i| = 0$.

对于 E_1, 则相应的特征值如下

$$\lambda_1 = 0, \quad \lambda_2 = -13.5887, \quad \lambda_3 = 0.5887.$$

对于 E_2, 则相应的特征值如下

$$\lambda_1 = -16.1592, \quad \lambda_2 = 1.5796 + 9.0610\mathrm{i}, \quad \lambda_3 = 1.5796 - 9.0610\mathrm{i}.$$

对于 E_3, 则相应的特征值如下

$$\lambda_1 = -18.8176, \quad \lambda_2 = 2.9088 + 9.5000\mathrm{i}, \quad \lambda_3 = 2.9088 - 9.5000\mathrm{i}.$$

对于 E_4, 则相应的特征值如下

$$\lambda_1 = -19.5876, \quad \lambda_2 = 3.2938 + 7.5277\mathrm{i}, \quad \lambda_3 = 3.2938 - 7.5277\mathrm{i}.$$

对于 E_5, 则相应的特征值如下

$$\lambda_1 = -15.2385, \quad \lambda_2 = 1.1193 + 7.2298\mathrm{i}, \quad \lambda_3 = 1.1193 - 7.2298\mathrm{i}.$$

从上述特征值可知, $E_i(x_i, y_i, z_i)(i = 1, \cdots, 5)$ 是不稳定的.

同样可证得下面的结论.

定理 3.4 当参数 $a = 4.36$ 时, 系统的均值 $E_i(x_i, y_i, z_i)(i = 1, \cdots, 5)$ 是不稳定的.

定理 3.5 当参数 $a = 4$ 时, 系统的均值 $E_i(x_i, y_i, z_i)(i = 1, \cdots, 5)$ 是不稳定的.

6. 系统随参数变化的动力学行为

当系统初值取 $(1, 1, -1)$ 时, 通过仿真, 系统的动力学行为总结如下:

(1) 若 $a < -3.2$, 则系统收敛于一个点;

(2) 若 $-3.2 < a < -2.6$, 则系统轨道有一个极限环;

(3) 若 $-2.6 < a < -0.18$, 则系统有一个周期窗口;

(4) 若 $-0.18 < a < 2.6$, 则系统有一个 3-涡卷或类似 3-涡卷混沌吸引子;

(5) 若 $2.6 < a < 3.9901$, 则系统有一个 2-涡卷或类似 2-涡卷混沌上吸引子, 或者系统有一个 4-涡卷或类似 4-涡卷混沌吸引子;

(6) 若 $3.9901 < a < 4.0044$, 则系统有一个 2-涡卷或类似 2-涡卷混沌下吸引子;

(7) 若 $4.0044 < a < 5.5$, 则系统有一个 4-涡卷或类似 4-涡卷混沌吸引子;

(8) 若 $5.5 < a < 8.0955$, 则系统有一个 3-涡卷或类似 3-涡卷混沌吸引子;

(9) 若 $8.0955 < a < 8.201$, 则系统有一个周期窗口;

(10) 若 $8.201 < a < 8.2035$, 则系统有一个 3-涡卷或类似 3-涡卷混沌吸引子;

(11) 若 $8.2035 < a < 8.2045$, 则系统有一个周期窗口;

(12) 若 $8.2045 < a < 8.2068$, 则系统有一个 3-涡卷或类似 3-涡卷混沌吸引子;

(13) 若 $8.2068 < a < 8.20806$, 则系统有一个周期窗口;

(14) 若 $8.20806 < a < 8.2080755$, 则系统有一个 3-涡卷或类似 3-涡卷混沌吸引子;

(15) 若 $8.2080755 < a < 9.3$, 则系统轨道有一个极限环;

(16) 若 $a > 9.3$, 则系统收敛于一个点.

3.5 本章小结

本章利用混沌反馈控制方法构造了几类新的连续三维混沌系统, 基于混沌反馈控制思想确定系统代数结构及其参数值, 即如果使系统出现混沌, 则该系统应是耗散的; 系统应存在一些不稳定的平衡点, 尤其存在一些鞍点; 系统还要存在一些非线性乘积项, 以便产生不同变量间的相互影响等等. 本章分析了几类新连续混沌系统的一些基本动力学性质, 这对深入研究一般的三维混沌系统的生成、混沌的控制以及高维系统中的超混沌现象都有一定的启发和理论意义.

第4章　混沌系统的投影同步

4.1　引　　言

由于混沌系统对初值极其敏感, 起初人们认为混沌同步是不可能的. 1990 年, Pecora 和 Carroll 提出了混沌同步的概念和方法[77], 以及随后在实验中观察到混沌同步现象, 人们逐渐认识到混沌同步是可能的. 多年来, 随着混沌同步研究的不断深入, 人们发现它在光学、化学反应、人工神经网络、生物系统、信息通信、振荡发生器设计和经济系统等领域有着巨大的应用前景, 于是在很多领域引起了广泛的重视, 混沌控制和同步现今已成为混沌和控制领域的研究热点. 到目前为止, 文献中已经提出了许多行之有效的混沌同步方法, 有代表性的包括驱动–响应同步法[77]、投影同步[89]、反馈同步法 (线性和非线性反馈)[118-119]、耦合同步法[120]、状态观测器法[121]、自适应同步法[122]、脉冲同步法[123]、反推 (Backstepping) 同步法[124]、延迟同步[125]、有界同步[126]等各种混沌同步的方法. 由于投影同步可使同步的混沌系统复杂程度增加, 根据密码学原理, 复杂度越大, 系统越难破译, 从而利用投影同步进行保密通信可进一步增加信息的安全性. 因此, 在混沌同步的应用中, 投影同步方法越来越受到研究者的重视, 各种各样的混沌投影同步方法也被相继提出.

本章讨论了混沌系统的投影同步问题, 包括混沌系统的一般错位投影同步、基于动力系统比例函数的投影同步、基于定积分比例函数的投影同步、基于自适应定积分比例函数的投影同步、基于有限时间有界比例函数的投影同步、混沌系统的混合投影同步、混沌系统的自适应比例函数投影同步、混沌系统同步性质的一个注记等.

4.2　混沌系统的一般错位投影同步[127]

在这一节, 我们给出了一般错位混合投影同步的定义, 通过理论分析, 设计控制器实现了混沌系统的一般错位混合投影同步.

4.2.1　理论分析

首先, 我们给出一般错位混合投影同步的定义.

考虑下面的驱动系统

$$\dot{x} = f(x), \tag{4.1}$$

相应的响应系统为

$$\dot{y} = g(y) + u(y, x), \tag{4.2}$$

其中 $x = (x_1, x_2, \cdots, x_n)^{\mathrm{T}} \in R^n$ 和 $y = (y_1, y_2, \cdots, y_n)^{\mathrm{T}} \in R^n$ 是状态向量, $f: R^n \to R^n$ 和 $g: R^m \to R^m$ 两个连续函数, $u(x, y) \in R^m$ 是控制器.

定义 4.1 假如存在非零常数 $\alpha_{ji}(j = 1, 2, \cdots, m, i = 1, 2, \cdots, n)$, 满足

$$\lim_{t\to\infty} \left\| y_j - \sum_{i=1, i\neq j}^{n} \alpha_{ji} x_i \right\| = 0,$$

那么, 驱动系统 (4.1) 和响应系统 (4.2) 实现了一般错位混合投影同步.

设一般错位混合投影同步误差动力系统如下

$$\dot{e} = \left(\dot{y}_1 - \sum_{i=2}^{n} \alpha_{1i} \dot{x}_i, \dot{y}_2 - \sum_{i=1, i\neq 2}^{n} \alpha_{2i} \dot{x}_i, \cdots, \dot{y}_m - \sum_{i=1, i\neq m}^{n} \alpha_{mi} \dot{x}_i \right)^{\mathrm{T}}, \tag{4.3}$$

那么存在反馈控制器 $u(x, y) \in R^m$ 和常数 α_{si}, 使得 $\lim\limits_{t\to\infty} \|e(t)\| = 0$.

下面我们设计反馈控制器 $u(x, y)$ 来实现驱动系统 (4.1) 和响应系统 (4.2) 的一般错位混合投影同步.

构造 Lyapunov 函数为

$$V = \frac{1}{2} e^{\mathrm{T}} P e, \tag{4.4}$$

其中 P 是一个正定常数矩阵, 在很多情况下, 选择 P 是一个单位矩阵, 那么有

$$\dot{V} = \frac{1}{2}(\dot{e}^{\mathrm{T}}(t) P e(t) + e^{\mathrm{T}}(t) P \dot{e}(t)).$$

假定设计一个合适的反馈控制器 $u(x, y)$, 使得 $\dot{V}$ 是负定的, 那么, 基于 Lyapunov 稳定性原理, 我们完成了系统 (4.1) 和 (4.2) 一般错位混合投影同步.

注释 4.1 当 $\alpha_{ji} = 1(j = 1, 2, \cdots, m, i = n, n \in N)$, 其余的 $\alpha_{ji} = 0$ 时, 一般错位混合投影同步就变为完全错位同步; 当 $\alpha_{ji} = -1(j = 1, 2, \cdots, m, i = n, n \in N)$, 其余的 $\alpha_{ji} = 0$ 时, 一般错位混合投影同步就变为错位反同步; 当 $\alpha_{ji} = \lambda_j(j = 1, 2, \cdots, m, \lambda_j$ 是常数, $\lambda_j \neq 0, 1)$, 其余的 $\alpha_{ji} = 0$ 时, 一般错位混合投影同步就变为错位投影同步.

4.2.2 实例分析

在这一节, 通过实例来验证上述方法的有效性.

1. $m=n$

在这里, 我们假定驱动系统和响应系统不同, 但它们的维数相同. 我们假设驱动系统为

$$\begin{cases}\dot{x}_1=a_1(x_2-x_1),\\ \dot{x}_2=b_1x_1-x_1x_3,\\ \dot{x}_3=x_1x_2+c_1x_3.\end{cases}\tag{4.5}$$

响应系统为

$$\begin{cases}\dot{y}_1=a_2(y_3-y_1)+u_1,\\ \dot{y}_2=b_2-y_1y_3+u_2,\\ \dot{y}_3=y_1y_2+u_3.\end{cases}\tag{4.6}$$

假设误差为

$$\begin{cases}e_1=y_1+d_1x_2+d_2x_3,\\ e_2=y_2+d_3x_1+d_4x_3,\\ e_3=y_3+d_5x_1+d_6x_2.\end{cases}\tag{4.7}$$

$$\begin{cases}u_1=-a_2(d_1x_2+d_2x_3+y_3)-d_1(b_1x_1-x_1x_3)-d_2(x_1x_2+c_1x_3),\\ u_2=y_1y_3+a_1d_3(x_1-x_2)-b_2-d_4(x_1x_2+c_1x_3)-ke_2,\\ u_3=-(y_3+d_5x_1+d_6x_2)-y_1y_2+a_1d_5(x_1-x_2)-d_6(b_1x_1-x_1x_3).\end{cases}\tag{4.8}$$

其中 d_1,d_2,d_3,d_4,d_5,d_6 是常数.

定理 4.1 当 $k>0$ 时, 系统 (4.5) 和系统 (4.6) 在控制器 (4.8) 作用下实现了一般错位混合投影同步.

证明 从等式 (4.5) 和 (4.6) 很容易得到下列误差系统:

$$\begin{cases}\dot{e}_1=a_2(y_3-y_1)+d_1(b_1x_1-x_1x_3)+d_2(x_1x_2+c_1x_3)+u_1,\\ \dot{e}_2=-y_1y_3+a_1d_3(x_2-x_1)+d_4(x_1x_2+c_1x_3)+b_2+u_2,\\ \dot{e}_3=y_1y_2+a_1d_5(x_2-x_1)+d_6(b_1x_1-x_1x_3)+u_3.\end{cases}\tag{4.9}$$

选择下列 Lyapunov 函数

$$V(e_1,e_2,e_3)=\frac{1}{2}(e_1^2+e_2^2+e_3^2).\tag{4.10}$$

那么有

$$\begin{aligned}\dot{V}&=e_1\dot{e}_1+e_2\dot{e}_2+e_3\dot{e}_3\\ &=-a_2e_1^2-ke_2^2-e_3^2\\ &=-e^{\mathrm{T}}Pe.\end{aligned}$$

其中 $e=(e_1,e_2,e_3)^{\mathrm{T}}$, $P=\begin{pmatrix} a_2 & 0 & 0 \\ 0 & k & 0 \\ 0 & 0 & 1 \end{pmatrix}$.

由定理条件, $a_2=10$, $k>0$, 矩阵 P 是正定的, 即 $\lim\limits_{t\to\infty}\|e(t)\|=0$, 因此, 系统 (4.5) 和系统 (4.6) 在控制器 (4.8) 作用下实现了一般错位混合投影同步.

对于这个仿真, 我们取初值为 $(-1,2,19)$ 和 $(3,5,9)$, 参数 $k=20, d_1=2, d_2=-1$, $d_3=2, d_4=-2, d_5=1, d_6=-2$. 图 4-1 显示了驱动系统和响应系统实现了错位混合投影同步.

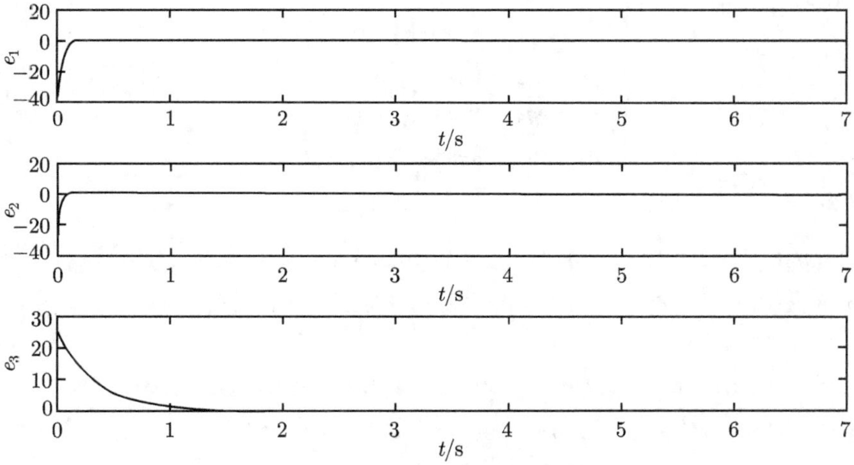

图 4-1 驱动系统和响应系统同步演化图

2. $m\neq n$

在这里, 我们假定驱动系统和响应系统的维数不相同. 讨论三维混沌系统和超混沌 Chen 系统之间的同步, 超混沌 Chen 系统为[32]

$$\begin{cases} \dot{y}_1=a_2(y_2-y_1)+y_4, \\ \dot{y}_2=d_2y_1-y_1y_3+c_2y_2, \\ \dot{y}_3=y_1y_2-b_2y_3, \\ \dot{y}_4=y_2y_3+r_2y_4, \end{cases} \tag{4.11}$$

其中 $a_2=35$, $b_2=3$, $c_2=12$, $d_2=7$, $0.085<r_2\leqslant 0.798$.

1) $n<m$

我们假设驱动系统为

$$\begin{cases} \dot{x} = a(y - x), \\ \dot{y} = bx - xz, \\ \dot{z} = xy + cz. \end{cases} \tag{4.12}$$

响应系统为

$$\begin{cases} \dot{y}_1 = a_2(y_2 - y_1) + y_4 + u_1, \\ \dot{y}_2 = d_2y_1 - y_1y_3 + c_2y_2 + u_2, \\ \dot{y}_3 = y_1y_2 - b_2y_3 + u_3, \\ \dot{y}_4 = y_2y_3 + r_2y_4 + u_4. \end{cases} \tag{4.13}$$

假设误差为

$$\begin{cases} e_1 = y_1 + k_1x_2 + k_2x_3, \\ e_2 = y_2 + k_3x_1 + k_4x_3, \\ e_3 = y_3 + k_5x_1 + k_6x_2, \\ e_4 = y_4 + k_7x_1 + k_8x_2 + k_9x_3. \end{cases} \tag{4.14}$$

控制器为

$$\begin{cases} u_1 = a_2(-k_1x_2 - k_2x_3 - y_2) - y_4 - k_1(b_1x_1 - x_1x_3) - k_2(x_1x_2 + c_1x_3), \\ u_2 = d_2(k_1x_2 + k_2x_3) + c_2(k_3x_1 + k_4x_3) + y_1y_3 + a_1k_3(x_1 - x_2) \\ \qquad -k_4(x_1x_2 + c_1x_3) - q_1e_2, \\ u_3 = a_1k_5(x_1 - x_2) - k_6(b_1x_1 - x_1x_3) - b_2(k_5x_1 + k_6x_2) - y_1y_2, \\ u_4 = r_2(k_7x_1 + k_8x_2 + k_9x_3) - y_2y_3 - k_7\dot{x}_1 - k_8\dot{x}_2 - k_9\dot{x}_3 - q_2e_4, \end{cases} \tag{4.15}$$

其中 $k_1, k_2, k_3, k_4, k_5, k_6, k_7, k_8, k_9, q_1, q_2$ 是常数.

定理 4.2　当 $q_1 > c_2 + \dfrac{d_2^2}{4a_2}$, $q_2 > r_2$ 时, 驱动系统 (4.12) 和响应系统 (4.13) 在控制器 (4.15) 作用下实现了一般错位混合投影同步.

证明　由等式 (4.14) 容易得到下列误差系统:

$$\begin{cases} \dot{e}_1 = \dot{y}_1 + k_1\dot{x}_2 + k_2\dot{x}_3, \\ \dot{e}_2 = \dot{y}_2 + k_3\dot{x}_1 + k_4\dot{x}_3, \\ \dot{e}_3 = \dot{y}_3 + k_5\dot{x}_1 + k_6\dot{x}_2, \\ \dot{e}_4 = \dot{y}_4 + k_7\dot{x}_1 + k_8\dot{x}_2 + k_9\dot{x}_3. \end{cases} \tag{4.16}$$

选择下列 Lyapunov 函数

$$V(e_1, e_2, e_3, e_4) = \frac{1}{2}(e_1^2 + e_2^2 + e_3^2 + e_4^2).$$

那么有

$$\dot{V} = e_1\dot{e}_1 + e_2\dot{e}_2 + e_3\dot{e}_3 + e_4\dot{e}_4$$

$$= -a_2e_1^2 - (q_1 - c_2)e_2^2 - b_2e_3^2 - (q_2 - r_2)e_4^2 + d_2e_1e_2$$
$$= -e^{\mathrm{T}}Pe,$$

其中 $e = (e_1, e_2, e_3, e_4)^{\mathrm{T}}$, $P = \begin{pmatrix} a_2 & -\dfrac{d_2}{2} & 0 & 0 \\ -\dfrac{d_2}{2} & q_1 - c_2 & 0 & 0 \\ 0 & 0 & b_2 & 0 \\ 0 & 0 & 0 & q_2 - r_2 \end{pmatrix}$.

由定理条件 $q_1 > c_2 + \dfrac{d_2^2}{4a_2}$ 和 $q_2 > r_2$, 可知矩阵 P 是正定的, 从而 $\lim\limits_{t\to\infty} \|e(t)\| = 0$. 因此, 系统 (4.12) 和系统 (4.13) 在控制器 (4.15) 作用下实现了一般错位混合投影同步.

对于这个仿真, 我们取系统初值分别为 $(-5, -2, 5)$ 和 $(3, 5, 1, 2)$, 参数 $q_1 = 30, q_2 = 6$, $k_1 = 3, k_2 = 2, k_3 = 2, k_4 = -2, k_5 = 2, k_6 = -3, k_7 = 1, k_8 = 5, k_9 = -1$. 图 4-2 显示了驱动系统和响应系统同步.

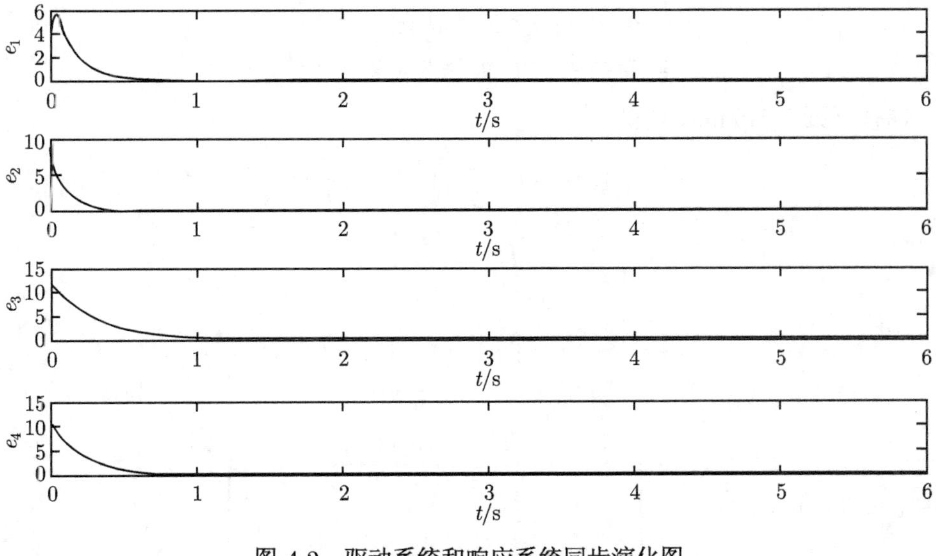

图 4-2 驱动系统和响应系统同步演化图

2) $n > m$

设超混沌 Chen 系统为驱动系统, 响应系统为

$$\begin{cases} \dot{x}_1 = a_1(x_2 - x_1) + u_1, \\ \dot{x}_2 = b_1x_1 - x_1x_3 + u_2, \\ \dot{x}_3 = x_1x_2 + c_1x_3 + u_3. \end{cases} \tag{4.17}$$

假设误差为

$$\begin{cases} e_1 = x_1 + h_1 y_2 + h_2 y_3 + h_3 y_4, \\ e_2 = x_2 + h_4 y_1 + h_5 y_3 + h_6 y_4, \\ e_3 = x_3 + h_7 y_1 + h_8 y_2 + h_9 y_4. \end{cases} \tag{4.18}$$

控制器为

$$\begin{cases} u_1 = a_1(h_4 y_1 - h_1 y_2 - (h_2 - h_5) y_3 - (h_3 - h_6) y_4) - h_1 \dot{y}_2 - h_2 \dot{y}_3 - h_3 \dot{y}_4, \\ u_2 = b_1(h_4 y_1 + h_5 y_3 + h_6 y_4) + x_1 x_3 - h_4 \dot{y}_1 - h_5 \dot{y}_3 - h_6 \dot{y}_4 - p e_2, \\ u_3 = c_1(h_7 y_1 + h_8 y_2 + h_9 y_4) - x_1 x_2 - h_7 \dot{y}_1 - h_8 \dot{y}_2 - h_9 \dot{y}_4. \end{cases} \tag{4.19}$$

其中 $h_1, h_2, h_3, h_4, h_5, h_6, h_7, h_8, h_9$ 是常数.

定理 4.3 当 $p > \dfrac{(a_1 + b_1)^2}{4a_1}$ 时, 系统 (4.11) 和系统 (4.17) 在控制器 (4.19) 作用下实现了一般错位混合投影同步.

证明 由等式 (4.18) 容易得到下列误差系统

$$\begin{cases} \dot{e}_1 = \dot{x}_1 + h_1 \dot{y}_2 + h_2 \dot{y}_3 + h_3 \dot{y}_4, \\ \dot{e}_2 = \dot{x}_2 + h_4 \dot{y}_1 + h_5 \dot{y}_3 + h_6 \dot{y}_4, \\ \dot{e}_3 = \dot{x}_3 + h_7 \dot{y}_1 + h_8 \dot{y}_2 + h_9 \dot{y}_4. \end{cases} \tag{4.20}$$

选择下列 Lyapunov 函数

$$V(e_1, e_2, e_3) = \frac{1}{2}(e_1^2 + e_2^2 + e_3^2). \tag{4.21}$$

那么

$$\begin{aligned} \dot{V} &= e_1 \dot{e}_1 + e_2 \dot{e}_2 + e_3 \dot{e}_3 \\ &= -a_1 e_1^2 - p e_2^2 + c_1 e_3^2 + (a_1 + b_1) e_1 e_2 \\ &= -e^{\mathrm{T}} P e, \end{aligned}$$

其中 $e = (e_1, e_2, e_3)^{\mathrm{T}}$, $P = \begin{pmatrix} a_1 & -\dfrac{(a_1+b_1)}{2} & 0 \\ -\dfrac{(a_1+b_1)}{2} & p & 0 \\ 0 & 0 & -c_1 \end{pmatrix}$.

由定理条件 $p > \dfrac{(a_1 + b_1)^2}{4a_1}$, 有矩阵 P 是正定的, 从而 $\lim\limits_{t\to\infty} \|e(t)\| = 0$. 因此, 系统 (4.11) 和系统 (4.17) 在控制器 (4.19) 作用下实现了一般错位混合投影同步.

对于这个仿真, 我们取系统初值分别为 $(-5, -2, 5)$ 和 $(3, 5, 1, 2)$, 参数 $p = 50, h_1 = 4, h_2 = -2, h_3 = 2, h_4 = 3, h_5 = -1, h_6 = 2, h_7 = -3, h_8 = 2, h_9 = 2$. 图 4-3 显示驱动系统和响应系统实现了混合投影同步.

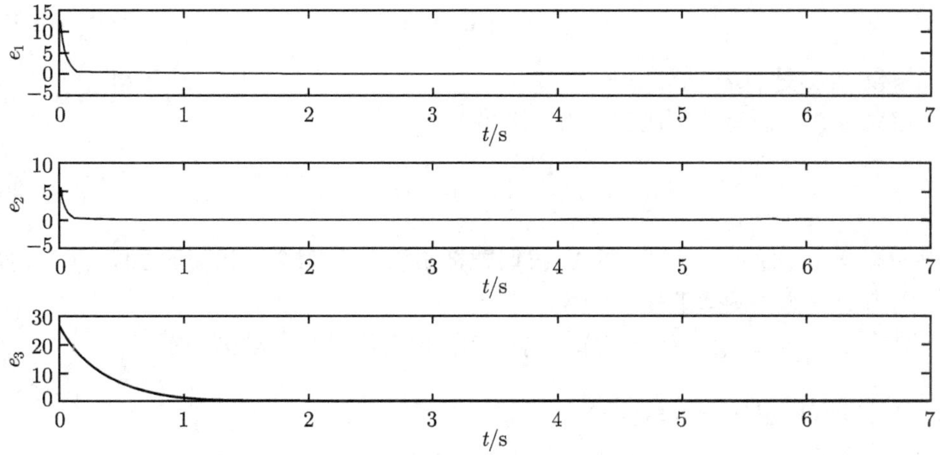

图 4-3 驱动系统和响应系统同步演化图

4.3 基于动力系统比例函数的投影同步[128]

本节研究了一类不确定混沌系统的动力系统比例函数投影同步方法. 给定的比例函数可以是一个平衡点, 一个周期性的轨道, 甚至是相空间中的混沌吸引子. 基于 LaSalle's 不变集原理, 设计自适应控制器, 实现了两个混沌系统的动力系统比例函数同步, 数值例子验证了该方法的有效性.

4.3.1 理论分析

考虑下列一般动力系统

$$\dot{x} = F(x, \alpha). \tag{4.22}$$

假设式 (4.22) 可以写为如下形式

$$\dot{x} = f(x) + g(x)\alpha, \tag{4.23}$$

其中 $x = (x_1, x_2, \cdots, x_n)^{\mathrm{T}} \in R^n$, $F(x,\alpha) = (F_1(x,\alpha), \cdots, F_n(x,\alpha))^{\mathrm{T}} : R^n \to R^n$, $f(x) = (f_1(x), \cdots, f_n(x))^{\mathrm{T}} : R^n \to R^n$, $g(x) = (g_1(x), \cdots, g_n(x))^{\mathrm{T}} : R^n \to R^{n\times m}$, $\alpha = (\alpha_1, \cdots, \alpha_m)^{\mathrm{T}} \in R^m$.

显然, 一些混沌系统很容易写成式 (4.22) 的形式, 如蔡氏电路、Lorenz 混沌系统族等.

考虑下列驱动系统和响应系统

$$\dot{x} = f_1(x) + g_1(x)\beta, \tag{4.24}$$

$$\dot{y} = f_2(y) + g_2(y)\alpha - u. \tag{4.25}$$

假设 $\tilde{\beta}, \tilde{\alpha}$ 是 β, α 估计参数.

定义 4.2 假定比例函数 $H(t)$, 满足

$$\lim_{t\to\infty} \|e(t)\| = \lim_{t\to\infty} \|y - H(t)x\| = 0, \tag{4.26}$$

其中 $e(t) = (e_1, e_2, \cdots, e_n)^{\mathrm{T}}$, 那么, 我们就称驱动系统 (4.24) 和响应系统 (4.25) 实现了动力系统比例函数的投影同步.

对于 $H(t) = \mathrm{diag}(s_1(t), s_2(t), \cdots, s_n(t))$, 假定满足如下动力系统

$$\begin{aligned}&(\dot{s}_1(t), \dot{s}_2(t), \cdots, \dot{s}_n(t))^{\mathrm{T}}\\ =& (G_1(s_1, s_2, \cdots, s_n, t), G_2(s_1, s_2, \cdots, s_n, t), \cdots, G_n(s_1, s_2, \cdots, s_n, t))^{\mathrm{T}},\end{aligned} \tag{4.27}$$

这个动力系统可能是一个平衡点、稳定的周期环, 甚至是混沌系统.

注释 4.2 当 $H(t)$ 是无界时, $e(t) = y - H(t)x$ 可能趋于无穷值. 为了实现同步, 即 $e(t) = y - H(t)x$ 趋于 0, 假设 $H(t)$ 是有界的. 因此, 我们假定 (4.27) 动力系统比例函数可能是一个平衡点、稳定的周期环, 甚至是混沌系统.

注释 4.3 当 $H(t)$ 是常数时, 定义 4.2 变为一般常数比例函数投影同步.

下面我们讨论设计一个自适应控制器来完成不确定混沌系统的动力系统比例函数的投影同步.

由驱动系统 (4.24) 和响应系统 (4.25) 得到如下误差系统

$$\dot{e}(t) = f_2(y) - H(t)f_1(x) + g_2(y)\alpha - H(t)g_1(x)\beta - \dot{H}(t)x - u. \tag{4.28}$$

因此, 讨论驱动系统 (4.24) 和响应系统 (4.25) 同步转化为讨论误差系统 (4.28) 零点的稳定性.

定理 4.4 驱动系统 (4.24) 和响应系统 (4.25) 在下列控制器下实现了动力系统比例函数的投影同步

$$u = f_2(y) + g_2(y)\tilde{\alpha} - H(t)f_1(x) - H(t)g_1(x)\tilde{\beta} - \dot{H}(t)x,$$

$$\dot{\tilde{\beta}} = -H(t)(g_1(x))^{\mathrm{T}}e + e_\beta, \quad \dot{\tilde{\alpha}} = (g_2(y))^{\mathrm{T}}e + e_\alpha,$$

$$\dot{H}(t) = \mathrm{diag}(\dot{s}_1(t), \dot{s}_2(t), \cdots, \dot{s}_n(t)),$$

其中 $e_\alpha = \alpha - \tilde{\alpha}$, $e_\beta = \beta - \tilde{\beta}$.

证明 选择下列非负的 Lyapunov 函数

$$V = \frac{1}{2}e^{\mathrm{T}}e + \frac{1}{2}e_\alpha^{\mathrm{T}}e_\alpha + \frac{1}{2}e_\beta^{\mathrm{T}}e_\beta.$$

那么沿着 (4.28) 的轨迹, V 的微分是

$$\begin{aligned}\dot{V} &= e^{\mathrm{T}}\dot{e} + \dot{e}_{\alpha}^{\mathrm{T}}e_{\alpha} + \dot{e}_{\beta}^{\mathrm{T}}e_{\beta} \\ &= e^{\mathrm{T}}(g_2(y)\alpha - g_2(y)\tilde{\alpha} - H(t)g_1(x)\beta + H(t)g_1(x)\tilde{\beta} - \dot{H}(t)x + \dot{H}(t)x) \\ &\quad - e^{\mathrm{T}}g_2(y)(\alpha - \tilde{\alpha}) + e^{\mathrm{T}}H(t)g_1(x)(\beta - \tilde{\beta}) - e_{\alpha}^{\mathrm{T}}e_{\alpha} - e_{\beta}^{\mathrm{T}}e_{\beta} \\ &= -e_{\alpha}^{\mathrm{T}}e_{\alpha} - e_{\beta}^{\mathrm{T}}e_{\beta}.\end{aligned}$$

因此, $\dot{V} \leqslant 0$. 显然 $\dot{V} = 0$ 当且仅当 $\tilde{\alpha} = \alpha, \tilde{\beta} = \beta$. 因此, 对于误差系统 (4.28), 集合 $E = \{e_i = 0, \tilde{\alpha} = \alpha, \tilde{\beta} = \beta, i = 1, 2, \cdots, n\}$ 是集合 $E' = \{e : \dot{V}(e)\big|_{(7)} = 0\}$ 的最大不变集. 根据微分方程的 LaSalle's 不变集原理, 从任意初值出发, 使轨道渐近收敛到集合 E. 这意味着, 驱动系统 (4.24) 和响应系统 (4.25) 实现了动力系统比例函数的投影同步.

注释 4.4 在已有的文献中, 研究者在数值例子中总是预先给定比例函数的具体表达式. 本节中, 比例函数可以是相空间中的一个平衡点、一个周期轨道, 甚至是一个混沌吸引子.

4.3.2 实例分析

在这一节, 给出两个例子来验证本节所提方法的有效性.

例 1 两个完全相同的 Lü 混沌系统.

设驱动系统为

$$\begin{cases} \dot{x}_1 = a_1(x_2 - x_1), \\ \dot{x}_2 = b_1x_2 - x_1x_3, \\ \dot{x}_3 = -c_1x_3 + x_1x_2. \end{cases}$$

响应系统为

$$\begin{cases} \dot{y}_1 = a_2(y_2 - y_1) - u_1, \\ \dot{y}_2 = b_2y_2 - y_1y_3 - u_2, \\ \dot{y}_3 = -c_2y_3 + y_1y_2 - u_3. \end{cases}$$

自适应控制器和参数估计自适应律如下

$$\begin{cases} u_1 = (y_2 - y_1)a_2^* - s_1(x_2 - x_1)a_1^* - x_1(s_2s_3 - 2s_1), \\ u_2 = s_2x_1x_3 - y_1y_3 + y_2b_2^* - s_2x_2b_1^* - x_2((s_3 - 5)s_1 - 2s_2), \\ u_3 = y_1y_2 - s_3x_1x_2 - y_3c_2^* + s_3x_3c_1^* - x_3(1 - s_1s_2). \end{cases}$$

$$\begin{cases} \dot{a}_1^* = -s_1(x_2 - x_1)e_1 + a_1 - a_1^*, \\ \dot{b}_1^* = -s_2x_2e_2 + b_1 - b_1^*, \\ \dot{c}_1^* = s_3x_3e_3 + c_1 - c_1^*. \end{cases}$$

$$
\begin{cases}
\dot{a}_2^* = (y_2 - y_1)e_1 + a_2 - a_2^*,\\
\dot{b}_2^* = y_2 e_2 + b_2 - b_2^*,\\
\dot{c}_2^* = -y_3 e_3 + c_2 - c_2^*.
\end{cases}
$$

比例函数为 Rikitake 混沌系统

$$
\begin{cases}
\dot{s}_1 = s_2 s_3 - 2s_1,\\
\dot{s}_2 = (s_3 - 5)s_1 - 2s_2,\\
\dot{s}_3 = 1 - s_1 s_2.
\end{cases}
$$

在仿真中, 假定 $(a_1, b_1, c_1) = (36, 20, 3)$, $(a_2, b_2, c_2) = (35, 20, 4)$. 驱动系统和响应系统的初值分别为 $(2, 3, 4)$, $(6, 4, 5)$. 参数的初值为 $(6, 7, 8)$, $(5, 6, 7)$, 比例函数的初值为 $(9, 1.5, 9)$. 仿真结果如图 4-4—图 4-7 所示, 在图 4-4 中, 显示了状态误差与时间的关系, 并且随着时间的推移, 状态误差趋近于零. 图 4-5 和图 4-6 显示了参数的估计值最终演化到固定值 $(a_1, b_1, c_1) = (36, 20, 3)$, $(a_2, b_2, c_2) = (35, 20, 4)$. 同步吸引子在平面上的投影如图 4-7 所示.

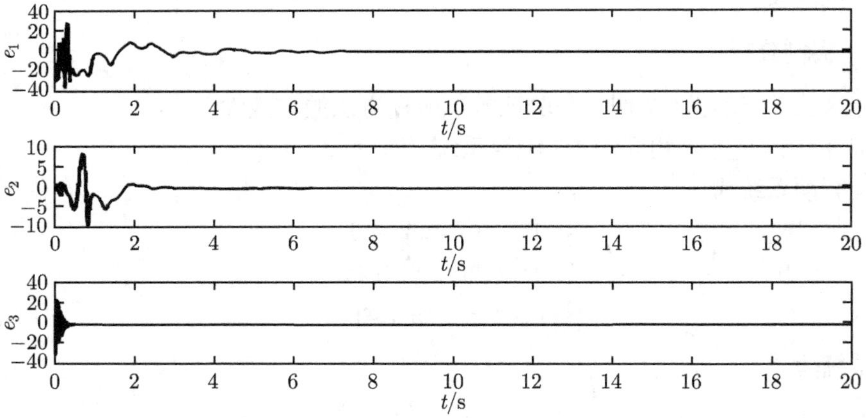

图 4-4　驱动系统和响应系统同步演化图

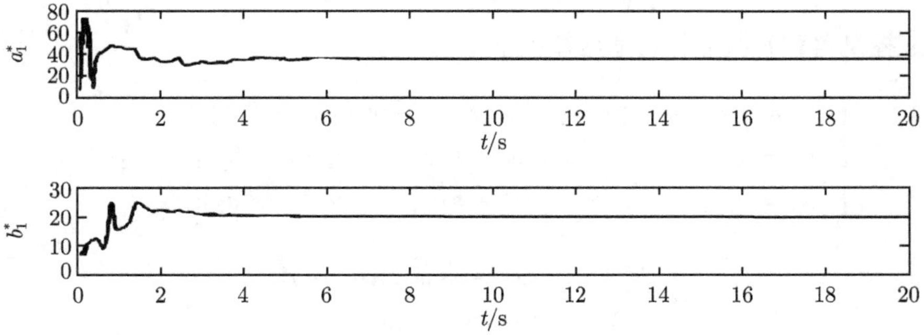

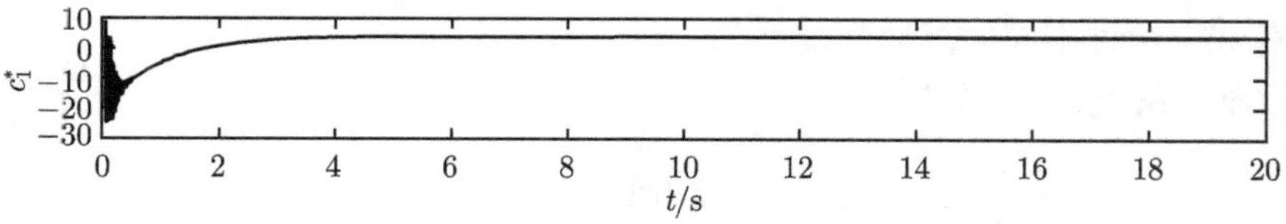

图 4-5 驱动 Lü 混沌系统参数估计演化图

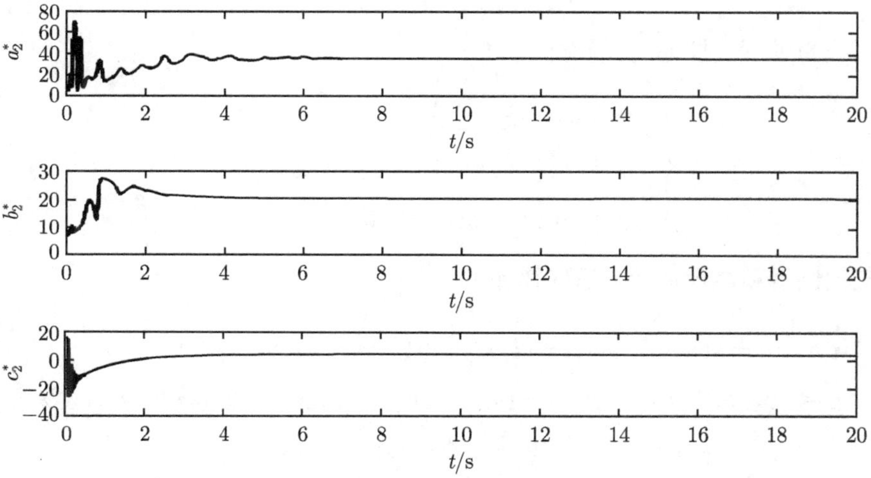

图 4-6 响应 Lü 混沌系统参数估计演化图

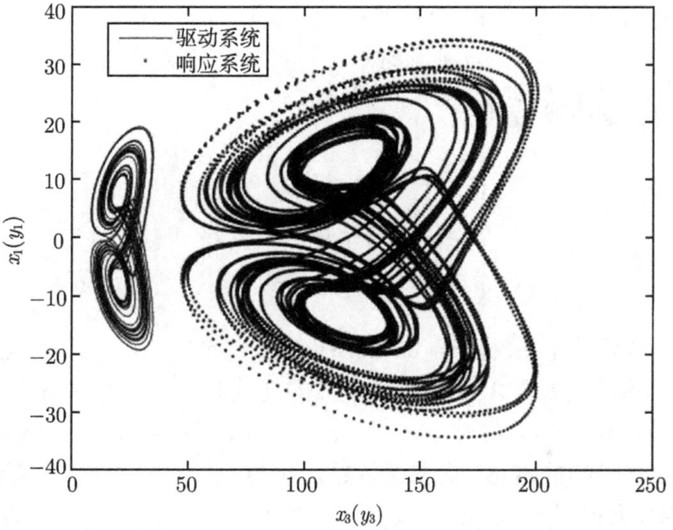

图 4-7 投影同步吸引子在平面 $x_3(y_3)$-$x_1(y_1)$ 上的投影

例 2　两种不同的混沌系统.

设驱动系统为 Lü 系统

$$\begin{cases}\dot{x}_1 = a_1(x_2 - x_1),\\ \dot{x}_2 = b_1x_2 - x_1x_3,\\ \dot{x}_3 = -c_1x_3 + x_1x_2.\end{cases}$$

响应系统为以下受控 Chen 系统

$$\begin{cases}\dot{y}_1 = a_2(y_2 - y_1) - u_1,\\ \dot{y}_2 = (c_2 - a_2)y_1 + c_2y_2 - y_1y_3 - u_2,\\ \dot{y}_3 = -b_2y_3 + y_1y_2 - u_3.\end{cases}$$

自适应控制器和参数估计自适应律如下:

$$\begin{cases}u_1 = (y_2 - y_1)a_2^* - s_1(x_2 - x_1)a_1^* - x_1(s_2s_3 - 2s_1),\\ u_2 = s_2x_1x_3 - y_1y_3 - y_1a_2^* + (y_1 + y_2)c_2^* - s_2x_2b_1^* - x_2((s_3 - 5)s_1 - 2s_2),\\ u_3 = y_1y_2 - s_3x_1x_2 - y_3b_2^* + s_3x_3c_1^* - x_3(1 - s_1s_2).\end{cases}$$

$$\begin{cases}\dot{a}_1^* = -s_1(x_2 - x_1)e_1 + a_1 - a_1^*,\\ \dot{b}_1^* = -s_2x_2e_2 + b_1 - b_1^*,\\ \dot{c}_1^* = s_3x_3e_3 + c_1 - c_1^*.\end{cases}$$

比例函数为 Rikitake 混沌系统

$$\begin{cases}\dot{s}_1 = s_2s_3 - 2s_1,\\ \dot{s}_2 = (s_3 - 5)s_1 - 2s_2,\\ \dot{s}_3 = 1 - s_1s_2.\end{cases}$$

在仿真中, 假定 $(a_1, b_1, c_1) = (36, 20, 3)$, $(a_2, b_2, c_2) = (35, 3, 28)$. 驱动系统和响应系统的初值分别为 $(2, 3, 4)$, $(6, 4, 5)$. 参数的初值为 $(6, 7, 8)$, $(5, 6, 7)$, 比例函数的初值为 $(9, 1.5, 9)$. 仿真结果如图 4-8—图 4-11 所示, 图 4-8 显示了状态误差与时间的关系, 并且随着时间的推移, 状态误差趋近于零. 图 4-9 和图 4-10 显示了参数的估计值并最终演化到固定值 $(a_1, b_1, c_1) = (36, 20, 3)$, $(a_2, b_2, c_2) = (35, 3, 28)$. 同步吸引子在平面上的投影如图 4-11 所示.

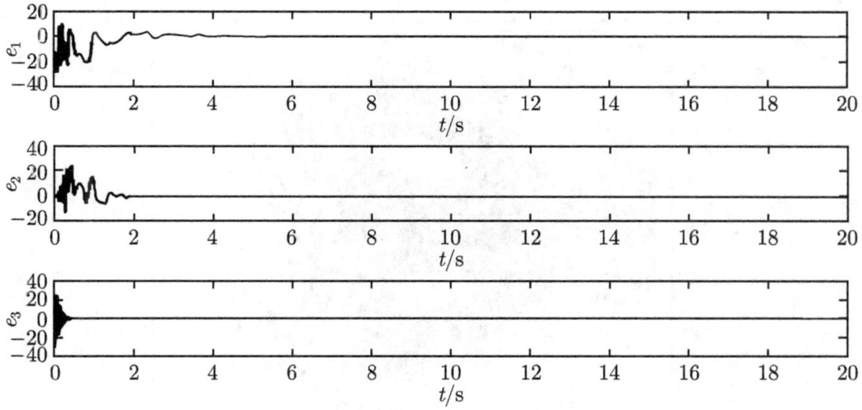

图 4-8 驱动系统和响应系统同步演化图

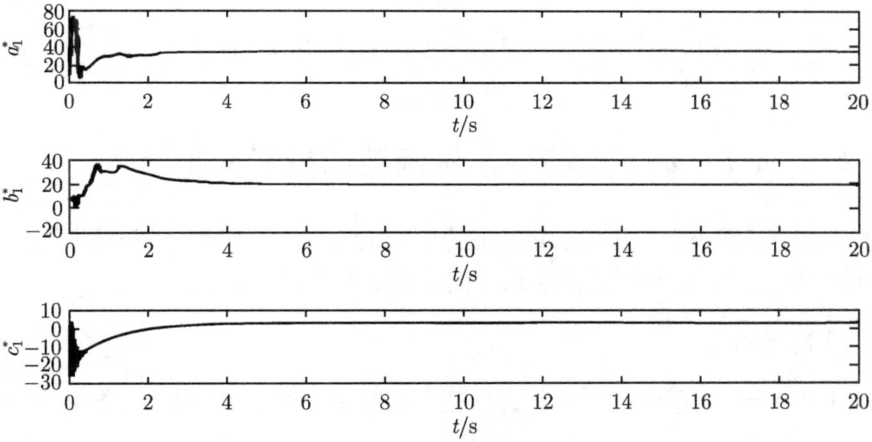

图 4-9 驱动 Lü 混沌系统参数估计演化图

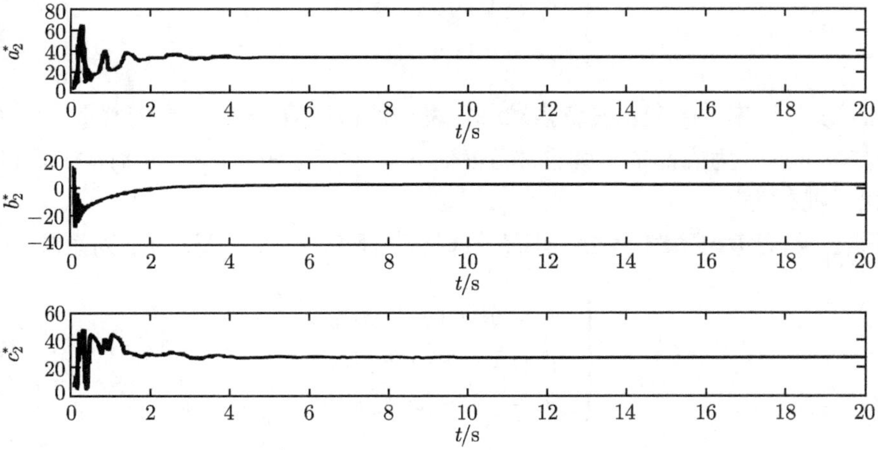

图 4-10 驱动 Chen 混沌系统参数估计演化图

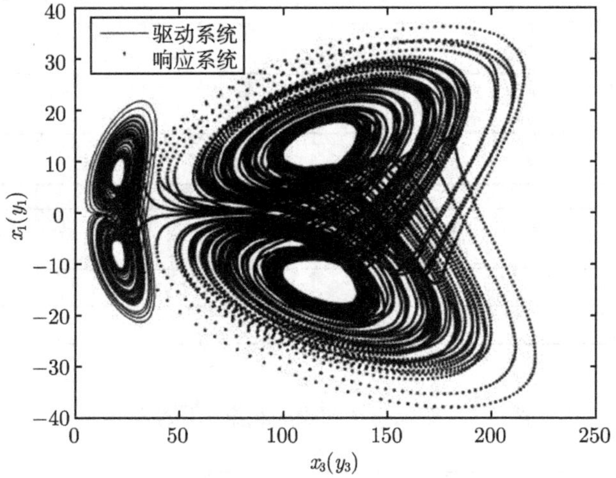

图 4-11 同步吸引子在平面 $x_3(y_3)$-$x_1(y_1)$ 上的投影

4.4 基于定积分比例函数的投影同步[129]

本节讨论了两类混沌系统的定积分比例函数投影同步问题: 一类是定积分上下限是有界的动力系统; 另一类是定积分的被积函数是有界函数.

4.4.1 问题描述

2001 年, 一个新的金融系统动力学模型被提出, 该模型为以下三维系统[130]

$$\begin{cases} \dot{x}_1 = x_3 + (x_2 - a)x_1, \\ \dot{x}_2 = 1 - bx_2 - x_1^2, \\ \dot{x}_3 = -x_1 - cx_3, \end{cases} \tag{4.29}$$

其中 x_1 表示利率, x_2 表示投资需求, x_3 表示价格指数. $a > 0$ 为储蓄量, $b > 0$ 为投资成本, $c > 0$ 为商品需求弹性. 当参数 $a = 0.9, b = 0.2, c = 1.5$ 时, 系统 (4.29) 表现出混沌行为.

现在, 我们考虑系统 (4.29) 具有外部扰动, 系统 (4.29) 可变为下列系统

$$\begin{cases} \dot{y}_1 = y_3 + (y_2 - a_2)y_1, \\ \dot{y}_2 = 1 - b_2y_2 - y_1^2, \\ \dot{y}_3 = -y_1 - c_2y_3 + hv, \end{cases} \tag{4.30}$$

其中 $\dot{v} = -1.2y_1y_2 - 0.5v$.

实质上, 具有外部扰动的三维系统 (4.30) 可以看作以下没有外部扰动的四维系统.

$$\begin{cases} \dot{y}_1 = y_3 + (y_2 - a_2)y_1, \\ \dot{y}_2 = 1 - b_2 y_2 - y_1^2, \\ \dot{y}_3 = -y_1 - c_2 y_3 + hv, \\ \dot{v} = -1.2y_1 y_2 - 0.5v. \end{cases} \tag{4.31}$$

系统 (4.31) 对参数表现出混沌行为, 其中 $a = 0.9, b = 0.2, c = 1.5, h = 5$(图 4-12—图 4-17).

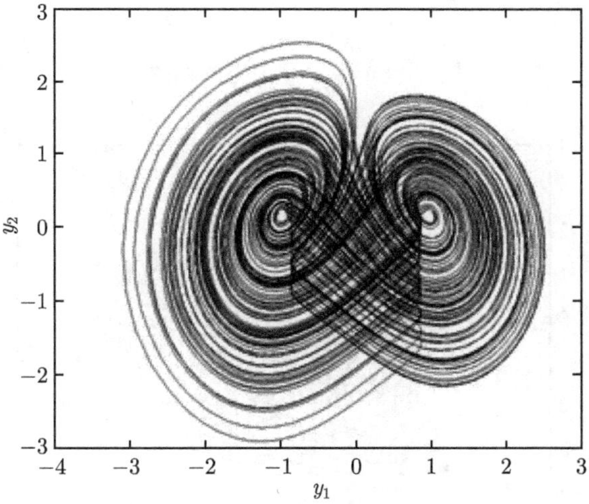

图 4-12 y_1-y_2 平面上的相图

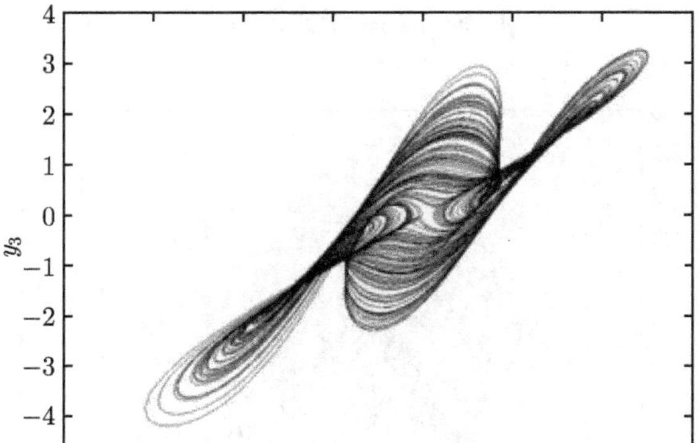

图 4-13 y_1-y_3 平面上的相图

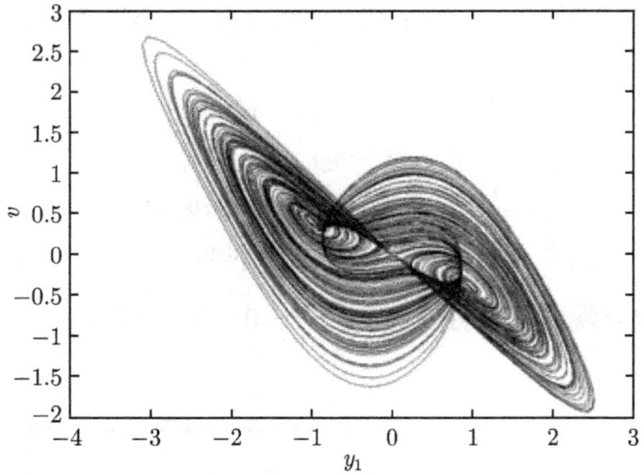

图 4-14　y_1-v 平面上的相图

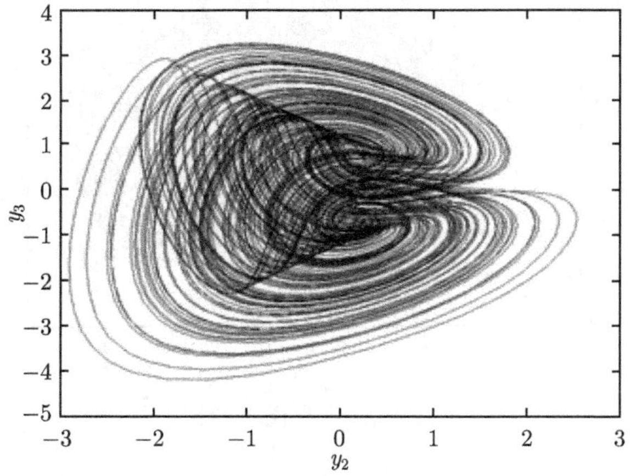

图 4-15　y_2-y_3 平面上的相图

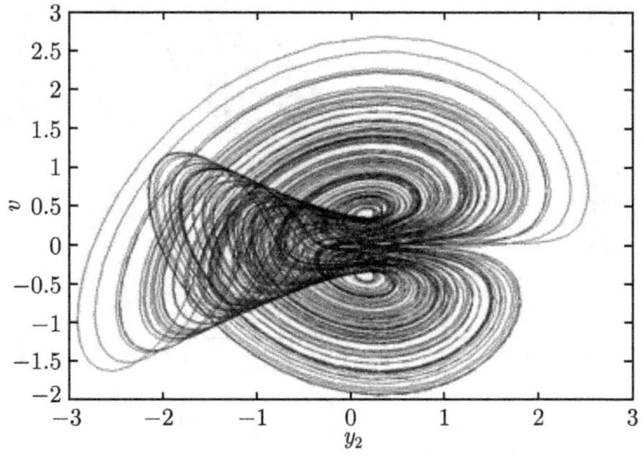

图 4-16　y_2-v 平面上的相图

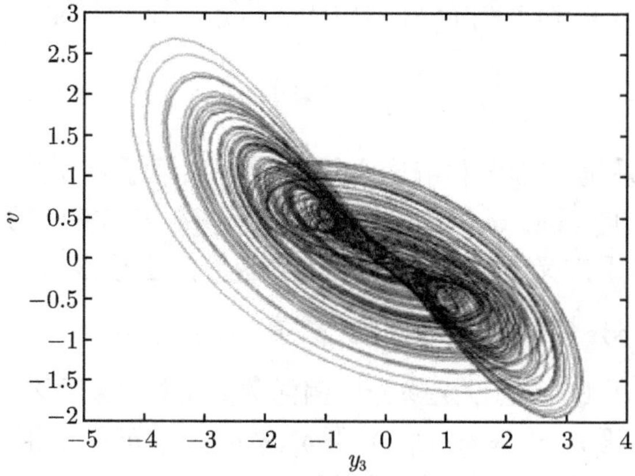

图 4-17　y_3-v 平面上的相图

当参数在一个图表上变化时, 分岔图将更好地总结系统所有可能的演化行为. 对于 $-14 \leqslant h \leqslant 1.5$, 四维系统 (4.31) 的分岔图 (图 4-18) 显示了复杂的分岔现象.

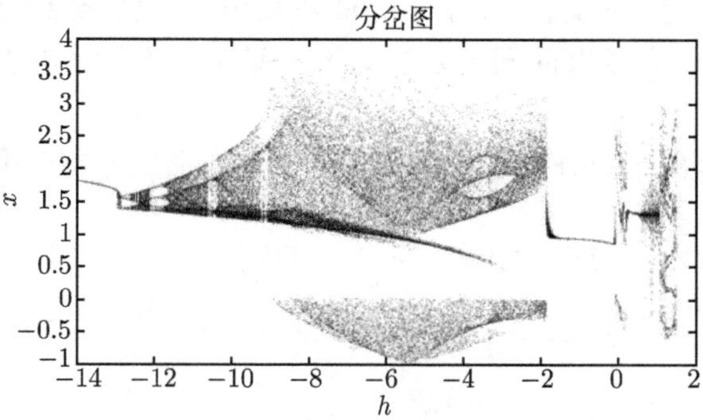

图 4-18　系统 (4.31) 的分岔图

注释 4.5　以上分析表明, 在适当的外部扰动下, 金融系统仍保持混沌特性.

4.4.2　理论分析

在这一部分中, 我们给出了两种积分比例函数同步的定义, 并讨论了混沌金融系统的同步.

设驱动系统由系统 (4.30) 给出, 具有外部扰动的响应系统是以下受控系统

$$\begin{cases} \dot{y}_1 = y_3 + (y_2 - a)y_1 + u_1, \\ \dot{y}_2 = 1 - by_2 - y_1^2 + u_2, \\ \dot{y}_3 = -y_1 - cy_3 + hv + u_3, \end{cases} \tag{4.32}$$

其中 $\dot{v} = -1.2y_1y_2 - 0.5v$.

定义 4.3　对于驱动系统 (4.30) 和响应系统 (4.32), 如果

$$\lim_{t\to\infty}\|e_i\| = \lim_{t\to\infty}\left\|y_i - \left(\int_{\delta_i}^{w_i} s\mathrm{d}s\right)x_i\right\| = 0, \quad i = 1,2,\cdots,n, \tag{4.33}$$

那么, 我们称驱动系统 (4.30) 和响应系统 (4.32) 实现了定积分上下限是动力系统的比例函数投影同步, 其中 $\dot{w}_i = f(w_i,t)$ 和 $\dot{\delta}_i = g(\delta_i,t)$ 是有界的动力系统.

注释 4.6　对于定义 4.3, 当定积分比例函数的上极限和下极限是无界时, 误差 $e_i = y_i - \left(\int_{\delta_i}^{w_i} s\mathrm{d}s\right)x_i$ 有可能趋于无穷值, 为了使误差 $e_i = y_i - \left(\int_{\delta_i}^{w_i} s\mathrm{d}s\right)x_i$ 在同步的过程中趋于 0, 我们设定积分比例函数的上极限和下极限分别是有界的动力系统, 因此, 我们假定 $\dot{w}_i = f(w_i,t)$ 和 $\dot{\delta}_i = g(\delta_i,t)$ 可以是相空间中的一个平衡点、一个周期轨道, 甚至是一个混沌吸引子.

注释 4.7　金融系统的同步性表明它们能够保持一致性, 比如, 两个不同地区的经济系统通过应用适当的控制条件来保持同步发展. 在经济活动中, 驱动系统可以理解为预期经济目标, 响应系统被理解为控制对象, 管理者的目标是将被控对象控制到预期经济目标. 在实践中, 由于经济环境的复杂性, 金融体系并不总是完全同步的, 需要考虑一些复杂的同步方法. 因此, 研究投影同步在实际经济活动中具有一定的意义.

定理 4.5　系统 (4.30) 和系统 (4.32) 在下列自适应控制作用下实现投影同步

$$\begin{cases} u_1 = \left(w_1\dot{w}_1 - \delta_1\dot{\delta}_1\right)x_1 - y_1y_2 + \left(\int_{\delta_1}^{w_1} s\mathrm{d}s\right)x_1x_2 + k_1e_1, \\ u_2 = \left(w_2\dot{w}_2 - \delta_2\dot{\delta}_2\right)x_2 + \int_{\delta_2}^{w_2} s\mathrm{d}s - 1 + y_1^2 - \left(\int_{\delta_2}^{w_2} s\mathrm{d}s\right)x_1^2 + k_2e_2, \\ u_3 = \left(w_3\dot{w}_3 - \delta_3\dot{\delta}_3\right)x_3 - hv + k_3e_3. \end{cases} \tag{4.34}$$

$$\dot{v} = -1.2y_1y_2 - 0.5v, \tag{4.35}$$

$$\dot{w}_i = f(w_i,t), \quad i = 1,2,3, \tag{4.36}$$

$$\dot{\delta}_i = g(\delta_i,t), \quad i = 1,2,3, \tag{4.37}$$

$$\dot{k}_i = -\lambda_i e_i^2, \quad i = 1,2,3. \tag{4.38}$$

证明　驱动系统 (4.30) 和响应系统 (4.32) 之间的误差系统可表示为

$$\begin{cases} \dot{e}_1 = y_3 + (y_2 - a_2)y_1 + u_1 - \left(\int_{\delta_1}^{w_1} s\mathrm{d}s\right)(x_3 + (x_2 - a)x_1) - \left(w_1\dot{w}_1 - \delta_1\dot{\delta}_1\right)x_1, \\ \dot{e}_2 = 1 - b_2y_2 - y_1^2 + u_2 - \left(\int_{\delta_2}^{w_2} s\mathrm{d}s\right)(1 - bx_2 - x_1^2) - \left(w_2\dot{w}_2 - \delta_2\dot{\delta}_2\right)x_2, \\ \dot{e}_3 = -y_1 - c_2y_3 + hv + u_3 - \left(\int_{\delta_3}^{w_3} s\mathrm{d}s\right)(-x_1 - cx_3) - \left(w_3\dot{w}_3 - \delta_3\dot{\delta}_3\right)x_3. \end{cases} \tag{4.39}$$

将 (4.34)—(4.38) 代入 (4.39), 有

$$\begin{cases} \dot{e}_1 = e_3 - ae_1 + k_1e_1, \\ \dot{e}_2 = -be_2 + k_2e_2, \\ \dot{e}_3 = -e_1 - ce_3 + k_3e_3. \end{cases} \tag{4.40}$$

选择下列 Lyapunov 函数

$$V = \frac{1}{2}(e_1^2 + e_2^2 + e_3^2) + \frac{1}{2}\sum_{i=1}^{3}\frac{1}{\lambda_i}(k_i + L)^2,$$

其中 $L > \max\{-a, -b, -c\}$.

那么沿着 (4.40) 的轨迹, V 的微分是

$$\begin{aligned} \dot{V} &= e_1\dot{e}_1 + e_2\dot{e}_2 + e_3\dot{e}_3 + \sum_{i=1}^{3}\frac{1}{\lambda_i}(k_i + L)\dot{k}_i \\ &= e_1(e_3 - ae_1 + ke_1) + e_2(-be_2 + ke_2) + e_3(-e_1 - ce_3 + ke_3) - \sum_{i=1}^{3}(k_i + L)e_i^2 \\ &= e_1(e_3 - ae_1) - be_2^2 + e_3(-e_1 - ce_3) - \sum_{i=1}^{3}Le_i^2 \\ &= -(L + a)e_1^2 - (L + b)e_2^2 - (L + c)e_3^2 < 0. \end{aligned}$$

很显然, V 是正定和 $\dot{V}$ 负定的. 根据 Lyapunov 稳定性定理, 误差系统 (4.39) 的平凡解是渐近稳定的, 这意味着系统 (4.30) 和 (4.32) 实现了投影同步.

注释 4.8 定理 4.5 给出了具有外部扰动的混沌金融系统的同步条件. 当具有外部扰动的混沌金融系统被认为是无外部扰动的四维系统时. 类似于定理 4.5, 我们可以得到如下的同步条件.

设驱动系统是由系统 (4.30) 给出的, 没有外部扰动的响应系统如下

$$\begin{cases} \dot{y}_1 = y_3 + (y_2 - a_2)y_1 + u_1, \\ \dot{y}_2 = 1 - b_2y_2 - y_1^2 + u_2, \\ \dot{y}_3 = -y_1 - c_2y_3 + hv + u_3, \\ \dot{v} = -1.2y_1y_2 - 0.5v + u_4. \end{cases} \tag{4.41}$$

定理 4.6 系统 (4.30) 和系统 (4.41) 在下列自适应控制下实现投影同步

$$
\begin{cases}
u_1 = \left(w_1\dot{w}_1 - \delta_1\dot{\delta}_1\right)x_1 - y_1y_2 + \left(\displaystyle\int_{\delta_1}^{w_1} s\mathrm{d}s\right)x_1x_2 + k_1e_1,\\
u_2 = \left(w_2\dot{w}_2 - \delta_2\dot{\delta}_2\right)x_2 + \displaystyle\int_{\delta_2}^{w_2} s\mathrm{d}s - 1 + y_1^2 - \left(\displaystyle\int_{\delta_2}^{w_2} s\mathrm{d}s\right)x_1^2 + k_2e_2,\\
u_3 = \left(w_3\dot{w}_3 - \delta_3\dot{\delta}_3\right)x_3 - hv + k_3e_3,\\
u_4 = \left(w_4\dot{w}_4 - \delta_4\dot{\delta}_4\right)x_4 + 1.2y_1y_2 + 0.5v + k_4e_4,
\end{cases} \tag{4.42}
$$

$$
\dot{w}_i = f(w_i, t), \quad i = 1, 2, 3, 4, \tag{4.43}
$$

$$
\dot{\delta}_i = g(\delta_i, t), \quad i = 1, 2, 3, 4, \tag{4.44}
$$

$$
\dot{k}_i = -\lambda_i e_i^2, \quad i = 1, 2, 3, 4. \tag{4.45}
$$

定理 4.6 的证明类似于定理 4.5. 因此, 我们省略了证明过程.

定义 4.4　对于驱动系统 (4.30) 和响应系统 (4.32), 如果

$$
\lim_{t\to\infty}\|e_i\| = \lim_{t\to\infty}\left\|y_i - \left(\int_0^t \kappa_i(s)\mathrm{d}s\right)x_i\right\| = 0,
$$

那么称响应系统和驱动系统实现了定积分比例函数投影同步.

注释 4.9　$\kappa_i(t)$ 要求是有界函数, 否则, 误差 $e_i = y_i - \left(\int_0^t \kappa_i(s)\mathrm{d}s\right)x_i$ 有可能趋于无穷值, 使得混沌同步失去了意义.

根据定义 4.4, 类似于定理 4.5 和定理 4.6, 我们可以得到定理 4.7 和定理 4.8.

定理 4.7　系统 (4.30) 和系统 (4.32) 在下列自适应控制下实现投影同步

$$
\begin{cases}
u_1 = \kappa_1x_1 - y_1y_2 + \left(\displaystyle\int_0^t \kappa_1(s)\mathrm{d}s\right)x_1x_2 + k_1e_1,\\
u_2 = \kappa_2x_2 + \displaystyle\int_0^t \kappa_2(s)\mathrm{d}s - 1 + y_1^2 - \left(\displaystyle\int_0^t \kappa_2(s)\mathrm{d}s\right)x_1^2 + k_2e_2,\\
u_3 = \kappa_3x_3 - hv + k_3e_3.
\end{cases} \tag{4.46}
$$

$$
\dot{v} = -1.2y_1y_2 - 0.5v, \tag{4.47}
$$

$$
\dot{k}_i = -\lambda_i e_i^2, \quad i = 1, 2, 3. \tag{4.48}
$$

定理 4.8　系统 (4.30) 和系统 (4.41) 与下列自适应控制机制渐近同步

$$
\begin{cases}
u_1 = \kappa_1x_1 - y_1y_2 + \left(\displaystyle\int_0^t \kappa_1(s)\mathrm{d}s\right)x_1x_2 + k_1e_1,\\
u_2 = \kappa_2x_2 + \displaystyle\int_0^t \kappa_2(s)\mathrm{d}s - 1 + y_1^2 - \left(\displaystyle\int_0^t \kappa_2(s)\mathrm{d}s\right)x_1^2 + k_2e_2,\\
u_3 = \kappa_3x_3 - hv + k_3e_3,\\
u_4 = \kappa_4x_4 + 1.2y_1y_2 + 0.5v + k_4e_4.
\end{cases} \tag{4.49}
$$

$$\dot{k}_i = -\lambda_i e_i^2, \quad i = 1, 2, 3, 4. \tag{4.50}$$

定理 4.7 和定理 4.8 的证明类似于定理 4.5 的证明过程. 因此, 我们省略了它们的证明.

4.4.3 实例分析

在本节中, 通过实例来验证定义 4.3 和定理 4.5 的有效性.

设定积分比例函数的上下限是如下有界动力系统

$$\begin{cases} \dot{w}_1 = w_2 w_3 - 2w_1, \\ \dot{w}_2 = (w_3 - 5)w_1 - 2w_2, \\ \dot{w}_3 = 1 - w_1 w_2. \end{cases}$$

$$\begin{cases} \dot{\delta}_1 = 36(\delta_2 - \delta_1), \\ \dot{\delta}_2 = 20\delta_2 - \delta_1\delta_3, \\ \dot{\delta}_3 = -3\delta_3 + \delta_1\delta_2. \end{cases}$$

在仿真中, 设驱动系统和响应系统的初值分别为 (3,1,2) 和 $(-2,3,-3)$, 定积分上下限的动力系统初值分别为 (6,7,1) 和 (5,3,7), 扰动系统的初值为 $v = 2$, 并且 $k_i = 1$, $i = 1, 2, 3$. 投影同步的仿真结果如图 4-19 和图 4-20 所示. 图 4-19 显示了三个状态误差与时间的关系, 并且还显示了随着时间的演变, 误差渐近趋于零. 图 4-20 显示了反馈增益 k_i, $i = 1, 2, 3$ 的演化趋势.

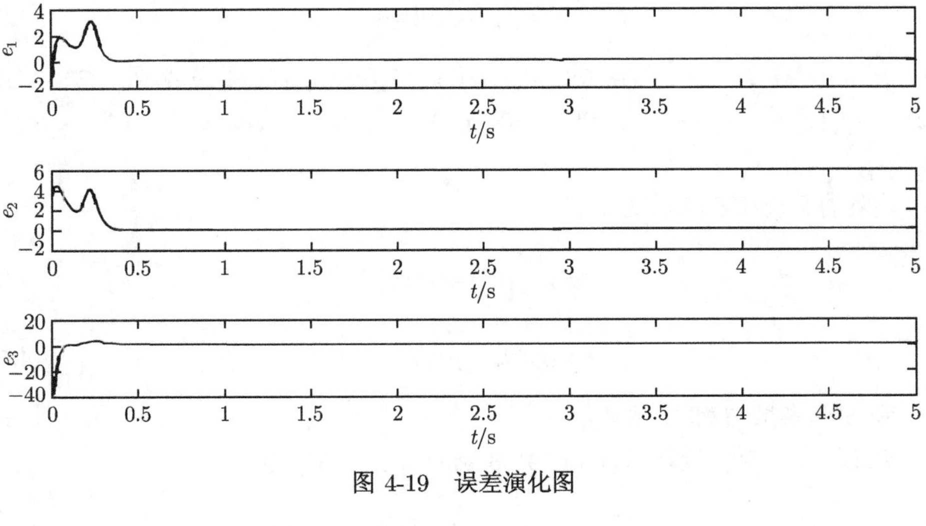

图 4-19 误差演化图

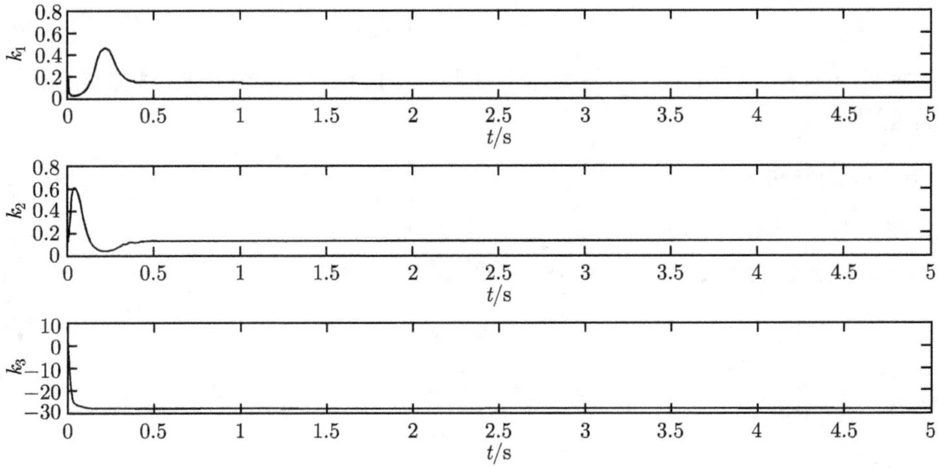

图 4-20　反馈增益 k_i 演化图

4.5　基于自适应定积分比例函数的投影同步[131-132]

本节讨论不确定混沌系统的自适应定积分比例函数投影同步, 即比例函数定积分的上下限是自适应的.

4.5.1　理论分析

考虑如下动力系统

$$\dot{x} = f(x) + g(x)\alpha, \tag{4.51}$$

其中 $x = (x_1, x_2, \cdots, x_n)^{\mathrm{T}} \in R^n$, $F(x,\alpha) = (F_1(x,\alpha), \cdots, F_n(x,\alpha))^{\mathrm{T}} : R^n \to R^n$, $f(x) = (f_1(x), \cdots, f_n(x))^{\mathrm{T}} : R^n \to R^n, g(x) = (g_1(x), \cdots, g_n(x))^{\mathrm{T}} : R^n \to R^{n\times m}$, $\alpha = (\alpha_1, \cdots, \alpha_m)^{\mathrm{T}} \in R^m$.

设驱动系统和响应系统如下

$$\dot{x} = f_1(x) + g_1(x)\beta, \tag{4.52}$$

$$\dot{y} = f_2(y) + g_2(y)\alpha - u. \tag{4.53}$$

设 $\tilde{\beta}$ 和 $\tilde{\alpha}$ 是参数 β 和 α 估计值.

定义 4.5　对于驱动系统 (4.52) 和响应系统 (4.53), 如果

$$\lim_{t\to\infty} \|e\| = \lim_{t\to\infty} \left\| y - \left(\int_{r(t)}^{h(t)} s\mathrm{d}s \right) x \right\| = 0, \tag{4.54}$$

那么, 称响应系统和驱动系统实现了自适应定积分比例函数投影同步, 其中 $h(t), r(t)$ 是自适应的, 并且 $e=(e_1,e_2,\cdots,e_n)^{\mathrm{T}}$.

注释 4.10 当 $h(t)=0$ 或者 $r(t)=0$ 时, 定义 4.5 可变为如下形式:

$$\lim_{t\to\infty}\|e\|=\lim_{t\to\infty}\left\|y-\left(\int_0^{h(t)} s\mathrm{d}s\right)x\right\|=0, \tag{4.55}$$

或者

$$\lim_{t\to\infty}\|e\|=\lim_{t\to\infty}\left\|y-\left(\int_{r(t)}^{0} s\mathrm{d}s\right)x\right\|=0. \tag{4.56}$$

式 (4.56) 可变为

$$\lim_{t\to\infty}\|e\|=\lim_{t\to\infty}\left\|y-\left(\int_{r(t)}^{0} s\mathrm{d}s\right)x\right\|=\lim_{t\to\infty}\left\|y+\left(\int_0^{r(t)} s\mathrm{d}s\right)x\right\|=0.$$

对于 (4.54)—(4.56), 均称响应系统和驱动系统实现了自适应定积分比例函数投影同步.

针对驱动系统 (4.52) 和响应系统 (4.53), 我们给出如下自适应定积分比例函数投影同步条件.

定理 4.9 对于驱动系统 (4.52) 和响应系统 (4.53), 设计如下的控制器、参数识别策略以及比例函数的自适应律

$$u=f_2(y)+g_2(y)\tilde{\alpha}-\left(\int_{r(t)}^{h(t)} s\mathrm{d}s\right)f_1(x)-\left(\int_{r(t)}^{h(t)} s\mathrm{d}s\right)g_1(x)\tilde{\beta}-ke, \tag{4.57}$$

$$\dot{\tilde{\alpha}}=(g_2(y))^{\mathrm{T}}e+e_\alpha, \tag{4.58}$$

$$\dot{\tilde{\beta}}=-\left(\int_{r(t)}^{h(t)} s\mathrm{d}s\right)(g_1(x))^{\mathrm{T}}e+e_\beta, \tag{4.59}$$

$$\dot{h}(t)=h(t)x^{\mathrm{T}}e, \tag{4.60}$$

$$\dot{r}(t)=-r(t)x^{\mathrm{T}}e, \tag{4.61}$$

$$\dot{k}=-e^{\mathrm{T}}e, \tag{4.62}$$

其中 $e_\alpha=\alpha-\tilde{\alpha}$, $e_\beta=\beta-\tilde{\beta}$, 则系统 (4.52) 和 (4.53) 实现自适应定积分比例函数投影同步.

证明 由驱动系统 (4.52) 和响应系统 (4.53), 可得到以下误差动态系统

$$\dot{e}^i=\dot{y}^i-\left(\int_{r(t)}^{h(t)} s\mathrm{d}s\right)\dot{x}^i-\left[h(t)\dot{h}(t)-r(t)\dot{r}(t)\right]x^i$$

$$
\begin{aligned}
&= f_2(y) - \left(\int_{r(t)}^{h(t)} s\mathrm{d}s\right) f_1(x) + g_2(y)\alpha - \left(\int_{r(t)}^{h(t)} s\mathrm{d}s\right) g_1(x)\beta \\
&\quad - \left[h(t)\dot{h}(t) - r(t)\dot{r}(t)\right] x - u \\
&= g_2(y)\alpha - g_2(y)\tilde{\alpha} + \left(\int_{r(t)}^{h(t)} s\mathrm{d}s\right) g_1(x)\tilde{\beta} - \left(\int_{r(t)}^{h(t)} s\mathrm{d}s\right) g_1(x)\beta \\
&\quad - \left[h(t)\dot{h}(t) - r(t)\dot{r}(t)\right] x + ke.
\end{aligned} \tag{4.63}
$$

选择一个非负的 Lyapunov 函数

$$
V = \frac{1}{2}e^{\mathrm{T}}e + \frac{1}{2}e_\alpha^{\mathrm{T}}e_\alpha + \frac{1}{2}e_\beta^{\mathrm{T}}e_\beta + \frac{1}{2}(k+L)^2. \tag{4.64}
$$

那么沿着 (4.63) 轨迹的微分是

$$
\begin{aligned}
\dot{V} &= e^{\mathrm{T}}\dot{e} + \dot{e}_\alpha^{\mathrm{T}}e_\alpha + \dot{e}_\beta^{\mathrm{T}}e_\beta \\
&= e^{\mathrm{T}}\left[g_2(y)\alpha - g_2(y)\tilde{\alpha} + \left(\int_{r(t)}^{h(t)} s\mathrm{d}s\right) g_1(x)\tilde{\beta}\right. \\
&\quad \left. - \left(\int_{r(t)}^{h(t)} s\mathrm{d}s\right) g_1(x)\beta - [h(t)\dot{h}(t) - r(t)\dot{r}(t)]x + ke\right] \\
&\quad - \left[(g_2(y))^{\mathrm{T}}e\right]^{\mathrm{T}}(\alpha - \tilde{\alpha}) + \left[\left(\int_{r(t)}^{h(t)} s\mathrm{d}s\right)(g_1(x))^{\mathrm{T}}e\right]^{\mathrm{T}}(\beta - \tilde{\beta}) - (k+L)e^{\mathrm{T}}e \\
&= e^{\mathrm{T}}\left[-h(t)\dot{h}(t) + r(t)\dot{r}(t)\right]x - Le^{\mathrm{T}}e - e_\alpha^{\mathrm{T}}e_\alpha - e_\beta^{\mathrm{T}}e_\beta \\
&= -\left[h^2(t) + r^2(t)\right]e^{\mathrm{T}}[x^{\mathrm{T}}e]x - Le^{\mathrm{T}}e - e_\alpha^{\mathrm{T}}e_\alpha - e_\beta^{\mathrm{T}}e_\beta \\
&= -\left[h^2(t) + r^2(t)\right]e^{\mathrm{T}}(x_1, x_2, \cdots, x_n)(e_1, e_2, \cdots, e_n)^{\mathrm{T}}x - Le^{\mathrm{T}}e - e_\alpha^{\mathrm{T}}e_\alpha - e_\beta^{\mathrm{T}}e_\beta \\
&= -\left[h^2(t) + r^2(t)\right](x_1e_1 + x_2e_2 + \cdots + x_ne_n)e^{\mathrm{T}}x - Le^{\mathrm{T}}e - e_\alpha^{\mathrm{T}}e_\alpha - e_\beta^{\mathrm{T}}e_\beta \\
&= -\left[h^2(t) + r^2(t)\right](x_1e_1 + x_2e_2 + \cdots + x_ne_n)^2 - Le^{\mathrm{T}}e - e_\alpha^{\mathrm{T}}e_\alpha - e_\beta^{\mathrm{T}}e_\beta.
\end{aligned}
$$

显然, V 是正定的, $\dot{V}$ 是负定的. 根据 Lyapunov 稳定性定理, 误差系统 (4.63) 的平凡解是渐近稳定的, 这意味着驱动系统 (4.52) 和响应系统 (4.53) 实现了定积分比例函数投影同步.

推论 4.1　对于驱动系统 (4.52) 和响应系统 (4.53), 设计如下的控制器、参数识别法则以及比例函数的自适应律

$$
u = f_2(y) + g_2(y)\tilde{\alpha} - \left(\int_0^{h(t)} s\mathrm{d}s\right) f_1(x) - \left(\int_0^{h(t)} s\mathrm{d}s\right) g_1(x)\tilde{\beta} - ke, \tag{4.65}
$$

$$
\dot{\tilde{\alpha}} = (g_2(y))^{\mathrm{T}}e + e_\alpha, \tag{4.66}
$$

$$\dot{\tilde{\beta}} = -\left(\int_0^{h(t)} s\mathrm{d}s\right)(g_1(x))^{\mathrm{T}}e + e_\beta, \tag{4.67}$$

$$\dot{h}(t) = h(t)x^{\mathrm{T}}e, \tag{4.68}$$

$$\dot{k} = -e^{\mathrm{T}}e, \tag{4.69}$$

其中 $e_\alpha = \alpha - \tilde{\alpha}$, $e_\beta = \beta - \tilde{\beta}$, 则驱动系统 (4.52) 和响应系统 (4.53) 实现自适应定积分比例函数投影同步.

推论 4.2 对于驱动系统 (4.52) 和响应系统 (4.53), 设计如下的控制器、参数识别法则以及比例函数的自适应律

$$u = f_2(y) + g_2(y)\tilde{\alpha} - \left(\int_{r(t)}^{0} s\mathrm{d}s\right) f_1(x) - \left(\int_{r(t)}^{0} s\mathrm{d}s\right) g_1(x)\tilde{\beta} - ke, \tag{4.70}$$

$$\dot{\tilde{\alpha}} = (g_2(y))^{\mathrm{T}}e + e_\alpha, \tag{4.71}$$

$$\dot{\tilde{\beta}} = -\left(\int_{r(t)}^{0} s\mathrm{d}s\right)(g_1(x))^{\mathrm{T}}e + e_\beta, \tag{4.72}$$

$$\dot{r}(t) = -r(t)x^{\mathrm{T}}e, \tag{4.73}$$

$$\dot{k} = -e^{\mathrm{T}}e, \tag{4.74}$$

其中 $e_\alpha = \alpha - \tilde{\alpha}$, $e_\beta = \beta - \tilde{\beta}$, 则驱动系统 (4.52) 和响应系统 (4.53) 实现自适应定积分比例函数投影同步.

4.5.2 实例分析

在本节中, 我们将给出两个例子来说明本节提出的方法是有效性的.

例 1 两个完全相同的 Lü 混沌系统.

设驱动系统为

$$\begin{cases} \dot{x}_1 = a_1(x_2 - x_1), \\ \dot{x}_2 = b_1x_2 - x_1x_3, \\ \dot{x}_3 = -c_1x_3 + x_1x_2. \end{cases}$$

响应系统为

$$\begin{cases} \dot{y}_1 = a_2(y_2 - y_1) - u_1, \\ \dot{y}_2 = b_2y_2 - y_1y_3 - u_2, \\ \dot{y}_3 = -c_2y_3 + y_1y_2 - u_3. \end{cases}$$

根据推论 4.1, 设自适应控制器、比例函数和参数估计自适应律为

$$\begin{cases} u_1 = (y_2 - y_1)a_2^* - \left(\displaystyle\int_0^{h(t)} s\mathrm{d}s\right)(x_2 - x_1)a_1^* - ke_1, \\ u_2 = \left(\displaystyle\int_0^{h(t)} s\mathrm{d}s\right)x_1x_3 - y_1y_3 + y_2b_2^* - \left(\displaystyle\int_0^{h(t)} s\mathrm{d}s\right)x_2b_1^* - ke_2, \\ u_3 = y_1y_2 - \left(\displaystyle\int_0^{h(t)} s\mathrm{d}s\right)x_1x_2 - y_3c_2^* + \left(\displaystyle\int_0^{h(t)} s\mathrm{d}s\right)x_3c_1^* - ke_3. \end{cases}$$

$$\begin{cases} \dot{a}_1^* = -\left(\displaystyle\int_0^{h(t)} s\mathrm{d}s\right)(x_2 - x_1)e_1 + a_1 - a_1^*, \\ \dot{b}_1^* = -\left(\displaystyle\int_0^{h(t)} s\mathrm{d}s\right)x_2e_2 + b_1 - b_1^*, \\ \dot{c}_1^* = \left(\displaystyle\int_0^{h(t)} s\mathrm{d}s\right)x_3e_3 + c_1 - c_1^*. \end{cases}$$

$$\begin{cases} \dot{a}_2^* = (y_2 - y_1)e_1 + a_2 - a_2^*, \\ \dot{b}_2^* = y_2e_2 + b_2 - b_2^*, \\ \dot{c}_2^* = -y_3e_3 + c_2 - c_2^*. \end{cases}$$

$$\dot{h}(t) = h(t)\left[x_1e_1 + x_2e_2 + x_3e_3\right],$$

$$\dot{k} = -e_1^2 - e_2^2 - e_3^2.$$

在仿真中, 假定 $(a_1, b_1, c_1) = (36, 20, 3)$, $(a_2, b_2, c_2) = (35, 20, 4)$. 驱动系统和响应系统的初值分别为 $(2, 3, 4)$ 和 $(6, 4, 5)$, 对于 "未知" 参数估计的初值取为 $(6, 7, 8)$ 和 $(5, 6, 7)$, 并且 $h(t) = 8$. 混沌投影同步的仿真结果如图 4-21—图 4-24 所示. 图 4-21 显示了随着时间的演变, 状态误差渐近趋向于零. 图 4-22 和图 4-23 显示了参数的随时间演化行为, (a_1^*, b_1^*, c_1^*) 和 (a_2^*, b_2^*, c_2^*) 最终趋于 $(36, 20, 3)$ 和 $(35, 20, 4)$. 图 4-24 表明比例函数的演化最终收敛到一个常数.

例 2　两种不同的混沌系统.

设驱动系统为如下的 Lü 混沌系统

$$\begin{cases} \dot{x}_1 = a_1(x_2 - x_1), \\ \dot{x}_2 = b_1x_2 - x_1x_3, \\ \dot{x}_3 = -c_1x_3 + x_1x_2. \end{cases}$$

响应系统为如下受控的 Chen 混沌系统

$$\begin{cases} \dot{y}_1 = a_2(y_2 - y_1) - u_1, \\ \dot{y}_2 = (c_2 - a_2)y_1 + c_2 y_2 - y_1 y_3 - u_2, \\ \dot{y}_3 = -b_2 y_3 + y_1 y_2 - u_3. \end{cases}$$

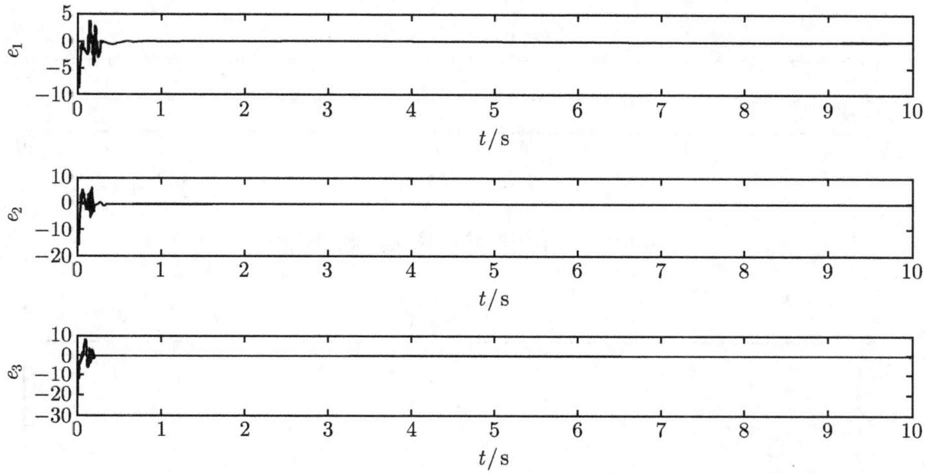

图 4-21 误差 e_1, e_2, e_3 演化图

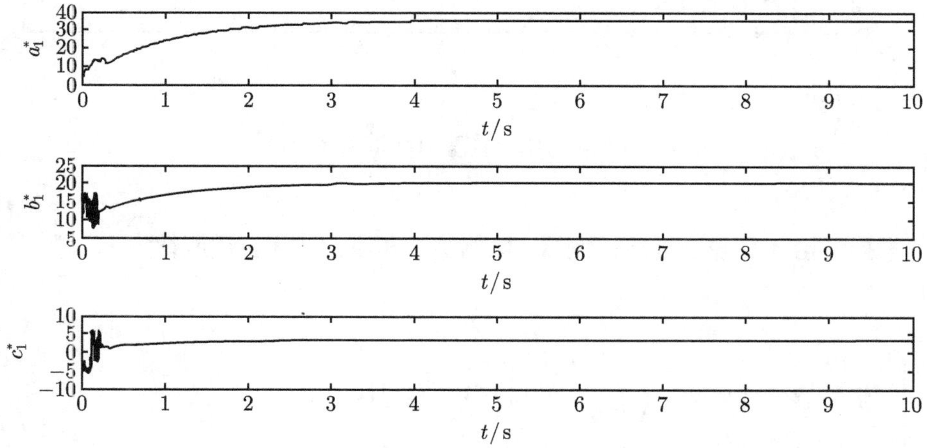

图 4-22 Lü 混沌驱动系统参数演化图

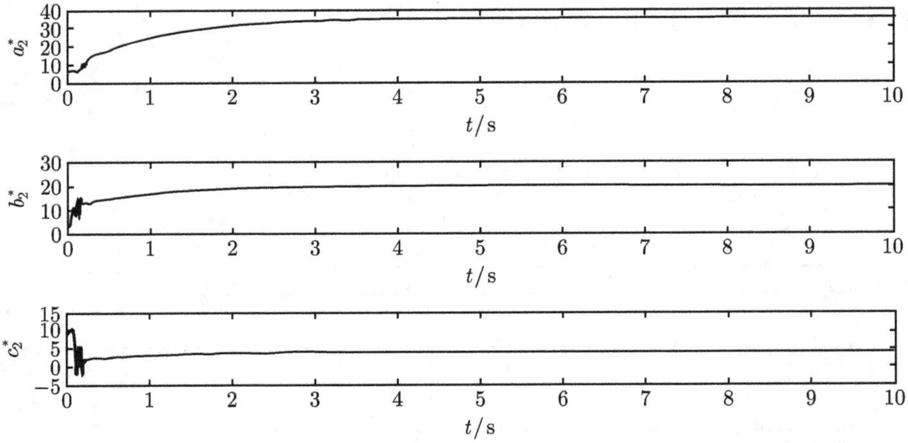

图 4-23　Lü 混沌响应系统参数演化图

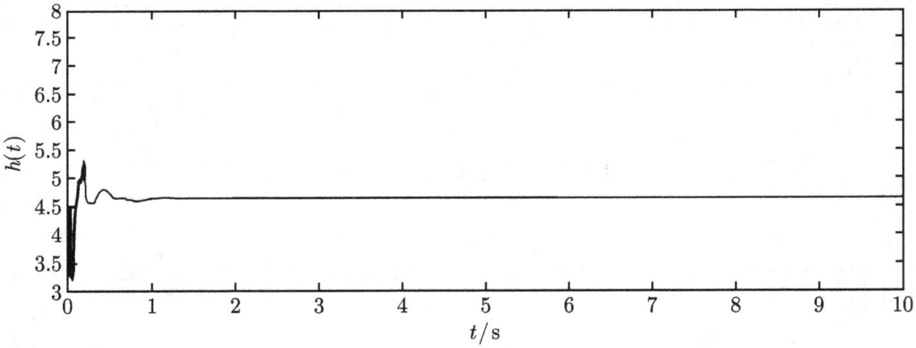

图 4-24　比例函数 $h(t)$ 的演化图

根据推论 4.1, 设自适应控制器、比例函数和参数估计自适应律为

$$\begin{cases} u_1 = (y_2 - y_1)a_2^* - \left(\int_0^{h(t)} s\mathrm{d}s\right)(x_2 - x_1)a_1^*, \\ u_2 = \left(\int_0^{h(t)} s\mathrm{d}s\right)x_1x_3 - y_1y_3 - y_1a_2^* + (y_1 + y_2)c_2^* - \left(\int_0^{h(t)} s\mathrm{d}s\right)x_2b_1^*, \\ u_3 = y_1y_2 - \left(\int_0^{h(t)} s\mathrm{d}s\right)x_1x_2 - y_3b_2^* + \left(\int_0^{h(t)} s\mathrm{d}s\right)x_3c_1^*. \end{cases}$$

$$\begin{cases} \dot{a}_1^* = -\left(\int_0^{h(t)} s\mathrm{d}s\right)(x_2 - x_1)e_1 + a_1 - a_1^*, \\ \dot{b}_1^* = -\left(\int_0^{h(t)} s\mathrm{d}s\right)x_2 e_2 + b_1 - b_1^*, \\ \dot{c}_1^* = \left(\int_0^{h(t)} s\mathrm{d}s\right)x_3 e_3 + c_1 - c_1^*. \end{cases}$$

$$\begin{cases} \dot{a}_2^* = (y_2 - y_1)e_1 - y_1 e_2 + a_2 - a_2^*, \\ \dot{b}_2^* = (y_1 + y_2)e_2 + c_2 - c_2^*, \\ \dot{c}_2^* = -y_3 e_3 + b_2 - b_2^*. \end{cases}$$

$$\dot{h}(t) = h(t)\left[x_1 e_1 + x_2 e_2 + x_3 e_3\right],$$

$$\dot{k} = -e_1^2 - e_2^2 - e_3^2.$$

在仿真中, 假定 $(a_1, b_1, c_1) = (36, 20, 3)$, $(a_2, b_2, c_2) = (35, 3, 28)$. 驱动系统和响应系统的初值分别为 $(3, -1, 4)$ 和 $(-2, 3, -1)$, 对于 "未知" 参数估计的初值取为 $(6, 7, -2)$ 和 $(5, -3, 7)$, 并且 $h(t) = -6$. 混沌投影同步的仿真结果如图 4-25—图 4-28 所示. 图 4-25 显示了随着时间的演变, 状态误差渐近趋向于零. 图 4-26 和图 4-27 表明了参数 (a_1^*, b_1^*, c_1^*) 和 (a_2^*, b_2^*, c_2^*) 随时间的演化行为, 并最终分别收敛于 $(36, 20, 3)$ 和 $(35, 3, 28)$. 图 4-28 显示了比例函数 $h(t)$ 的演化最终收敛到一个常数.

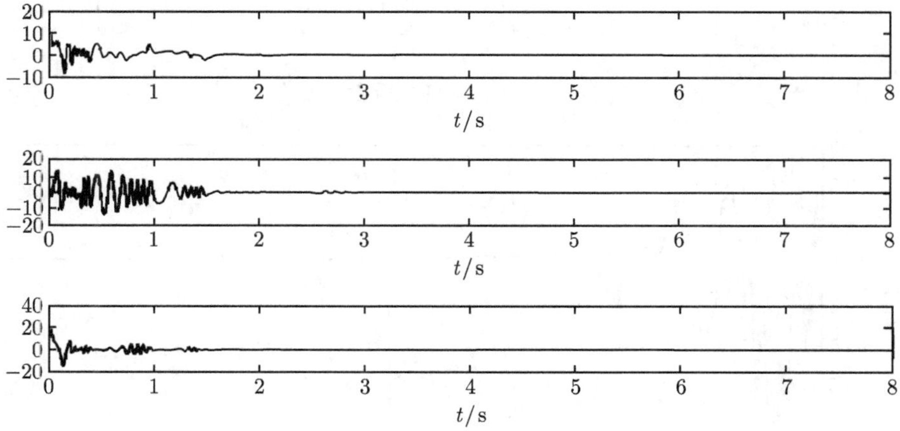

图 4-25 误差 e_1, e_2, e_3 演化图

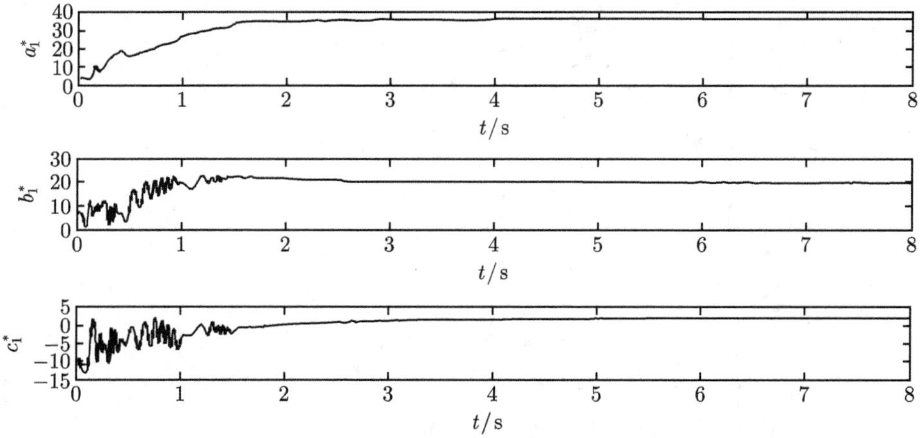

图 4-26　Lü 混沌系统参数演化图

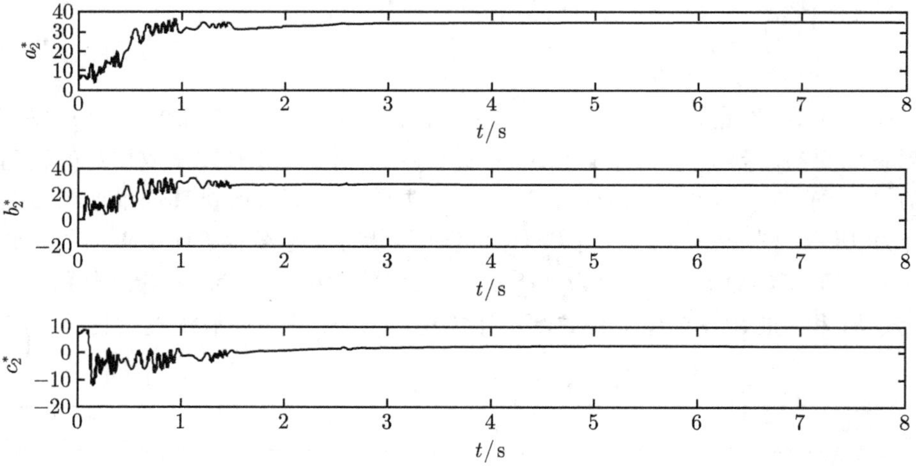

图 4-27　Chen 混沌系统参数演化图

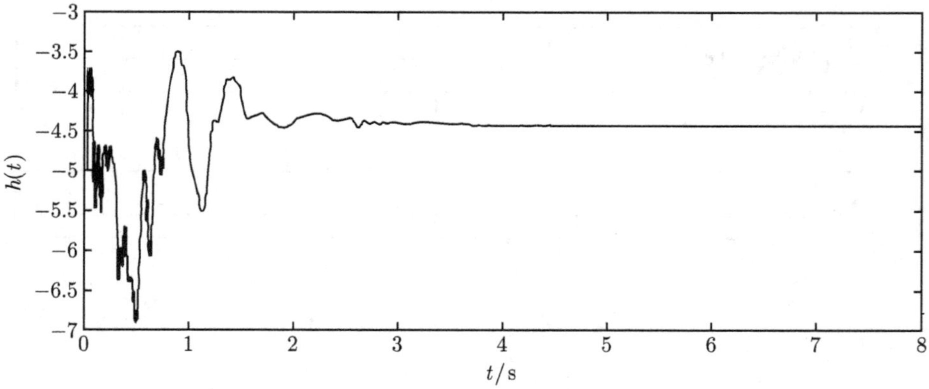

图 4-28　比例函数 $h(t)$ 的演化图

4.6 基于有限时间有界比例函数的投影同步[133]

本节讨论了混沌系统的自适应有限时间有界比例函数投影同步问题. 基于有限时间控制理论和不等式方法, 对混沌系统的有限时间投影同步进行了理论分析, 并对未知参数进行了辨识. 最后, 通过数值仿真验证了该方法的有效性.

4.6.1 理论分析

考虑如下动力系统

$$\dot{x} = f(x) + g(x)\alpha, \tag{4.75}$$

其中

$$\begin{aligned}
&x = (x_1, x_2, \cdots, x_n)^{\mathrm{T}} \in R^n, \quad F(x,\alpha) = (F_1(x,\alpha), \cdots, F_n(x,\alpha))^{\mathrm{T}} : R^n \to R^n,\\
&f(x) = (f_1(x), \cdots, f_n(x))^{\mathrm{T}} : R^n \to R^n,\\
&g(x) = (g_1(x), \cdots, g_n(x))^{\mathrm{T}} : R^n \to R^{n\times m}, \quad \alpha = (\alpha_1, \cdots, \alpha_m)^{\mathrm{T}} \in R^m.
\end{aligned}$$

为了讨论两个混沌系统的同步, 设驱动系统和响应系统表示如下

$$\dot{x} = f_1(x) + g_1(x)\beta, \tag{4.76}$$

$$\dot{y} = f_2(y) + g_2(y)\alpha - u, \tag{4.77}$$

其中 $\tilde{\beta}, \tilde{\alpha}$ 是 β, α 的估计参数.

引理 4.1 假定 $\mu'(t)$ 是在有限时间内是有界的, $t \in [0,T]$, $T \in R^+$, 那么 $\mu(t)$ 也是在有限时间内是有界的.

证明 如果 $\mu'(t)$ 是在有限时间内是有界的, 那么, 存在一个 $M > 0$ 的数, $t \in [0,T]$, $T \in R^+$, 使得 $|\mu'(t)| \leqslant M$.

由 $\mu(t) = \mu(0) + \displaystyle\int_0^t \mu'(s)\mathrm{d}s$, 我们有

$$\begin{aligned}
|\mu(t)| = \left|\mu(0) + \int_0^t \mu'(s)\mathrm{d}s\right| &\leqslant |\mu(0)| + \left|\int_0^t \mu'(s)\mathrm{d}s\right| \leqslant |\mu(0)| + \int_0^t |\mu'(s)|\,\mathrm{d}s\\
&\leqslant |\mu(0)| + M(t-0) \leqslant |\mu(0)| + MT.
\end{aligned}$$

因此, $\mu(t)$ 是在有限时间内是有界的.

注释 4.11 当 $t \to \infty$ 时, 引理 4.1 是不成立的, 并且 $\mu(t)$ 可能是无界的.

引理 4.2[134]　设 $a_1, a_2, \cdots, a_n > 0$, $0 < r < p$, 那么 $\left(\sum_{i=1}^{n} a_i^p\right)^{1/p} \leqslant \left(\sum_{i=1}^{n} a_i^r\right)^{1/r}$.

引理 4.3[134]　对于 $x_i \in R, i = 1, 2, \cdots, n, 0 < p \leqslant 1$, 有如下结论

$$\left(\sum_{i=1}^{n} |x_i|\right)^p \leqslant \sum_{i=1}^{n} |x_i|^p \leqslant n^{1-p} \left(\sum_{i=1}^{n} |x_i|\right)^p.$$

引理 4.4[134]　假设连续正定函数 $V(t)$ 满足下列微分不等式

$$\dot{V}(t) \leqslant -\lambda V^{\eta}(t), \quad t \geqslant t_0, \quad V(t_0) \geqslant 0,$$

其中 $\lambda > 0, 0 < \eta < 1$ 是常数, 那么对于任何给定的 t_0, $V(t)$ 满足以下不等式

$$V^{1-\eta}(t) \leqslant V^{1-\eta}(t_0) - \lambda(1-\eta)(t - t_0), \quad t_0 \leqslant t \leqslant t_1, \quad V(t) = 0, \quad t \geqslant t_1$$

并且

$$t_1 = t_0 + \frac{V^{1-\eta}(t_0)}{\lambda(1-\eta)}.$$

定义 4.6　对于驱动系统 (4.76) 和响应系统 (4.77), 如果存在有界比例函数 $\varphi(t)$, 使得

$$\lim_{t\to\infty} \|e(t)\| = \lim_{t\to\infty} \|y - \varphi(t)x\| = 0, \tag{4.78}$$

其中 $e(t) = (e_1, e_2, \cdots, e_n)^{\mathrm{T}}$, $\varphi(t) = \dot{\omega}(t) + a\omega(t)$, $\omega(t) = \int_0^t h(s)\mathrm{d}s$, 并且假定 $\dot{h}(t)$ 是有界的. 那么, 驱动系统 (4.76) 和响应系统 (4.77) 是有界缩放函数的投影同步.

注释 4.12　在定义 4.6 中, 假如 $\varphi(t)$ 是无界的, 那么误差 $e(t) = y(t) - \varphi(t)x(t)$ 可能达到无穷大, 即使通过设计控制器使响应系统和驱动系统同步, 控制器也可能是无界的, 这在实际工程中是不合理的. 为了实现同步, 即 $e(t) = y(t) - \varphi(t)x(t)$ 在同步过程中等于 0, 设 $\dot{h}(t)$ 有界, 满足定义 4.6 的条件. 因此, 当 $\dot{h}(t)$ 有界时, 由引理 4.1 可知, 在有限的时间内, $h(t)$ 是有界的, 可获知 $\varphi(t)$ 也是有界的.

注释 4.13　如果 $\varphi(t)$ 是有界的, 由引理 4.1 可知, 必须在一个有限时间内, 即 $t \in [0, T]$, $T \in R^+$. 因此, 我们需要设计一个有限时间控制器才能实现这一目标.

由驱动系统 (4.76) 和响应系统 (4.77) 可得到误差系统

$$\dot{e}(t) = f_2(y) + g_2(y)\alpha - \varphi(t)f_1(x) - \varphi(t)g_1(x)\beta - \dot{\varphi}(t)x - u. \tag{4.79}$$

本节的主要结果如下.

定理 4.10 混沌系统 (4.76) 和 (4.77) 可以通过以下控制器实现有限时间有界函数投影同步

$$u=f_2(y)+g_2(y)\tilde{\alpha}-\varphi(t)f_1(x)-\varphi(t)g_1(x)\tilde{\beta}-\dot{\varphi}(t)x+p(t)e(t)+\lambda\text{sign}\,(e(t))\,|e(t)|^{\xi}, \tag{4.80}$$

自适应律

$$\dot{\tilde{\alpha}}=(g_2(y))^{\mathrm{T}}e(t)+\lambda\text{sign}\,(e_\alpha(t))\,|e_\alpha(t)|^{\xi}, \tag{4.81}$$

$$\dot{\tilde{\beta}}=-\varphi(t)(g_1(x))^{\mathrm{T}}e(t)+\lambda\text{sign}\,(e_\beta(t))\,|e_\beta(t)|^{\xi}, \tag{4.82}$$

$$\dot{p}(t)=(e(t))^{\mathrm{T}}e(t)-\lambda\text{sign}(p(t))\,|p(t)|^{\xi}, \tag{4.83}$$

其中

$$|e(t)|^{\xi}=\left(|e_1(t)|^{\xi},\cdots,|e_n(t)|^{\xi}\right)^{\mathrm{T}},\quad \text{sign}\,(e(t))=\text{diag}\,(\text{sign}\,(e_1(t)),\cdots,\text{sign}\,(e_n(t))),$$

$$e_\alpha(t)=\alpha-\tilde{\alpha},\quad e_\beta(t)=\beta-\tilde{\beta},\quad 0<\xi<1,\quad \lambda>0.$$

证明 选择非负函数为

$$V(t)=\frac{1}{2}\left(e(t)\right)^{\mathrm{T}}e(t)+\frac{1}{2}(p(t))^2+\frac{1}{2}e_\alpha^{\mathrm{T}}(t)e_\alpha(t)+\frac{1}{2}e_\beta^{\mathrm{T}}(t)e_\beta(t).$$

那么, 沿着 (4.79) 的轨迹 V 的微分是

$$\begin{aligned}\dot{V}(t)&=e^{\mathrm{T}}(t)\dot{e}(t)+\dot{e}_\alpha^{\mathrm{T}}(t)e_\alpha(t)+\dot{e}_\beta^{\mathrm{T}}(t)e_\beta(t)\\&=e^{\mathrm{T}}(g_2(y)\alpha-g_2(y)\tilde{\alpha}-\varphi(t)g_1(x)\beta+\varphi(t)g_1(x)\tilde{\beta}-\dot{\varphi}(t)x\\&\quad+\dot{\varphi}(t)x-p(t)e(t)-\lambda\text{sign}\,(e(t))\,|e(t)|^{\xi})\\&\quad-e^{\mathrm{T}}g_2(y)(\alpha-\tilde{\alpha})+e^{\mathrm{T}}\varphi(t)g_1(x)(\beta-\tilde{\beta})-\lambda e_\alpha^{\mathrm{T}}\text{sign}\,(e_\alpha(t))\,|e_\alpha(t)|^{\xi}\\&\quad-\lambda e_\beta^{\mathrm{T}}\text{sign}\,(e_\beta(t))\,|e_\beta(t)|^{\xi}+p(t)\dot{p}(t)\\&=e^{\mathrm{T}}(-p(t)e(t)-\lambda\text{sign}\,(e(t))\,|e(t)|^{\xi})-\lambda e_\alpha^{\mathrm{T}}\text{sign}\,(e_\alpha(t))\,|e_\alpha(t)|^{\xi}\\&\quad-\lambda e_\beta^{\mathrm{T}}\text{sign}\,(e_\beta(t))\,|e_\beta(t)|^{\xi}\\&\quad+p(t)\left((e(t))^{\mathrm{T}}e(t)-\lambda\text{sign}(p(t))\,|p(t)|^{\xi}\right)\\&=-\lambda e^{\mathrm{T}}\text{sign}\,(e(t))\,|e(t)|^{\xi}-\lambda e_\alpha^{\mathrm{T}}\text{sign}\,(e_\alpha(t))\,|e_\alpha(t)|^{\xi}-\lambda e_\beta^{\mathrm{T}}\text{sign}\,(e_\beta(t))\,|e_\beta(t)|^{\xi}\\&\quad-\lambda p(t)\text{sign}(p(t))\,|p(t)|^{\xi}.\end{aligned} \tag{4.84}$$

在式 (4.84) 中

$$e^{\mathrm{T}}\text{sign}\,(e(t))\,|e(t)|^{\xi}=\left(|e(t)|^{\xi}\right)^{\mathrm{T}}\text{sign}\,(e(t))\,e(t)=\left(|e(t)|^{\xi}\right)^{\mathrm{T}}|e(t)|=\sum_{i=1}^{n}|e_i(t)|^{\xi+1},$$

由引理 4.2,

$$\left(\sum_{i=1}^{n}|e_i(t)|^{\xi+1}\right)^{\frac{1}{\xi+1}} \geqslant \left(\sum_{i=1}^{n}|e_i(t)|^2\right)^{\frac{1}{2}},$$

因此

$$\sum_{i=1}^{n}|e_i(t)|^{\xi+1} \geqslant \left(\sum_{i=1}^{n}|e_i(t)|^2\right)^{\frac{\xi+1}{2}} = \left(e^{\mathrm{T}}(t)e(t)\right)^{\frac{\xi+1}{2}},$$

即

$$-e^{\mathrm{T}}\operatorname{sign}\left(e(t)\right)|e(t)|^{\xi} \leqslant -\left(e^{\mathrm{T}}(t)e(t)\right)^{\frac{\xi+1}{2}}. \tag{4.85}$$

类似于不等式 (4.85), 有

$$-e_{\alpha}^{\mathrm{T}}\operatorname{sign}\left(e_{\alpha}(t)\right)|e_{\alpha}(t)|^{\xi} \leqslant -\left(e_{\alpha}^{\mathrm{T}}e_{\alpha}\right)^{\frac{\xi+1}{2}},$$

$$-e_{\beta}^{\mathrm{T}}\operatorname{sign}\left(e_{\beta}(t)\right)|e_{\beta}(t)|^{\xi} \leqslant -\left(e_{\beta}^{\mathrm{T}}e_{\beta}\right)^{\frac{\xi+1}{2}},$$

$$-p(t)\operatorname{sign}(p(t))\,|p(t)|^{\xi} \leqslant -\left(|p(t)|^2\right)^{\frac{\xi+1}{2}}.$$

因此

$$\dot{V}(t) \leqslant -\lambda\left(e^{\mathrm{T}}(t)e(t)\right)^{\frac{\xi+1}{2}} - \lambda\left(e_{\alpha}^{\mathrm{T}}e_{\alpha}\right)^{\frac{\xi+1}{2}} - \lambda\left(e_{\beta}^{\mathrm{T}}e_{\beta}\right)^{\frac{\xi+1}{2}} - \lambda\left(|p(t)|^2\right)^{\frac{\xi+1}{2}}. \tag{4.86}$$

在不等式 (4.86) 中, 利用引理 4.3, 即 $-\sum_{i=1}^{n}|x_i|^{p} \leqslant -\left(\sum_{i=1}^{n}|x_i|\right)^{p}$, 显然

$$\begin{aligned}\dot{V}(t) &\leqslant -\lambda\left(e^{\mathrm{T}}(t)e(t) + e_{\alpha}^{\mathrm{T}}e_{\alpha} + e_{\beta}^{\mathrm{T}}e_{\beta} + |p(t)|^2\right)^{\frac{\xi+1}{2}} \\ &= -\lambda\left(2\left[\frac{1}{2}e^{\mathrm{T}}(t)e(t) + \frac{1}{2}e_{\alpha}^{\mathrm{T}}e_{\alpha} + \frac{1}{2}e_{\beta}^{\mathrm{T}}e_{\beta} + \frac{1}{2}|p(t)|^2\right]\right)^{\frac{\xi+1}{2}} \\ &= -(2)^{\frac{\xi+1}{2}}\lambda\left(V(t)\right)^{\frac{\xi+1}{2}},\end{aligned}$$

其中 $0 < \dfrac{\xi+1}{2} < 1$.

根据引理 4.4, 通过自适应有限时间控制实现了系统 (4.76) 和 (4.77) 的有界比例函数投影同步.

注释 4.14　控制强度函数 $p(t)$ 可自动调整到一个适当的强度 p_0, 这取决于初值, 并且控制强度 λ 还可以减少有界比例函数投影同步的有限时间.

注释 4.15　本节设计的有界比例函数比已有文献的比例函数更复杂, 这一性质对于提高保密通信的安全性具有重要意义.

注释 4.16　在定理 4.10 中, 所设计的控制器不仅实现了有限时间同步, 而且实现了参数辨识.

4.6.2 实例分析

在本节中, 通过实例说明了该方法的有效性.

设驱动系统为以下 Lü 混沌系统

$$\begin{cases} \dot{x}_1 = a_1(x_2 - x_1), \\ \dot{x}_2 = b_1 x_2 - x_1 x_3, \\ \dot{x}_3 = -c_1 x_3 + x_1 x_2. \end{cases}$$

响应系统为以下受控 Chen 混沌系统

$$\begin{cases} \dot{y}_1 = a_2(y_2 - y_1) - u_1, \\ \dot{y}_2 = (c_2 - a_2) y_1 + c_2 y_2 - y_1 y_3 - u_2, \\ \dot{y}_3 = -b_2 y_3 + y_1 y_2 - u_3. \end{cases}$$

自适应律如下

$$\begin{cases} u_1 = (y_2 - y_1) a_2^* - \varphi(t)(x_2 - x_1) a_1^* - x_1 \dot{\varphi}(t) + p(t) e_1 + \lambda \mathrm{sign}(e_1) \left| e_1 \right|^{\xi}, \\ u_2 = \varphi(t) x_1 x_3 - y_1 y_3 - y_1 a_2^* + (y_1 + y_2) c_2^* - \varphi(t) x_2 b_1^* \\ \qquad - x_2 \dot{\varphi}(t) + p(t) e_2 + \lambda \mathrm{sign}(e_2) \left| e_2 \right|^{\xi}, \\ u_3 = y_1 y_2 - \varphi(t) x_1 x_2 - y_3 b_2^* + \varphi(t) x_3 c_1^* - x_3 \dot{\varphi}(t) + p(t) e_3 + \lambda \mathrm{sign}(e_3) \left| e_3 \right|^{\xi}. \end{cases}$$

$$\begin{cases} \dot{a}_1^* = -\varphi(t)(x_2 - x_1) e_1 + \lambda \mathrm{sign}(a_1 - a_1^*) \left| a_1 - a_1^* \right|^{\xi}, \\ \dot{b}_1^* = -\varphi(t) x_2 e_2 + \lambda \mathrm{sign}(b_1 - b_1^*) \left| b_1 - b_1^* \right|^{\xi}, \\ \dot{c}_1^* = \varphi(t) x_3 e_3 + \lambda \mathrm{sign}(c_1 - c_1^*) \left| c_1 - c_1^* \right|^{\xi}. \end{cases}$$

$$\begin{cases} \dot{a}_2^* = (y_2 - y_1) e_1 + \lambda \mathrm{sign}(a_2 - a_2^*) \left| a_2 - a_2^* \right|^{\xi}, \\ \dot{b}_2^* = -y_3 e_3 + \lambda \mathrm{sign}(b_2 - b_2^*) \left| b_2 - b_2^* \right|^{\xi}. \\ \dot{c}_2^* = (y_1 + y_2) e_2 - y_1 e_1 + \lambda \mathrm{sign}(c_2 - c_2^*) \left| c_2 - c_2^* \right|^{\xi}, \end{cases}$$

$$\dot{p}(t) = e_1^2(t) + e_2^2(t) + e_3^2(t) - \lambda \mathrm{sign}(p(t)) \left| p(t) \right|^{\xi}.$$

在仿真中, 假定 $(a_1, b_1, c_1) = (36, 20, 3)$ 和 $(a_2, b_2, c_2) = (35, 3, 28)$, 设状态变量的所有初值是 $\mathrm{rand}\,[0, 5]$, $h(t) = \sin t + 1.5$, $\xi = 0.25$, $\lambda = 1$, 仿真结果如图 4-29—图 4-32 所示. 图 4-29 显示了状态误差与时间的关系, 并且随着时间的推移, 误差状态趋近于零. 图 4-30 和图 4-31 分别显示了参数 (a_1^*, b_1^*, c_1^*) 和 (a_2^*, b_2^*, c_2^*) 最终演化到固定值. $p(t)$ 动态演化曲线如图 4-32 所示.

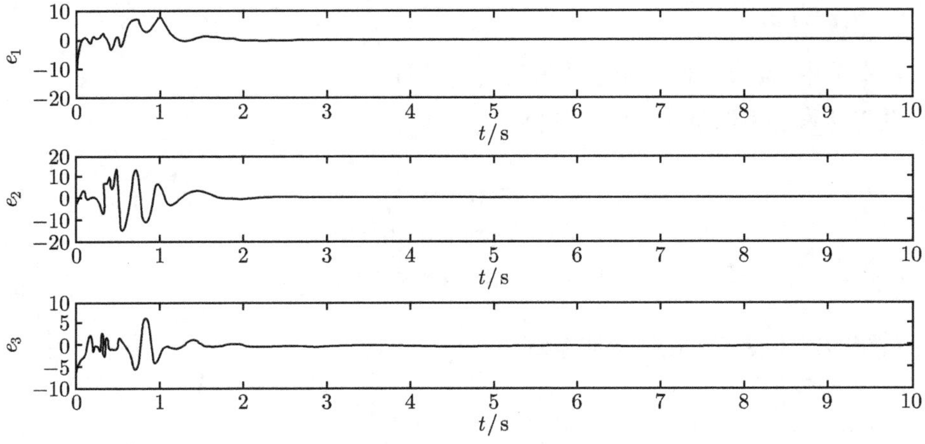

图 4-29　误差演化图

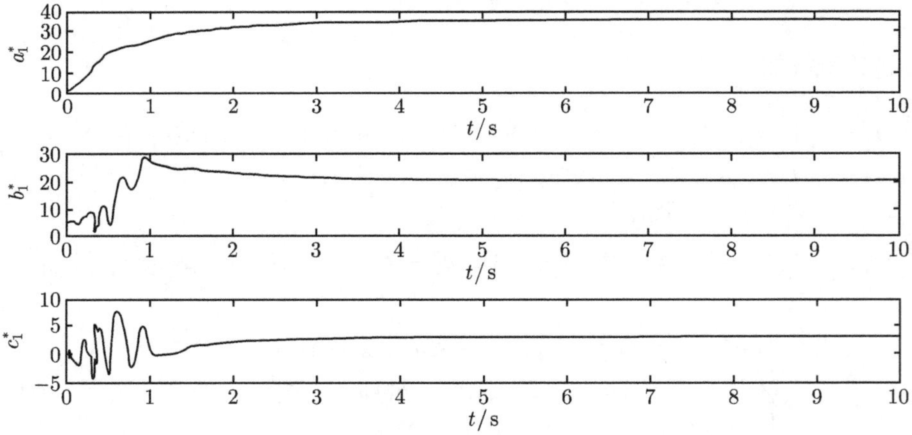

图 4-30　Lü 驱动系统的参数演化图

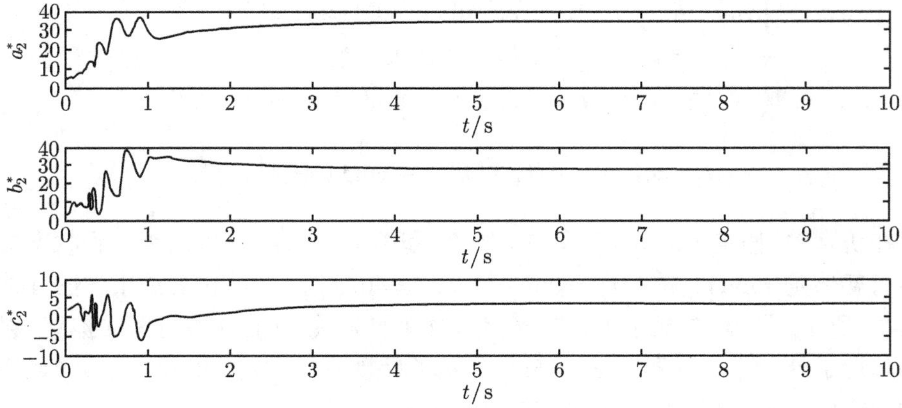

图 4-31　Chen 响应系统的参数演化图

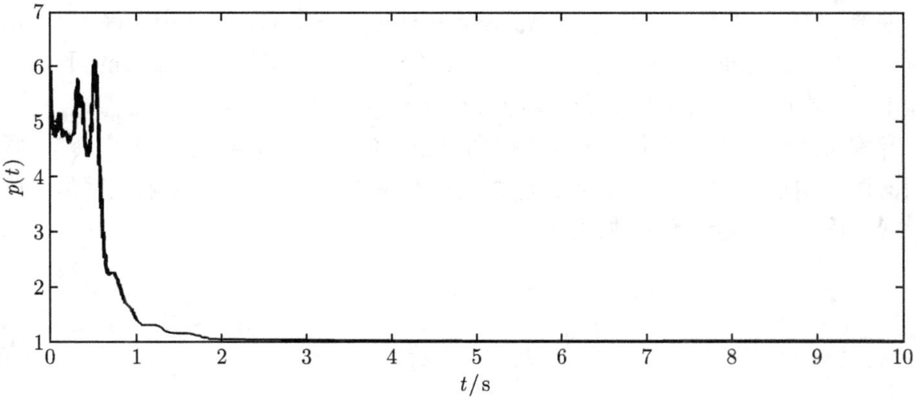

图 4-32 $p(t)$ 演化图

4.7 混沌系统的混合投影同步[135]

本节讨论混沌系统的混合同步, 包括混合全阶同步、降阶同步、完全同步和反同步等, 数值仿真表明了该方法的有效性.

4.7.1 理论分析

考虑下列混沌系统的一般形式

$$\dot{X} = f(X) + g(X)\Theta, \tag{4.87}$$

其中 $X \in R^n$ 是系统的状态向量, $f(X): R^n \to R^n$ 是向量函数, $g(X): R^n \to R^{n\times m}$ 是矩阵函数, $\Theta = (\Theta_1, \Theta_2, \cdots, \Theta_m)^{\mathrm{T}} \in R^m$ 是参数向量.

定义 4.7 对于下列驱动系统和响应系统

$$\dot{X} = f(X) + g(X)\Theta, \tag{4.88}$$

$$\dot{Y} = f(Y) + g(Y)\Theta + U, \tag{4.89}$$

如果

$$\lim_{t\to\infty} \|Y - \Phi X\| = 0. \tag{4.90}$$

那么, 系统 (4.88) 和 (4.89) 完成了混合同步, 其中 $\Phi \in R^{n\times n}$ 是常数矩阵, $U = (u_1, u_2, \cdots, u_n)^{\mathrm{T}}$ 是控制器.

注释 4.17 如果 $\mathrm{Rank}(\Phi) = n$, 混合同步是完全维数混合同步 (或全阶同步); 如果 $0 < \mathrm{Rank}(\Phi) < n$, 混合同步是部分维数混合同步 (或降阶同步) 或者是控制与部分维数混合同步共存; 如果 $\mathrm{Rank}(\Phi) = 0$, 混合同步问题就变为控制问题.

注释 4.18　如果 $\Phi=\mu I$, $\mu\in R$, 混合同步变为投影同步, 其中 I 是一个 $n\times n$ 的单位矩阵; 如果 $\Phi=\operatorname{diag}(\eta_1,\eta_2,\cdots,\eta_n)$, $\eta_i\in R$, 混合同步变为修改的投影同步. 实际上, 如果 $\Phi=I$ 或 $-I$, 混合同步变为完全同步或反同步.

定理 4.11　对于驱动系统 (4.88) 和响应系统 (4.89), 令 $e(t)=Y-\Phi X$, 假设控制器以及自适应律分别为下列表达式, 那么, 驱动系统 (4.88) 和响应系统 (4.89) 实现混合同步, 并且参数也被识别.

$$U=-f(Y)-g(Y)\hat{\Theta}+\Phi f(X)+\Phi g(X)\Theta+Ke, \tag{4.91}$$

$$\dot{k}_i=-\lambda_i e_i^2, \tag{4.92}$$

$$\dot{\hat{\Theta}}=(g(Y))^{\mathrm{T}}e, \tag{4.93}$$

其中 $e(t)=(e_1,e_2,\cdots,e_n)^{\mathrm{T}}$, $\hat{\Theta}$ 是未知参数向量 Θ 的估计值, $K=\operatorname{diag}(k_1,k_2,\cdots,k_n)$.

证明　由等式 (4.88)—(4.89), 有下列误差动力系统

$$\dot{e}=f(Y)+g(Y)\Theta-\Phi f(X)-\Phi g(X)\Theta+U. \tag{4.94}$$

选择 Lyapunov 函数

$$V=\frac{1}{2}e^{\mathrm{T}}e+\frac{1}{2}e_{\hat{\Theta}}^{\mathrm{T}}e_{\hat{\Theta}}+\frac{1}{2}\sum_{i=1}^{n}\frac{1}{\lambda_i}(k_i+L)^2, \tag{4.95}$$

其中 $e=(e_1,e_2,\cdots,e_n)^{\mathrm{T}}$, $e_{\hat{\Theta}}=(e_{\hat{\Theta}_1},e_{\hat{\Theta}_2},\cdots,e_{\hat{\Theta}_m})^{\mathrm{T}}$, $e_{\hat{\Theta}}=\Theta-\hat{\Theta}$, $L>0$. 那么

$$\begin{aligned}\dot{V}&=e^{\mathrm{T}}\dot{e}+\dot{e}_{\hat{\Theta}}^{\mathrm{T}}e_{\hat{\Theta}}-\sum_{i=1}^{n}(k_i+L)e_i^2\\&=e^{\mathrm{T}}\left(g(Y)\Theta-g(Y)\hat{\Theta}+Ke\right)-\left((g(Y))^{\mathrm{T}}e\right)^{\mathrm{T}}e_{\hat{\Theta}}-e^{\mathrm{T}}Ke-Le^{\mathrm{T}}e\\&=-Le^{\mathrm{T}}e<0.\end{aligned}$$

根据 Lyapunov 稳定性定理, 误差系统 (4.94) 是渐近趋于零. 因此, 驱动系统 (4.88) 和响应系统 (4.89) 完成混合同步, 并且参数也被识别.

4.7.2　实例分析

1. 完全维数混合同步

设驱动系统和响应系统如下

$$\begin{cases}\dot{x}_1=a(x_2-x_1),\\\dot{x}_2=-x_1x_3+cx_1+dx_3,\\\dot{x}_3=x_1x_2-bx_3.\end{cases}$$

$$\begin{cases}\dot{y}_1 = a(y_2 - y_1) + u_1,\\ \dot{y}_2 = -y_1y_3 + cy_1 + dy_3 + u_2,\\ \dot{y}_3 = y_1y_2 - by_3 + u_3,\end{cases}$$

其中 $a = 11, b = 2c = 70$, $d = 0.5$.

假设 $\Phi = \begin{pmatrix} 1 & 0 & 0 \\ 0 & -1 & 0 \\ 1 & 0 & 2 \end{pmatrix}$, 即 $\mathrm{Rank}(\Phi) = 3$, 根据定理 4.11, 控制器和自适应律如下

$$\begin{cases}u_1 = a^*(y_1 - y_2) + a(x_2 - x_1) + k_1e_1,\\ u_2 = y_1y_3 - c^*y_1 - d^*y_3 + x_1x_3 - cx_1 - dx_3 + k_2e_2,\\ u_3 = -y_1y_2 + b^*y_3 + 2x_1x_2 + a(x_2 - x_1) - 2bx_3 + k_3e_3.\end{cases}$$

$$\begin{cases}\dot{k}_1 = -\lambda_1e_1^2,\\ \dot{k}_2 = -\lambda_2e_2^2,\\ \dot{k}_3 = -\lambda_3e_3^2.\end{cases}$$

$$\begin{cases}\dot{a}^* = (y_2 - y_1)e_1,\\ \dot{c}^* = y_1e_2,\\ \dot{d}^* = y_3e_2,\\ \dot{b}^* = -y_3e_3.\end{cases}$$

选择驱动系统和响应系统的初值分别为 $(1,2,3),(2,1,4)$, 未知参数的初值为 $(3,1,2,3),(k_1,k_2,k_3) = (5,3,2),\lambda_i = 20, i = 1,2,3$. 图 4-33 显示了驱动系统和响应系统实现混沌同步. 图 4-34 显示了未知参数在系统同步的过程中被识别.

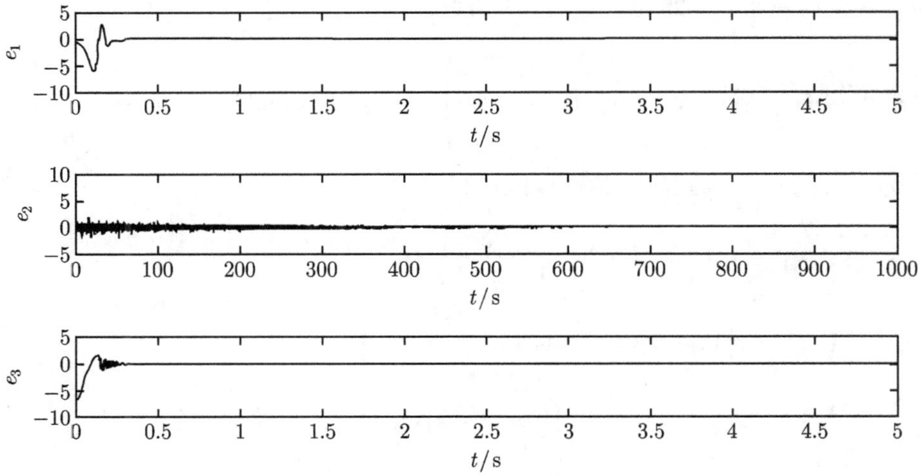

图 4-33 驱动系统和响应系统同步演化图

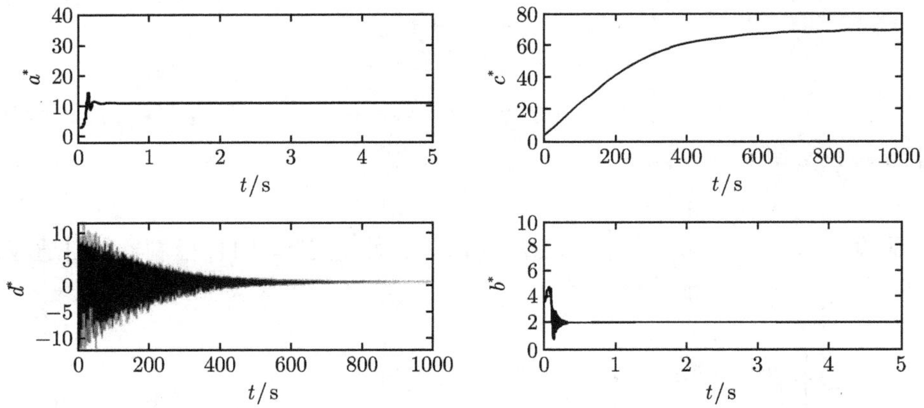

图 4-34 参数识别演化图

2. 控制与部分维数混合同步共存

设驱动系统和响应系统如下:

$$\begin{cases} \dot{x} = a(y-x), \\ \dot{y} = -xz + dx + cy + ez, \\ \dot{z} = xy - bz. \end{cases} \tag{4.96}$$

$$\begin{cases} \dot{x}_1 = a(y_1 - x_1) + u_1, \\ \dot{y}_1 = -x_1z_1 + dx_1 + cy_1 + ez_1 + u_2, \\ \dot{z}_1 = x_1y_1 - bz_1 + u_3, \end{cases} \tag{4.97}$$

其中 $a = 35, b = 3,\ c = 28,\ d = -20,\ e = 0.75.$

推论 4.3 假设 $\Phi = \begin{pmatrix} 1 & 0 & 0 \\ 0 & -1 & 0 \\ 0 & 0 & 0 \end{pmatrix}$, 即 $0 < \text{Rank}(\Phi) < 3$, $e_1 = x_1 - x$, $e_2 = y_1 + y$, $e_3 = z_1$, 选取控制器和自适应律如下:

$$\begin{cases} u_1 = a(y-x) - a^*(y_1 - x_1) + k_1e_1, \\ u_2 = x_1z_1 + xz - d^*x_1 - c^*y_1 - e^*z_1 - dx - cy - ez + k_2e_2, \\ u_3 = -x_1y_1 + bz_1 + k_3z_1. \end{cases}$$

$$\begin{cases} \dot{k}_1 = -\lambda_1 e_1^2, \\ \dot{k}_2 = -\lambda_2 e_2^2, \\ \dot{k}_3 = -\lambda_3 y_3^2. \end{cases}$$

$$\begin{cases} \dot{a}^* = (y_1 - x_1)e_1, \\ \dot{d}^* = x_1 e_2, \\ \dot{c}^* = y_1 e_2, \\ \dot{e}^* = z_1 e_2. \end{cases}$$

那么, 驱动系统和响应系统实现了控制与部分维数混合同步共存.

证明 由等式 (4.96)—(4.97), 有下列误差动力系统

$$\begin{cases} \dot{e}_1 = (y_1 - x_1)(a - a^*) + k_1 e_1, \\ \dot{e}_2 = x_1(d - d^*) + y_1(c - c^*) + z_1(e - e^*) + k_2 e_2, \\ \dot{e}_3 = \dot{z}_1 = k_3 z_1. \end{cases} \tag{4.98}$$

选择 Lyapunov 函数

$$V = \frac{1}{2}E^{\mathrm{T}}E + \frac{1}{2}e_{\hat{\Theta}}^{\mathrm{T}}e_{\hat{\Theta}} + \frac{1}{2}\sum_{i=1}^{3}\frac{1}{\lambda_i}(k_i + L)^2, \tag{4.99}$$

其中 $E = (e_1, e_2, y_3)^{\mathrm{T}}$, $e_{\hat{\Theta}} = (e_{\hat{\Theta}_1}, e_{\hat{\Theta}_2}, e_{\hat{\Theta}_3}, e_{\hat{\Theta}_4})^{\mathrm{T}}$, $e_{\hat{\Theta}_1} = a - a^*, e_{\hat{\Theta}_2} = d - d^*, e_{\hat{\Theta}_3} = c - c^*$, $e_{\hat{\Theta}_4} = e - e^*, L > 0$. 那么

$$\begin{aligned} \dot{V} &= E^{\mathrm{T}}\dot{E} + \dot{e}_{\hat{\Theta}}^{\mathrm{T}}e_{\hat{\Theta}} - \sum_{i=1}^{n}(k_i + L)e_i^2 \\ &= -L(e_1^2 + e_2^2 + y_3^2) \\ &= -LE^{\mathrm{T}}E < 0. \end{aligned}$$

根据 Lyapunov 稳定性定理, 误差系统 (4.98) 是渐近趋于零的. 因此, 驱动系统 (4.96) 和响应系统 (4.97) 实现了控制与部分维数混合同步共存, 并且部分参数也被识别.

注释 4.19 显然, 控制器 u_1 实现了状态向量 x_1 和 x 同步; 控制器 u_2 实现了状态向量 y_1 和 y 反同步; 控制器 u_3 使状态向量 z_1 被控制到零点.

在仿真中, 选择驱动系统和响应系统的初值分别为 $(1,2,3)$, $(2,1,3)$, 未知参数的初值为 $(3,2,1,0.5)$, $(k_1,k_2,k_3) = (5,4,3)$, $\lambda_1 = 15$, $\lambda_{2,3} = 1$, 图 4-35 显示了驱动系统和响应系统实现了完全同步和反同步. 图 4-36 显示了系统被控制到零点. 图 4-37 显示了未知参数在混沌系统同步的过程中被识别.

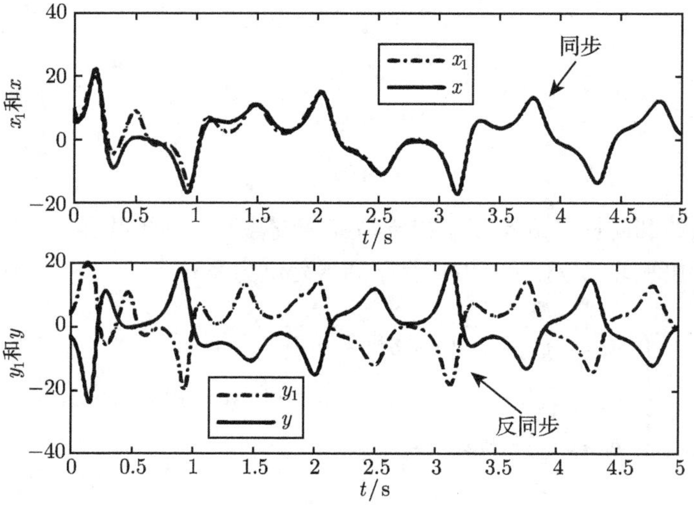

图 4-35 完全同步和反同步演化图

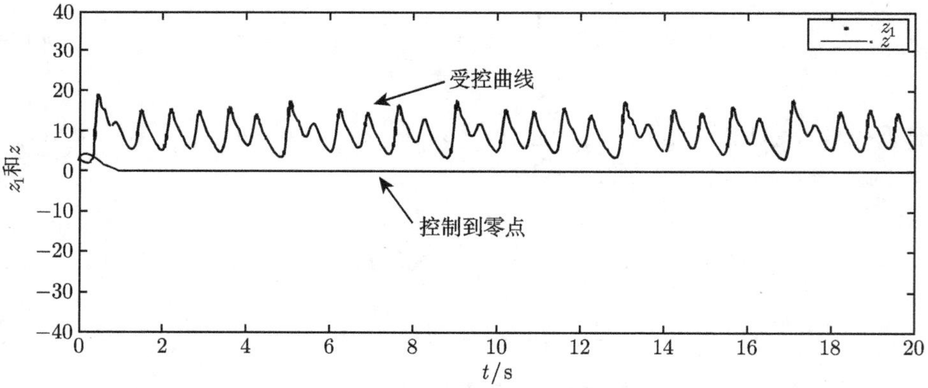

图 4-36 系统被控制到零点演化图

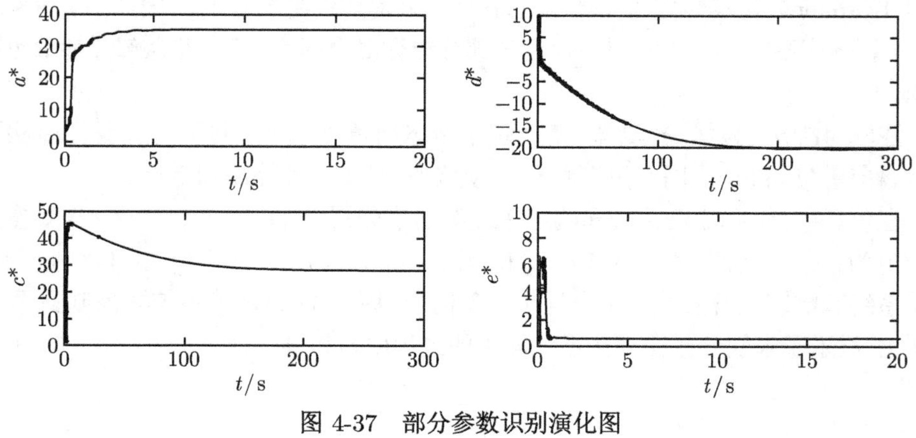

图 4-37 部分参数识别演化图

4.8 混沌系统的自适应比例函数投影同步[136-137]

本节讨论了不确定混沌系统的自适应比例函数投影同步问题, 比例函数是自适应的, 并且在混沌系统同步的过程中混沌系统的参数也被识别, 最后数值仿真验证了该方法的有效性.

4.8.1 理论分析

考虑下列两个不同的混沌系统

$$\dot{x} = f_1(x) + g_1(x)\beta, \tag{4.100}$$

$$\dot{y} = f_2(y) + g_2(y)\alpha - u, \tag{4.101}$$

其中 $\tilde{\beta}, \tilde{\alpha}$ 是参数 β, α 的估计值.

定义 4.8 对于系统 (4.100) 和 (4.101), 假如

$$\lim_{t\to\infty} \|e(t)\| = \lim_{t\to\infty} \|y - \lambda(t)x\| = 0, \tag{4.102}$$

那么, 驱动系统 (4.100) 和响应系统 (4.101) 实现了比例函数投影同步, 其中 $\lambda(t)$ 是比例函数, $e = (e_1, e_2, \cdots, e_n)^{\mathrm{T}}$.

定理 4.12 如果自适应控制器、参数识别律以及比例函数识别律为

$$u = f_2(y) + g_2(y)\tilde{\alpha} - \lambda(t)f_1(x) - \lambda(t)g_1(x)\tilde{\beta}, \tag{4.103}$$

$$\dot{\tilde{\beta}} = -\lambda(t)(g_1(x))^{\mathrm{T}}e + e_\beta, \tag{4.104}$$

$$\dot{\tilde{\alpha}} = (g_2(y))^{\mathrm{T}}e + e_\alpha, \tag{4.105}$$

$$\dot{\lambda}(t) = x^{\mathrm{T}}e,$$

其中 $e_\alpha = \alpha - \tilde{\alpha}$, $e_\beta = \beta - \tilde{\beta}$. 那么, 驱动系统 (4.100) 和响应系统 (4.101) 实现了自适应比例函数投影同步.

证明 由驱动系统 (4.100) 和响应系统 (4.101), 有下列误差动力系统

$$\dot{e}(t) = f_2(y) - \lambda(t)f_1(x) + g_2(y)\alpha - \lambda(t)g_1(x)\beta - \dot{\lambda}(t)x - u. \tag{4.106}$$

选择 Lyapunov 函数

$$V = \frac{1}{2}e^{\mathrm{T}}e + \frac{1}{2}e_\alpha^{\mathrm{T}}e_\alpha + \frac{1}{2}e_\beta^{\mathrm{T}}e_\beta. \tag{4.107}$$

那么

$$\begin{aligned}\dot{V} &= e^{\mathrm{T}}\dot{e} + \dot{e}_{\alpha}^{\mathrm{T}}e_{\alpha} + \dot{e}_{\beta}^{\mathrm{T}}e_{\beta} \\ &= e^{\mathrm{T}}(g_2(y)\alpha - g_2(y)\tilde{\alpha} - \lambda(t)g_1(x)\beta + \lambda(t)g_1(x)\tilde{\beta} - \dot{\lambda}(t)x) - e^{\mathrm{T}}g_2(y)(\alpha - \tilde{\alpha}) \\ &\quad + e^{\mathrm{T}}\lambda(t)g_1(x)(\beta - \tilde{\beta}) - e_{\alpha}^{\mathrm{T}}e_{\alpha} - e_{\beta}^{\mathrm{T}}e_{\beta} \\ &= -e^{\mathrm{T}}x^{\mathrm{T}}ex - e_{\alpha}^{\mathrm{T}}e_{\alpha} - e_{\beta}^{\mathrm{T}}e_{\beta} \\ &= -e^{\mathrm{T}}(x_1, x_2, \cdots, x_n)(e_1, e_2, \cdots, e_n)^{\mathrm{T}}x - e_{\alpha}^{\mathrm{T}}e_{\alpha} - e_{\beta}^{\mathrm{T}}e_{\beta} \\ &= -(x_1e_1 + x_2e_2 + \cdots + x_ne_n)e^{\mathrm{T}}x - e_{\alpha}^{\mathrm{T}}e_{\alpha} - e_{\beta}^{\mathrm{T}}e_{\beta} \\ &= -(x_1e_1 + x_2e_2 + \cdots + x_ne_n)^2 - e_{\alpha}^{\mathrm{T}}e_{\alpha} - e_{\beta}^{\mathrm{T}}e_{\beta}.\end{aligned}$$

显然 V 是正定的, $\dot{V}$ 是负定的, 根据 Lyapunov 稳定性定理, 误差系统 (4.106) 是渐近趋于零. 因此, 驱动系统 (4.100) 和响应系统 (4.101) 实现了自适应比例函数投影同步.

4.8.2 实例分析

1. 以两个等同的混沌系统为例

在实例分析中, 我们以混沌系统 (3.6) 为驱动系统, 即

$$\begin{cases} \dot{x}_1 = a_1(x_2 - x_1), \\ \dot{x}_2 = b_1x_1 - x_1x_3, \\ \dot{x}_3 = x_1x_2 + c_1x_3, \end{cases}$$

其中 $(a_1, b_1, c_1) = (10, 16, -1)$.

相应的响应系统为

$$\begin{cases} \dot{y}_1 = a_2(y_2 - y_1) - u_1, \\ \dot{y}_2 = b_2y_1 - y_1y_3 - u_2, \\ \dot{y}_3 = c_2y_3 + y_1y_2 - u_3, \end{cases}$$

其中 $(a_2, b_2, c_2) = (11, 16, -2)$.

自适应控制器、参数识别律以及比例函数识别律为

$$\begin{cases} u_1 = (y_2 - y_1)a_2^* - \lambda(t)(x_2 - x_1)a_1^*, \\ u_2 = \lambda(t)x_1x_3 - y_1y_3 + y_1b_2^* - \lambda(t)x_1b_1^*, \\ u_3 = y_1y_2 - \lambda(t)x_1x_2 + y_3c_2^* - \lambda(t)x_3c_1^*. \end{cases}$$

$$\begin{cases} \dot{a}_1^* = -\lambda(t)(x_2 - x_1)e_1 + a_1 - a_1^*, \\ \dot{b}_1^* = -\lambda(t)x_1e_2 + b_1 - b_1^*, \\ \dot{c}_1^* = -\lambda(t)x_3e_3 + c_1 - c_1^*. \end{cases}$$

$$\begin{cases} \dot{a}_2^* = (y_2 - y_1)e_1 + a_2 - a_2^*, \\ \dot{b}_2^* = y_1 e_2 + b_2 - b_2^*, \\ \dot{c}_2^* = y_3 e_3 + c_2 - c_2^*. \end{cases}$$

$$\dot{\lambda}(t) = x_1 e_1 + x_2 e_2 + x_3 e_3.$$

在仿真中, 驱动系统和响应系统的初值分别为 $(2,3,4)$ 和 $(6,4,5)$, 未知参数的初值为 $(6,7,8)$ 和 $(5,6,7)$, 比例函数初值为 $\lambda(t)=8$. 图 4-38 显示了驱动系统和响应系统同步. 图 4-39 和图 4-40 分别显示了未知参数在系统同步的过程中被识别. 图 4-41 显示了驱动系统和响应系统吸引子在同一个平面上.

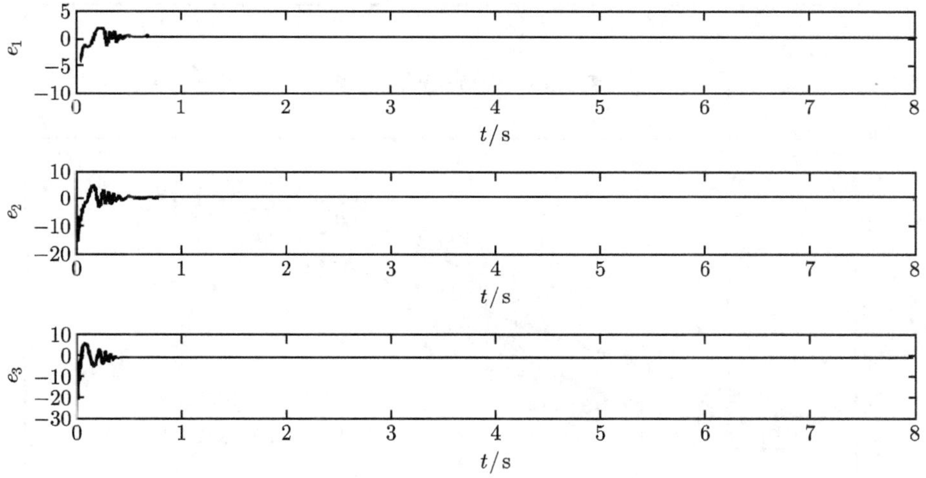

图 4-38 驱动系统和响应系统同步演化图

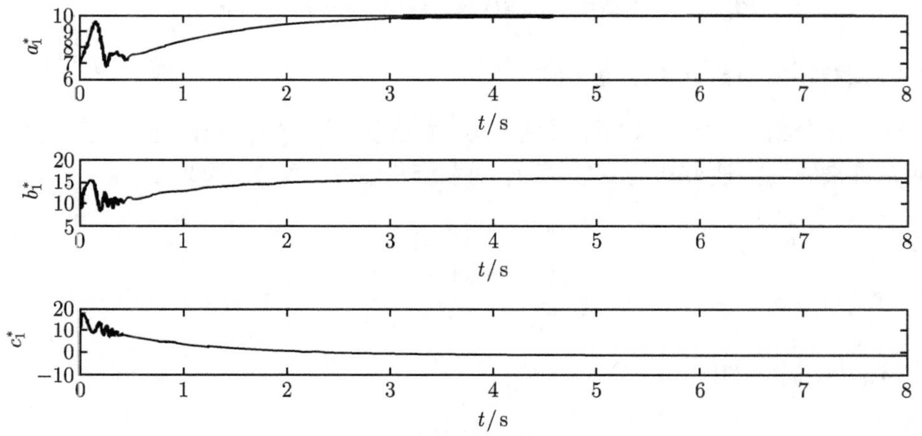

图 4-39 参数识别演化图

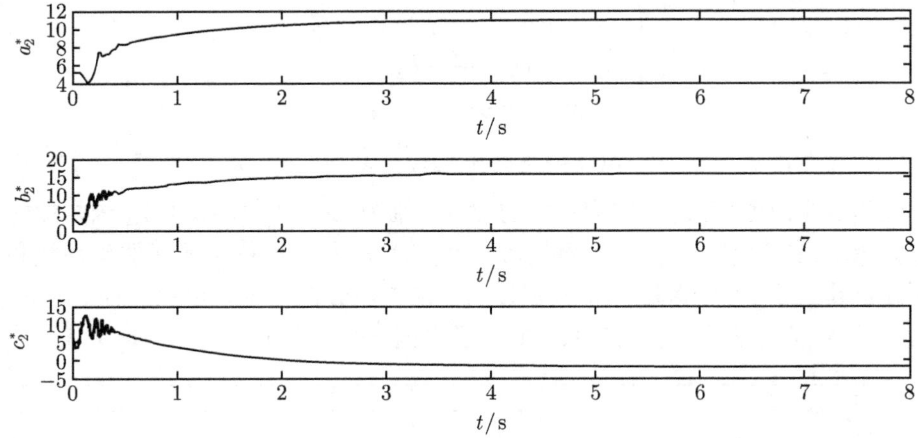

图 4-40　参数识别演化图

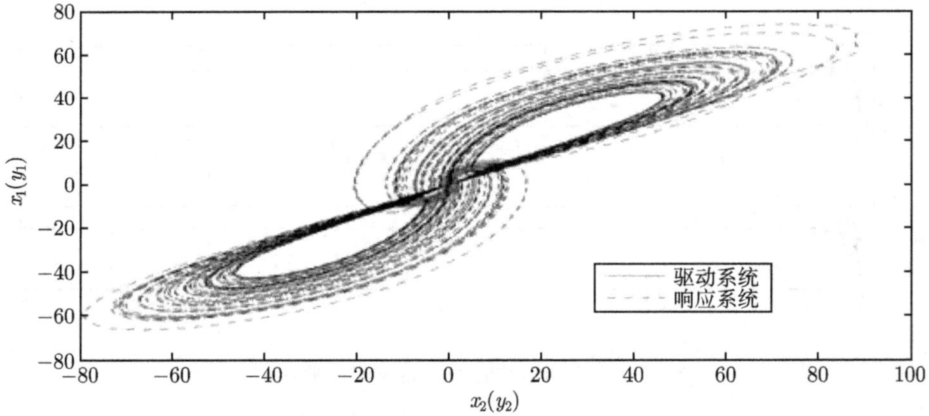

图 4-41　驱动系统和响应系统吸引子在同一个平面上

2. 以两个不同的混沌系统为例

在实例分析中, 我们以混沌系统 (3.6) 为驱动系统, 受控的混沌系统 (3.15) 为响应系统来验证上述方法的有效性, 驱动系统和响应系统描述如下:

$$\begin{cases} \dot{x}_1 = a_1(x_2 - x_1), \\ \dot{x}_2 = b_1x_1 - x_1x_3, \\ \dot{x}_3 = x_1x_2 + c_1x_3, \end{cases}$$

其中 $(a_1, b_1, c_1) = (10, 16, -1)$.

$$\begin{cases} \dot{y}_1 = a_2(y_2 - y_1) - u_1, \\ \dot{y}_2 = -y_1y_3 + c_2y_2 + d_2y_3 - u_2, \\ \dot{y}_3 = y_1y_2 - b_2y_3 - u_3, \end{cases}$$

其中 $(a_2, c_2, d_2, b_2) = (36, 28, 0.5, 3)$.

自适应控制器、参数识别律以及比例函数识别律为

$$\begin{cases} u_1 = (y_2 - y_1)a_2^* - \lambda(t)(x_2 - x_1)a_1^*, \\ u_2 = \lambda(t)x_1x_3 - y_1y_3 + y_2c_2^* + y_3d_2^* - \lambda(t)x_1b_1^*, \\ u_3 = y_1y_2 - \lambda(t)x_1x_2 - y_3b_2^* - \lambda(t)x_3c_1^*. \end{cases}$$

$$\begin{cases} \dot{a}_1^* = -\lambda(t)(x_2 - x_1)e_1 + a_1 - a_1^*, \\ \dot{b}_1^* = -\lambda(t)x_1e_2 + b_1 - b_1^*, \\ \dot{c}_1^* = -\lambda(t)x_3e_3 + c_1 - c_1^*. \end{cases}$$

$$\begin{cases} \dot{a}_2^* = (y_2 - y_1)e_1 + a_2 - a_2^*, \\ \dot{c}_2^* = y_2e_2 + c_2 - c_2^*, \\ \dot{d}_2^* = y_3e_2 + d_2 - d_2^* \\ \dot{b}_2^* = -y_3e_3 + b_2 - b_2^*. \end{cases}$$

$$\dot{\lambda}(t) = x_1e_1 + x_2e_2 + x_3e_3.$$

在仿真中, 驱动系统和响应系统的初值分别为 $(2, 3, 4)$ 和 $(6, 4, 5)$, 未知参数的初值为 $(6, 7, 8)$ 和 $(5, 6, 7, 8)$, 比例函数初值为 $\lambda(t) = 8$. 图 4-42 显示了驱动系统和响应系统同步. 图 4-43 和图 4-44 分别显示了未知参数在系统同步的过程中被识别. 图 4-45 显示了驱动系统和响应系统吸引子在同一个平面上.

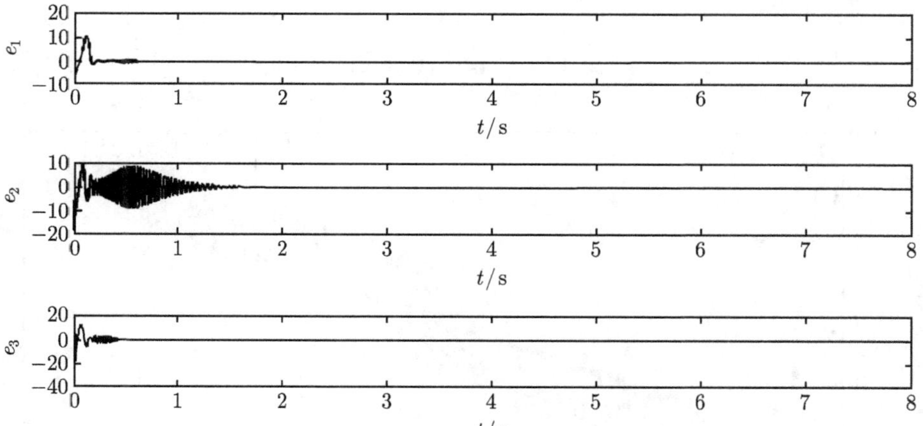

图 4-42 驱动系统和响应系统同步演化图

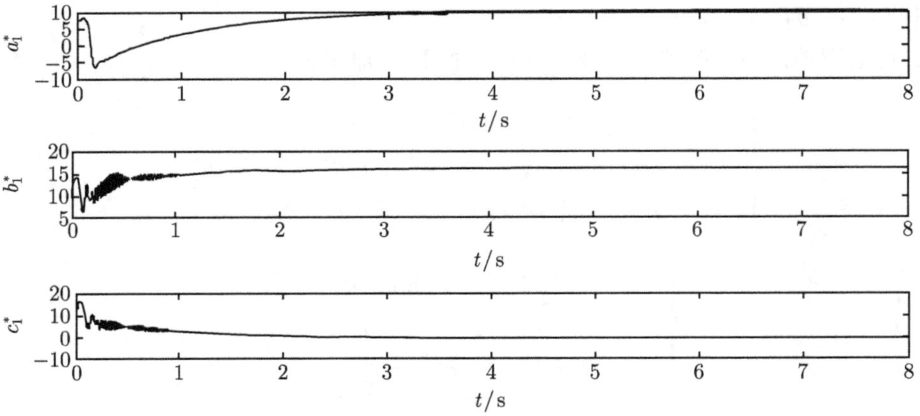

图 4-43　参数识别演化图

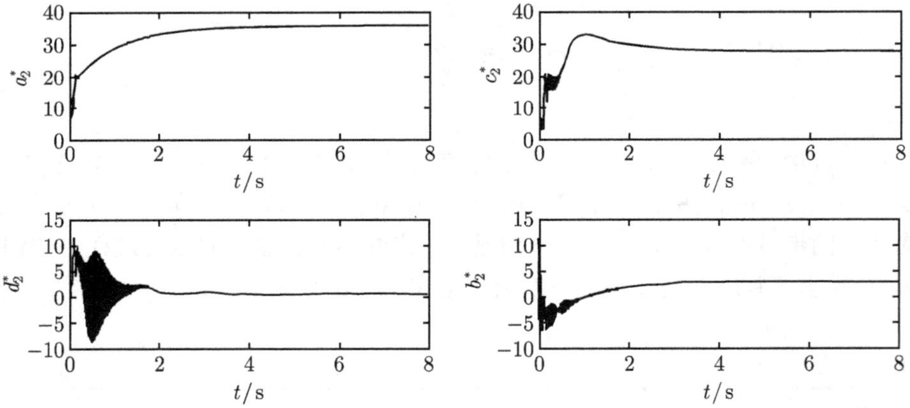

图 4-44　参数识别演化图

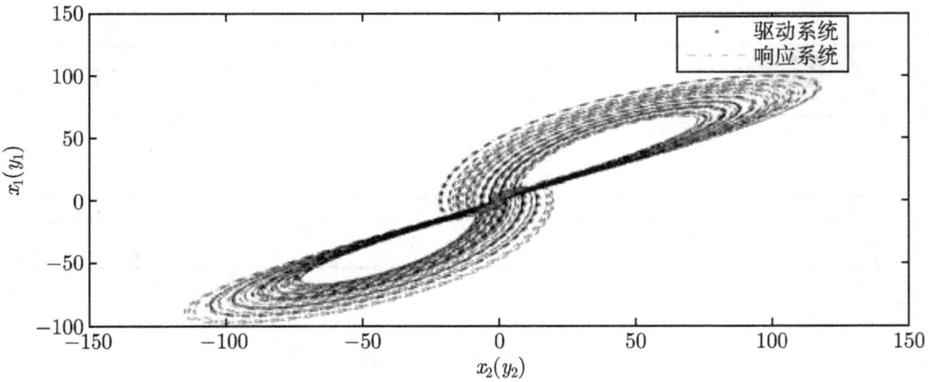

图 4-45　驱动系统和响应系统吸引子在同一个平面上

4.9 混沌系统同步性质的一个注记[138]

在研究混沌系统同步时, 一般是通过响应系统与驱动系统作差得到误差系统, 当误差系统趋于零时, 就实现了驱动系统和响应系统的混沌同步. 本节把响应系统单边匹配的控制器分解成两部分分别匹配到驱动系统和响应系统时 (即双边匹配), 双边匹配得到的误差系统与单边匹配得到的误差系统完全相同, 但通过仿真发现: 尽管两种匹配方法误差系统完全相同, 而系统达到同步的时间不一样, 并且双边匹配改变了系统的混沌特性, 而单边匹配系统仍保持了的混沌特性.

4.9.1 状态反馈同步

设混沌系统为

$$\dot{x} = f(x), \tag{4.108}$$

被控系统 (单边匹配)

$$\dot{y} = f(y) + ke, \tag{4.109}$$

其中 $x = (x_1, x_2, \cdots, x_n)^{\mathrm{T}}, y = (y_1, y_2, \cdots, y_n)^{\mathrm{T}}, e = (e_1, e_2, \cdots, e_n)^{\mathrm{T}}$. 则误差系统为

$$\dot{e} = \dot{y} - \dot{x} = f(y) - f(x) + ke, \tag{4.110}$$

在本节中假设 $\|f(y) - f(x)\| \leqslant l\,\|y - x\|, l > 0$, 那么误差系统为

$$\dot{e} = f(y) - f(x) + ke \leqslant (l + k)e.$$

故当 $l + k \leqslant 0$ 时, 有 $e \to 0 (t \to \infty)$.

现在我们把式 (4.105) 和 (4.106) 的单边匹配变成如下的双边匹配, 即

$$\begin{cases} \dot{x} = f(x) + kx, \\ \dot{y} = f(y) + ky. \end{cases} \tag{4.111}$$

则式 (4.111) 的误差系统仍为式 (4.110), 即

$$\dot{e} = \dot{y} - \dot{x} = f(y) - f(x) + ke \leqslant (l + k)e.$$

故当 $l + k \leqslant 0$ 时, 有 $e \to 0 (t \to \infty)$.

显然单边匹配和双边匹配系统同步的条件相同, 尽管单边匹配和双边匹配所得到的误差系统一样, 但是仿真结果表明它们达到同步的时间不一样.

下面以混沌系统 (3.15) 为例

单边匹配:
$$\begin{cases}\dot{x}_1 = 36(x_2 - x_1),\\ \dot{x}_2 = 28x_2 + 0.5x_3 - x_1x_3,\\ \dot{x}_3 = x_1x_2 - 3x_3,\\ \dot{y}_1 = 36(y_2 - y_1) + ke_1,\\ \dot{y}_2 = 28y_2 + 0.5y_3 - y_1y_3 + ke_2,\\ \dot{y}_3 = y_1y_2 - 3y_3 + ke_3.\end{cases}$$

双边匹配:
$$\begin{cases}\dot{x}_1 = 36(x_2 - x_1) + kx_1,\\ \dot{x}_2 = 28x_2 + 0.5x_3 - x_1x_3 + kx_2,\\ \dot{x}_3 = x_1x_2 - 3x_3 + kx_3,\\ \dot{y}_1 = 36(y_2 - y_1) + ky_1,\\ \dot{y}_2 = 28y_2 + 0.5y_3 - y_1y_3 + ky_2,\\ \dot{y}_3 = y_1y_2 - 3y_3 + ky_3.\end{cases}$$

由于混沌系统是有界的, 通过仿真, 取 $l = 50$, 由 $l + k \leqslant 0$, 可取 $k = -51$, 我们取系统初值分别为 (10, 2, 3), (5,17, 9), 用 $E = \sqrt{e_1^2 + e_2^2 + e_3^2}$ 来比较两种方法收敛的速度. 从图 4-46 可知单边匹配比双边匹配收敛的更快一些. 通过仿真还可知双边匹配已经改变了系统的混沌特性 (图 4-47), 而单边匹配系统仍保持了混沌特性 (图 4-48).

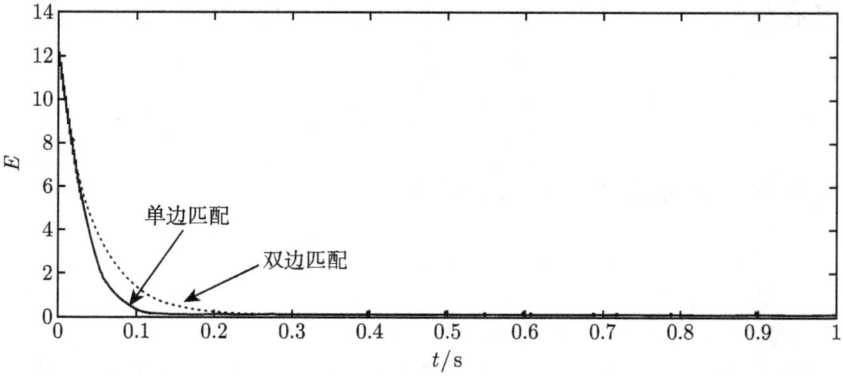

图 4-46　E 随时间的演化图

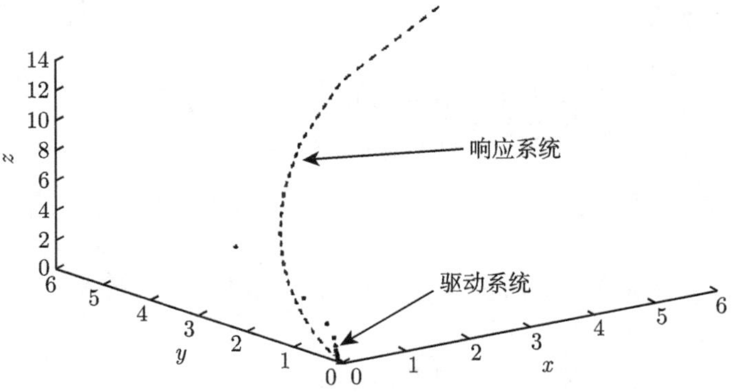

图 4-47 双边匹配时驱动系统和响应系统的相图

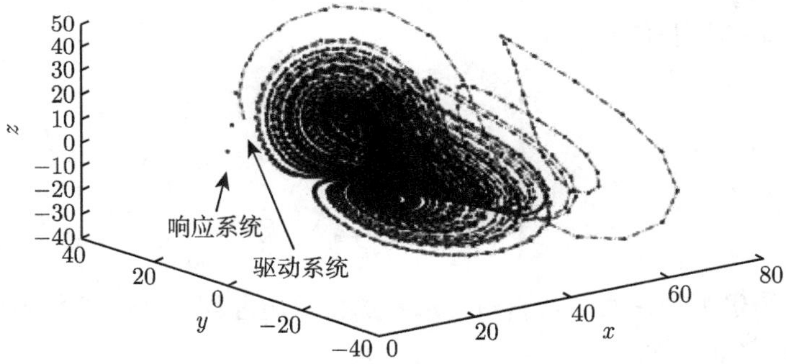

图 4-48 单边匹配时驱动系统和响应系统的相图

4.9.2 自适应反馈同步

下面我们用自适应控制方法得到类似于 4.9.1 节中用状态反馈同步控制方法所得到的结论.

对于单边匹配, 我们有

$$\begin{cases} \dot{x} = f(x), \\ \dot{y} = f(y) + me, \\ \dot{m} = -\lambda \sum_{i=1}^{n} e_i^2. \end{cases} \tag{4.112}$$

那么误差系统为

$$\dot{e} = f(y) - f(x) + me.$$

构造如下 Lyapunov 函数

$$V = \frac{1}{2} \sum_{i=1}^{n} e_i^2 + \frac{1}{2\lambda}(m + H)^2,$$

其中 $H \geqslant nL$. 那么

$$\begin{aligned}\dot{V} &= \sum_{i=1}^{n} e_i \dot{e}_i + \frac{1}{\lambda}(m+H)\dot{m} \\ &= \sum_{i=1}^{n} e_i(f_i(y) - f_i(x) + me_i) - (m+H)\sum_{i=1}^{n} e_i^2 \\ &= \sum_{i=1}^{n} e_i(f_i(y) - f_i(x)) - H\sum_{i=1}^{n} e_i^2 \\ &\leqslant nl\sum_{i=1}^{n} e_i^2 - H\sum_{i=1}^{n} e_i^2 \leqslant 0.\end{aligned}$$

因此, 当 $t \to \infty$ 时, $e \to 0$. 显然, $\dot{V} = 0$ 当且仅当 $e_i = 0$.

对于双边匹配, 我们有

$$\begin{cases} \dot{x} = f(x) + mx, \\ \dot{y} = f(y) + my, \\ \dot{m} = -\lambda \sum\limits_{i=1}^{n} e_i^2. \end{cases} \tag{4.113}$$

因此, 误差系统仍为 $\dot{e} = f(y) - f(x) + me$, 那么双边匹配误差系统稳定性的推导过程与单边匹配完全一样.

下面以混沌系统 (3.6) 为例

$$\text{单边匹配:}\begin{cases} \dot{x}_1 = 10(x_2 - x_1), \\ \dot{x}_2 = 16x_1 - x_1x_3, \\ \dot{x}_3 = x_1x_2 - x_3, \\ \dot{y}_1 = 10(y_2 - y_1) + me_1, \\ \dot{y}_2 = 16y_1 - y_1y_3 + me_2, \\ \dot{y}_3 = y_1y_2 - y_3 + me_3, \\ \dot{m} = -(e_1^2 + e_2^2 + e_3^2). \end{cases}$$

$$\text{双边匹配:}\begin{cases} \dot{x}_1 = 10(x_2 - x_1) + mx_1, \\ \dot{x}_2 = 16x_1 - x_1x_3 + mx_2, \\ \dot{x}_3 = x_1x_2 - x_3 + mx_3, \\ \dot{y}_1 = 10(y_2 - y_1) + my_1, \\ \dot{y}_2 = 16y_1 - y_1y_3 + my_2, \\ \dot{y}_3 = y_1y_2 - y_3 + my_3, \\ \dot{m} = -(e_1^2 + e_2^2 + e_3^2). \end{cases}$$

我们取系统初值分别为 (10, 2, 3), (5, 17, 9), $m=1$. 用 $E=\sqrt{e_1^2+e_2^2+e_3^2}$ 来比较两种方法收敛的速度. 从图 4-49 可知单边匹配比双边匹配收敛得更快一些. 通过仿真还可知双边匹配已经改变了系统的混沌特性 (图 4-50), 而单边匹配系统仍保持了混沌特性 (图 4-51).

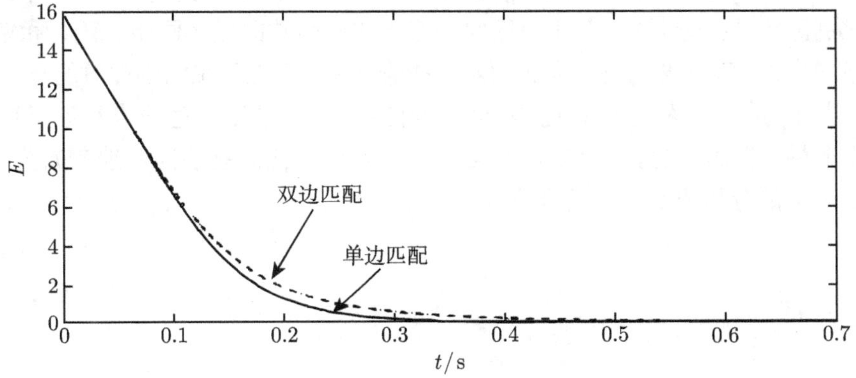

图 4-49 E 随时间的演化图

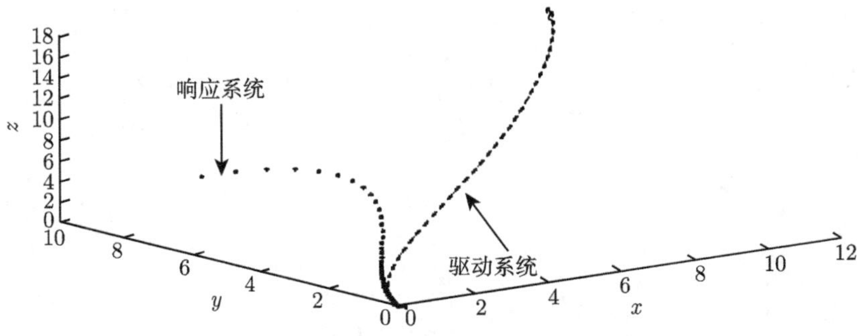

图 4-50 双边匹配时驱动系统和响应系统的相图

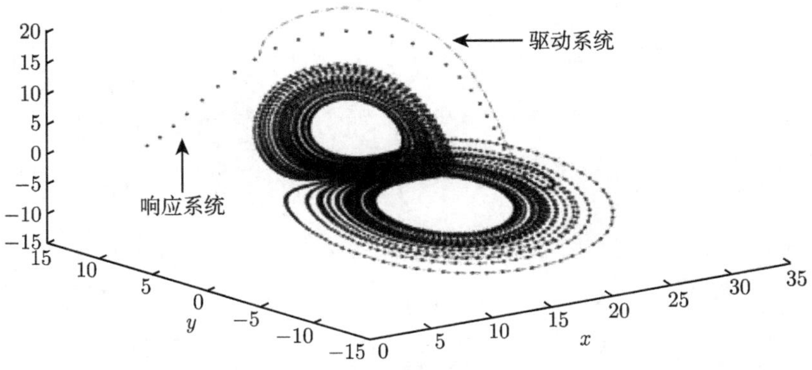

图 4-51 单边匹配时驱动系统和响应系统的相图

4.10 本章小结

本章讨论了混沌系统的投影同步问题, 包括混沌系统的一般错位投影同步、基于动力系统比例函数的投影同步、基于定积分比例函数的投影同步、基于自适应定积分比例函数的投影同步、基于有限时间有界比例函数的投影同步、混沌系统的混合投影同步、混沌系统的自适应比例函数投影同步、混沌系统同步性质的一个注记等. 利用 Lyapunov 稳定性定理, 实现了混沌系统的同步, 数值仿真验证了这些方法的有效性. 当然, 这些分析方法也可适用于其他混沌系统的同步控制研究, 从而说明了本章的分析方法具有普适性.

第 5 章　混沌系统的有限时间同步

5.1　引　　言

在实际工程中, 往往需要在有限的时间内对动态系统进行控制. 从控制系统时间优化的角度来看, 复杂系统的有限时间收敛是时间最优控制方法之一. 由于有限时间控制器中的分数次幂, 有限时间控制理论越来越具有收敛性能最优的优点, 与非有限时间控制相比, 复杂系统的有限时间控制具有更好的鲁棒性和抗干扰性能. 复杂系统的有限时间控制比复杂系统的无限收敛具有更大的实用价值[139-140]. 当然, 由于复杂系统的有限时间控制方法所获得收敛时间的界容易受到系统初值的影响, 从而不利于解决实际问题[141]. 为了克服有限时间控制的局限性, Polyakov 提出了动力系统的固定时间稳定性方法, 固定时间控制方法所获得收敛时间的界不依赖于动态系统的初值[142]. 现在, 不论是有限时间控制, 还是固定时间控制, 由于它们在许多领域有很好的应用, 使得动力系统的有限时间控制和固定时间控制越来越受到重视[143-146], 因此, 进一步提出新的、有效的动态系统有限时间或固定时间稳定性判据具有重要的理论意义和实际意义.

本章主要讨论混沌系统的一般有限时间同步、混沌系统的有限时间有界同步、混沌系统的固定时间同步、混沌系统修改的固定时间同步等.

5.2　混沌系统的一般有限时间同步[147]

本节给出了动力系统的一般有限时间同步准则.

5.2.1　理论分析

下面给出一些必要的假设和引理.

假设 5.1　我们假定 f 满足 Lipschitz 条件 $|f(y(t))-f(x(t))|\leqslant \mu\,|y(t)-x(t)|$, $\mu\in R^{+}$.

引理 5.1[140]　假设连续正定函数 $V(t)$ 满足下列微分不等式

$$\dot{V}(t)\leqslant lV(t)-kV^{\eta}(t),\quad t\geqslant t_0,\quad V(t_0)\geqslant 0,$$

其中 $l>0$, $0<\eta<1$, $k(t)>0$.

那么, 当 $V^{1-\eta}(t_0) < \frac{k}{l}$ 时, 有下列结论

$$V(t) \leqslant e^{l(t-t_0)}\left[V^{1-\eta}(t_0) - \frac{k}{l} + \frac{k}{l}e^{-l(1-\eta)(t-t_0)}\right]^{1/(1-\eta)}, \quad t_0 \leqslant t \leqslant t_1,$$

$$V(t) = 0, \quad t > t_1,$$

并且

$$t_1 = t_0 + \frac{1}{l(\eta-1)}\ln\left(1 - \frac{l}{k}V^{1-\eta}(t_0)\right). \tag{5.1}$$

引理 5.2[144] 假设连续正定函数 $V(t)$ 满足下列微分不等式

$$\dot{V}(t) \leqslant -lV(t) - kV^{\eta}(t), \quad t \geqslant t_0, \quad V(t_0) \geqslant 0,$$

其中 $l > 0$, $0 < \eta < 1$, $k(t) > 0$. 当 $V^{1-\eta}(t_0) < \frac{k}{l}$ 时, 对于任意给定的 t_0, $V(t)$ 满足下面的不等式

$$V(t) \leqslant e^{l(t-t_0)}\left[V^{1-\eta}(t_0) + \frac{k}{l} - \frac{k}{l}e^{-l(1-\eta)(t-t_0)}\right]^{1/(1-\eta)}, \quad t_0 \leqslant t \leqslant t_1,$$

且当 $\forall t > t_1$ 时, $V(t) \equiv 0$,

$$t_1 = t_0 + \frac{1}{l(1-\eta)}\ln\left(1 + \frac{l}{k}V^{1-\eta}(t_0)\right). \tag{5.2}$$

为了进一步说明有限时间稳定性, 下面给出了一个新的引理.

引理 5.3 假设连续正定函数 $V(t)$ 满足下列微分不等式

$$\dot{V}(t) \leqslant l(t)V(t) - k(t)V^{\eta}(t), \quad t \geqslant t_0, \quad V(t_0) \geqslant 0,$$

其中 $k(t) > 0$, $l(t)$ 是两个函数, $0 < \eta < 1$. 对于任意给定的 t_0, $V(t)$ 满足下面的不等式

$$V(t) \leqslant e^{\int_{t_0}^{t} l(\tau)\mathrm{d}\tau}\left[V^{1-\eta}(t_0) - (1-\eta)\int_{t_0}^{t} k(s)e^{-(1-\eta)\int_{t_0}^{s} l(\tau)\mathrm{d}\tau}\mathrm{d}s\right]^{1/(1-\eta)}, \quad t_0 \leqslant t \leqslant t_1,$$

且当 $\forall t > t_1$ 时, $V(t) \equiv 0$,

$$\int_{t_0}^{t_1} k(s)e^{-(1-\eta)\int_{t_0}^{s} l(\tau)\mathrm{d}\tau}\mathrm{d}s = \frac{1}{1-\eta}V^{1-\eta}(t_0). \tag{5.3}$$

证明 考虑以下微分方程

$$\dot{w}(t) = l(t)w(t) - k(t)w^{\eta}(t), \tag{5.4}$$

具有初值

$$w(t_0) = V(t_0).$$

把式 (5.4) 的两边乘以 $w^{-\eta}(t)$, 我们得到

$$\frac{1}{1-\eta}\dot{z}(t) = l(t)z(t) - k(t), \tag{5.5}$$

其中 $z(t) = w^{1-\eta}(t)$. 通过使用常数变易法, 对所有 $t \leqslant t_0$, 考虑到 $w(t) \geqslant 0$, 从 (5.5) 得出

$$z(t) = e^{(1-\eta)\int_{t_0}^{t} l(\tau)\mathrm{d}\tau}\left[z(t_0) - (1-\eta)\int_{t_0}^{t} k(s)e^{-(1-\eta)\int_{t_0}^{s} l(\tau)\mathrm{d}\tau}\mathrm{d}s\right],$$

因此

$$w(t)=e^{\int_{t_0}^{t} l(\tau)\mathrm{d}\tau}\left[w^{1-\eta}(t_0)-(1-\eta)\int_{t_0}^{t} k(s)e^{-(1-\eta)\int_{t_0}^{s} l(\tau)\mathrm{d}\tau}\mathrm{d}s\right]^{1/(1-\eta)}, \quad t_0\leqslant t\leqslant t_1,$$

并且

$$w(t) = 0, \quad t > t_1.$$

由比较引理[148], 得

$$V(t) \leqslant e^{\int_{t_0}^{t} l(\tau)\mathrm{d}\tau}\left[V^{1-\eta}(t_0) - (1-\eta)\int_{t_0}^{t} k(s)e^{-(1-\eta)\int_{t_0}^{s} l(\tau)\mathrm{d}\tau}\mathrm{d}s\right]^{1/(1-\eta)}, \quad t_0 \leqslant t \leqslant t_1$$

并且当 $\forall t > t_1$ 时, $V(t) \equiv 0$, 时间 t_1 由下面等式获得

$$\int_{t_0}^{t_1} k(s)e^{-(1-\eta)\int_{t_0}^{s} l(\tau)\mathrm{d}\tau}\mathrm{d}s = \frac{1}{(1-\eta)}V^{1-\eta}(t_0).$$

注释 5.1 假如 $l(t) = 0, k(t) = c_1 > 0$, 引理 5.3 就变为引理 4.4. 假如 $l(t) = c_2 > 0$, $k(t) = c_1 > 0$, 引理 5.3 就变为引理 5.1. 假如 $l(t) = c_2 < 0, k(t) = c_1 > 0$, 引理 5.3 就变为引理 5.2. 因此, 引理 5.3 的结论包含了引理 4.4、引理 5.1、引理 5.2 的结论.

注释 5.2 在式 (5.3) 中, 假如 $k(t) = 2ct + c$, $l(t) = 0$, $t_0 = 0$, 那么

$$t_1 + t_1^2 = \frac{V^{1-\eta}(0)}{c(1-\eta)},$$

即

$$t_1 = \sqrt{\frac{1}{4} + \frac{V^{1-\eta}(0)}{c(1-\eta)}} - \frac{1}{2}.$$

由于

$$t_1=\sqrt{\frac{1}{4}+\frac{V^{1-\eta}(0)}{c(1-\eta)}}-\frac{1}{2}<\frac{V^{1-\eta}(0)}{c(1-\eta)},$$

因此, 通过选择适当的函数 $k(t)$, 引理 5.3 的收敛时间可以比引理 5.2 更快.

由注释 5.2 可以看出, 表达式 (5.3) 的同步时间比文献 [134, 144] 的同步时间短.

注释 5.3　对于表达式 (5.3), 如果 $k(t)=e^{-L(t-t_0)}$, $l(t)=L$, 那么

$$\int_{t_0}^{t_1} e^{-L(s-t_0)}e^{-(1-\eta)L(s-t_0)}\mathrm{d}s=\frac{1}{(1-\eta)}V^{1-\eta}(t_0),$$

即

$$t_1=t_0-\frac{1}{(2-\eta)L}\ln\left(1-\frac{(2-\eta)L}{(1-\eta)}V^{1-\eta}(t_0)\right).$$

当 $k(t)$ 和 $l(t)$ 选择两个适当的函数时, 我们可以得到同步时间的具体表达式.

注释 5.4　虽然引理 5.3 的结果没有现有文献中的结果那么保守, 但可进一步改进. 例如, 在表达式 (5.3) 中, 为了保证 t_1 是有界的, $k(t)$ 和 $l(t)$ 应该选取适当的函数. 否则, 表达式 (5.3) 不能保证是有界的. 举例来说, $k(t)=\dfrac{1}{t^2}, l(t)=0, t_0=1, \dfrac{1}{1-\eta}V^{1-\eta}(t_0)=1$, 我们可以得到 $t_1\to\infty$. 此外, 该结果是一个充分条件.

由引理 4.4, 我们得到推论 5.1.

推论 5.1　假设连续正定函数 $V(t)$ 满足下列微分不等式

$$\dot{V}(t)\leqslant-(c+k(t))V^{\eta}(t),\quad t\geqslant t_0,\quad V(t_0)\geqslant 0,$$

其中 $0<\eta<1$, $g'(t)=k(t)$, $k(t)\geqslant 0$ (或 $k(t)<0$, $|k(t)|<c$). 对于任意给定的 t_0, $V(t)$ 满足下面的不等式

$$V^{1-\eta}(t)\leqslant V^{1-\eta}(t_0)-c(1-\eta)(t-t_0)-(1-\eta)\int_{t_0}^{t}k(s)\mathrm{d}s,\quad t_0\leqslant t\leqslant t_1,$$

并且当 $\forall t>t_1$, $V(t)\equiv 0$, 时间 t_1 由下面等式获得

$$ct_1+g(t_1)=ct_0+g(t_0)+\frac{V^{1-\eta}(t_0)}{1-\eta}. \tag{5.6}$$

证明过程类似于引理 5.3, 这里省略.

注释 5.5 当 $k(t)$ 为常数并且 $|k(t)| < c$ 时, 推论 5.1 的结论类似于引理 4.4 的结论.

注释 5.6 假如设 $k(t)=0$, 推论 5.1 就变为引理 4.4.

注释 5.7 在式 (5.6) 中, 假如 $g(t)=ct^2$, $t_0=0$, 那么

$$t_1+t_1^2=\frac{V^{1-\eta}(0)}{c(1-\eta)},$$

即

$$t_1=\sqrt{\frac{1}{4}+\frac{V^{1-\eta}(0)}{c(1-\eta)}}-\frac{1}{2}.$$

由于

$$t_1=\sqrt{\frac{1}{4}+\frac{V^{1-\eta}(0)}{c(1-\eta)}}-\frac{1}{2}<\frac{V^{1-\eta}(0)}{c(1-\eta)}.$$

因此, 通过选择适当的函数 $g(t)$, 推论 5.1 的收敛时间可以比引理 4.4 收敛更快.

定理 5.1 在假设 5.1 的条件下, 如果存在 $\mu < p$, 那么驱动系统和响应系统

$$\begin{cases}\dot{x}=f(x),\\ \dot{y}=f(y)+U\end{cases}\tag{5.7}$$

可以使用以下控制器实现有限时间同步

$$U=-pe-\frac{1}{2}(c+k(t))\mathrm{sign}(e(t))\,|e(t)|^{\xi},\quad 0<\xi<1,\tag{5.8}$$

其中 $x=(x_1,x_2,\cdots,x_n)^{\mathrm{T}}$, $y=(y_1,y_2,\cdots,y_n)^{\mathrm{T}}$, $e=(e_1,e_2,\cdots,e_n)^{\mathrm{T}}$, $f:R^n\to R^n$ 是一个向量函数.

证明 根据推论 5.1, 我们仅需要证明 $\dot{V}(t)+(c+k(t))V^{\eta}(t)\leqslant 0$.

令

$$V(t)=e^{\mathrm{T}}(t)e(t),$$

则

$$\begin{aligned}&\dot{V}(t)+(c+k(t))V^{\eta}(t)\\ =&\,2e^{\mathrm{T}}(t)\dot{e}(t)+(c+k(t))\left(e^{\mathrm{T}}(t)e(t)\right)^{\eta}\\ =&\,2e^{\mathrm{T}}[f(y(t))-f(x(t))+U]+(c+k(t))\left(e^{\mathrm{T}}(t)e(t)\right)^{\eta}\\ =&\,2e^{\mathrm{T}}\left[f(y(t))-f(x(t))-pe-\frac{1}{2}(c+k(t))\mathrm{sign}(e(t))\,|e(t)|^{\xi}\right]+(c+k(t))\left(e^{\mathrm{T}}(t)e(t)\right)^{\eta}\end{aligned}$$

$$
\begin{aligned}
&\leqslant 2\mu e^{\mathrm{T}}e-2pe^{\mathrm{T}}e-(c+k(t))e^{\mathrm{T}}\mathrm{sign}(e(t))\left|e(t)\right|^{\xi}+(c+k(t))\left(e^{\mathrm{T}}(t)e(t)\right)^{\eta}\\
&\leqslant 2\left(\mu-p\right)e^{\mathrm{T}}e-(c+k(t))e^{\mathrm{T}}\mathrm{sign}(e(t))\left|e(t)\right|^{\xi}+(c+k(t))\left(e^{\mathrm{T}}(t)e(t)\right)^{\eta}\\
&=2\left(\mu-p\right)e^{\mathrm{T}}e-(c+k(t))\sum_{i=1}^{n}e_i^{\mathrm{T}}\mathrm{sign}(e_i(t))\left|e_i(t)\right|^{\xi}+(c+k(t))\left(\sum_{i=1}^{n}e_i^{\mathrm{T}}e_i(t)\right)^{\eta}\\
&=2\left(\mu-p\right)e^{\mathrm{T}}e-(c+k(t))\sum_{i=1}^{n}\left|e_i(t)\right|^{\xi+1}+(c+k(t))\left(\sum_{i=1}^{n}e_i^{\mathrm{T}}e_i(t)\right)^{\eta}\\
&=2\left(\mu-p\right)e^{\mathrm{T}}e-(c+k(t))\left(\sum_{i=1}^{n}\left|e_i(t)\right|^{2}\right)^{\frac{\xi+1}{2}}+(c+k(t))\left(\sum_{i=1}^{n}e_i^{\mathrm{T}}e_i(t)\right)^{\eta}.
\end{aligned}
$$

通过选择恰当的 p,η,ξ 使得 $\mu\leqslant p,\ \eta=\dfrac{\xi+1}{2}$. 因此, $\dot{V}(t)+(c+k(t))V^{\eta}(t)\leqslant 0$. 基于推论 5.1, 我们证明了误差系统是有限时间稳定的.

5.2.2　实例分析

设驱动系统为如下的 Lü 混沌系统

$$
\begin{cases}
\dot{x}_1=a_1(x_2-x_1),\\
\dot{x}_2=b_1x_2-x_1x_3,\\
\dot{x}_3=-c_1x_3+x_1x_2.
\end{cases}
$$

响应系统为如下受控的 Lü 混沌系统

$$
\begin{cases}
\dot{y}_1=a_1(y_2-y_1)+u_1,\\
\dot{y}_2=b_1y_2-y_1y_3+u_2,\\
\dot{y}_3=-c_1y_3+y_1y_2+u_3.
\end{cases}
$$

控制器为

$$
\begin{cases}
u_1=-pe_1-\dfrac{1}{2}(c+k(t))\mathrm{sign}\left(e_1(t)\right)\left|e_1(t)\right|^{\xi},\\[2ex]
u_2=-pe_2-\dfrac{1}{2}(c+k(t))\mathrm{sign}\left(e_2(t)\right)\left|e_2(t)\right|^{\xi},\\[2ex]
u_3=-pe_3-\dfrac{1}{2}(c+k(t))\mathrm{sign}\left(e_3(t)\right)\left|e_3(t)\right|^{\xi}.
\end{cases}
$$

对于数值模拟, 假设参数给分别为 $k(t)=g'(t)=2ct,\ c=8,\ p=15,\ \xi=0.5$, 并且初值为 $(-0.5,1,2),(0.5,3,4)$, 同步误差的演变如图 5-1 所示.

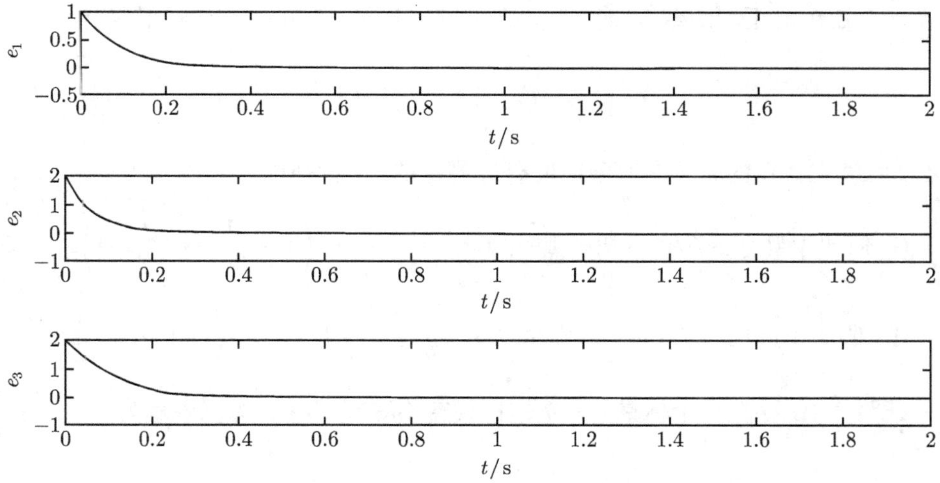

图 5-1 误差演化图

5.3 混沌系统的有限时间有界同步[149]

本节讨论了混沌系统的有限时间有界同步问题, 在有限时间同步过程中, 两个混沌系统的误差是有界的. 最后, 数值算例验证了本节的理论结果.

5.3.1 理论分析

引理 5.4[144] 考虑下面的动力系统

$$\dot{x} = f(x(t)), \quad f(0) = 0, \quad x \in R^n, \quad x(0) = x_0. \tag{5.9}$$

假设一个连续的正定函数 $V(x)$ 满足以下微分不等式:

$$\dot{V}(x) \leqslant -lV(x) - kV^{\eta}(x), \quad l > 0, \quad k > 0, \quad 0 < \eta < 1.$$

那么, 系统 (5.9) 在原点是有限时间稳定的, 系统 (5.9) 收敛时间 $T_x(x_0)$ 满足

$$T_x(x_0) \leqslant \frac{1}{l(1-\eta)} \ln\left(1 + \frac{l}{k}V^{1-\eta}(x_0)\right).$$

基于引理 5.4, 本节提出了以下定理.

定理 5.2 考虑下面的动力系统

$$\dot{x} = f(x(t)), \quad f(0) = 0, \quad x \in R^n, \quad x(0) = x_0. \tag{5.10}$$

假设一个连续的正定函数 $V(x)$, $l>0$, $0<\eta<1$, $k>0$, $0<\beta<\infty$ 满足

$$\dot{V}(x) \leqslant -lV(x) - kV^{\eta}(x) + \beta. \tag{5.11}$$

那么, 系统 (5.10) 的轨迹是有限时间有界稳定的, 也就是说

(i) 假如 $V^{\eta}(x) > \beta/(1-\theta)k$, 那么 $T \leqslant \dfrac{1}{l(1-\eta)} \ln\left(1 + \dfrac{l}{\theta_0 k} V^{1-\eta}(x_0)\right)$.

(ii) 假如 $V(x) > \beta/(1-\theta)l$, 那么 $T \leqslant \dfrac{1}{l\theta_0(1-\eta)} \ln\left(1 + \dfrac{l\theta_0}{k} V^{1-\eta}(x_0)\right)$.

证明　(i) 存在一个标量 $0<\theta\leqslant 1$, 使得不等式 (5.11) 可以表示为

$$\dot{V}(x) \leqslant -lV(x) - \theta kV^{\eta}(x) - (1-\theta)kV^{\eta}(x) + \beta.$$

显然, 当 $V^{\eta}(x) > \beta/(1-\theta)k$ 时, $\dot{V}(x) \leqslant -lV(x) - \theta kV^{\eta}(x)$. 根据引理 5.4, 在有限时间内, 闭环系统的轨迹属于

$$V^{\eta}(x) \leqslant \frac{\beta}{(1-\theta)k}.$$

因此, 闭环系统的轨迹在有限时间内被限定在

$$\lim_{\theta\to\theta_0} x \in \left(V^{\eta}(x) \leqslant \frac{\beta}{(1-\theta)k}\right), \quad 0<\theta_0<1. \tag{5.12}$$

并且达到 (5.12) 所需的时间是有界的, 即

$$T \leqslant \frac{1}{l(1-\eta)} \ln\left(1 + \frac{l}{\theta_0 k} V^{1-\eta}(x_0)\right).$$

(ii) 类似于 (i), 存在一个 $0<\theta\leqslant 1$ 使得不等式 (5.9) 可以表示为

$$\dot{V}(x) \leqslant -\theta lV(x) - kV^{\eta}(x) - (1-\theta)lV(x) + \beta.$$

显然, 当 $V(x) > \beta/(1-\theta)l$ 时, $\dot{V}(x) \leqslant -\theta lV(x) - kV^{\eta}(x)$. 根据引理 5.4, 在有限时间内, 闭环系统的轨迹属于

$$V(x) \leqslant \frac{\beta}{(1-\theta)l}.$$

因此, 闭环系统的轨迹在有限时间内被限定在

$$\lim_{\theta\to\theta_0} x \in \left(V(x) \leqslant \frac{\beta}{(1-\theta)l}\right), \quad 0<\theta_0<1. \tag{5.13}$$

并且达到 (5.13) 所需的时间是有界的, 即

$$T \leqslant \frac{1}{l\theta_0(1-\eta)} \ln\left(1+\frac{l\theta_0}{k}V^{1-\eta}(x_0)\right).$$

注释 5.8 令 $V(x(t))=\frac{1}{2}e^{\mathrm{T}}(x(t))e(x(t))$, 基于定理 5.2, 对于 $T_x(x_0)$, 我们得出的结论如下:

(i) $V^{\eta}(x(t))=\left(\frac{1}{2}\|e(x(t))\|^2\right)^{\eta} \leqslant \frac{\beta}{(1-\theta_0)k}$, 即 $\|e(x(t))\| \leqslant \sqrt{2}\left[\frac{\beta}{(1-\theta_0)k}\right]^{\frac{1}{2\eta}}$. 因此, 误差系统 $e(x(t))$ 是有界的;

(ii) $V(x(t))=\frac{1}{2}\|e(x(t))\|^2 \leqslant \frac{\beta}{(1-\theta_0)l}$, 即 $\|e(x(t))\| \leqslant \sqrt{\frac{2\beta}{(1-\theta_0)l}}$. 因此, 误差系统 $e(x(t))$ 也是有界的.

注释 5.9 当 $\beta=0$ 时, 定理 5.2 就变为引理 5.4.

定理 5.3 在假设 5.1 的条件下, 如果存在 $\mu<p-l$, 那么驱动系统和响应系统

$$\begin{cases} \dot{x}=f(x), \\ \dot{y}=f(y)+U \end{cases} \tag{5.14}$$

可以使用以下控制器实现有限时间有界同步

$$U=\begin{cases} -pe-\frac{1}{2}k\mathrm{sign}(e(t))\,|e(t)|^{\xi}+\frac{\beta e}{e^{\mathrm{T}}e}, & 0<\xi<1, e\neq 0, \\ 0, & e=0, \end{cases} \tag{5.15}$$

其中 $x=(x_1,x_2,\cdots,x_n)^{\mathrm{T}}$, $y=(y_1,y_2,\cdots,y_n)^{\mathrm{T}}$, $e=(e_1,e_2,\cdots,e_n)^{\mathrm{T}}$, $f:R^n\to R^n$ 是一个向量函数.

证明 根据定理 5.2, 我们仅需要证明 $\dot{V}(x)+lV(x)+kV^{\eta}(x)\leqslant\beta$.

令

$$V(t)=e^{\mathrm{T}}(t)e(t),$$

则

$$\begin{aligned}
&\dot{V}(x)+lV(x)+kV^{\eta}(x) \\
=&2e^{\mathrm{T}}(t)\dot{e}(t)+l\left(e^{\mathrm{T}}(t)e(t)\right)+k\left(e^{\mathrm{T}}(t)e(t)\right)^{\eta} \\
=&2e^{\mathrm{T}}[f(y(t))-f(x(t))+U]+l\left(e^{\mathrm{T}}(t)e(t)\right)+k\left(e^{\mathrm{T}}(t)e(t)\right)^{\eta}
\end{aligned}$$

$$
\begin{aligned}
&= 2e^{\mathrm{T}}\left[f(y(t)) - f(x(t)) - pe - \frac{1}{2}k\mathrm{sign}(e(t))\left|e(t)\right|^{\xi} + \frac{\beta e}{e^{\mathrm{T}}e}\right] \\
&\quad + l\left(e^{\mathrm{T}}(t)e(t)\right) + k\left(e^{\mathrm{T}}(t)e(t)\right)^{\eta} \\
&\leqslant 2\mu e^{\mathrm{T}}e - 2pe^{\mathrm{T}}e - ke^{\mathrm{T}}\mathrm{sign}(e(t))\left|e(t)\right|^{\xi} + l\left(e^{\mathrm{T}}(t)e(t)\right) + k\left(e^{\mathrm{T}}(t)e(t)\right)^{\eta} + \beta \\
&\leqslant 2\left(\mu - p + l\right)e^{\mathrm{T}}e - ke^{\mathrm{T}}\mathrm{sign}(e(t))\left|e(t)\right|^{\xi} + k\left(e^{\mathrm{T}}(t)e(t)\right)^{\eta} + \beta \\
&= 2\left(\mu - p + l\right)e^{\mathrm{T}}e - k\sum_{i=1}^{n} e_i^{\mathrm{T}}\mathrm{sign}(e_i(t))\left|e_i(t)\right|^{\xi} + k\left(\sum_{i=1}^{n} e_i^{\mathrm{T}}e_i(t)\right)^{\eta} + \beta \\
&= 2\left(\mu - p + l\right)e^{\mathrm{T}}e - k\sum_{i=1}^{n}\left|e_i(t)\right|^{\xi+1} + k\left(\sum_{i=1}^{n} e_i^{\mathrm{T}}e_i(t)\right)^{\eta} + \beta \\
&= 2\left(\mu - p + l\right)e^{\mathrm{T}}e - k\left(\sum_{i=1}^{n}\left|e_i(t)\right|^{2}\right)^{\frac{\xi+1}{2}} + k\left(\sum_{i=1}^{n} e_i^{\mathrm{T}}e_i(t)\right)^{\eta} + \beta.
\end{aligned}
$$

通过选择恰当的 p, η, ξ 使得 $\mu < p - l, \eta = \dfrac{\xi + 1}{2}$. 因此, $\dot{V}(x) + lV(x) + kV^{\eta}(x) \leqslant \beta$. 基于定理 5.2, 我们证明了误差系统是有限时间有界稳定的.

5.3.2 实例分析

设驱动系统为如下的 Lü 混沌系统

$$
\begin{cases}
\dot{x}_1 = a_1(x_2 - x_1), \\
\dot{x}_2 = b_1x_2 - x_1x_3, \\
\dot{x}_3 = -c_1x_3 + x_1x_2.
\end{cases}
$$

响应系统为如下受控 Lü 混沌系统

$$
\begin{cases}
\dot{y}_1 = a_1(y_2 - y_1) + u_1, \\
\dot{y}_2 = b_1y_2 - y_1y_3 + u_2, \\
\dot{y}_3 = -c_1y_3 + y_1y_2 + u_3.
\end{cases}
$$

控制器为

$$
\begin{cases}
u_1 = -pe_1 - \dfrac{1}{2}k\mathrm{sign}\left(e_1(t)\right)\left|e_1(t)\right|^{\xi} + \dfrac{\beta e_1}{e_1^2 + e_2^2 + e_3^2}, \\
u_2 = -pe_2 - \dfrac{1}{2}k\mathrm{sign}\left(e_2(t)\right)\left|e_2(t)\right|^{\xi} + \dfrac{\beta e_2}{e_1^2 + e_2^2 + e_3^2}, \\
u_3 = -pe_3 - \dfrac{1}{2}k\mathrm{sign}\left(e_3(t)\right)\left|e_3(t)\right|^{\xi} + \dfrac{\beta e_3}{e_1^2 + e_2^2 + e_3^2}.
\end{cases}
$$

对于数值模拟, 假设参数分别为 $k = 10$, $c = 8$, $p = 60$, $l = 1$, $\xi = 0.5$, 并且初值为 $(10, 5, 7), (1, 2, 5)$, 同步误差的演变如图 5-2 所示.

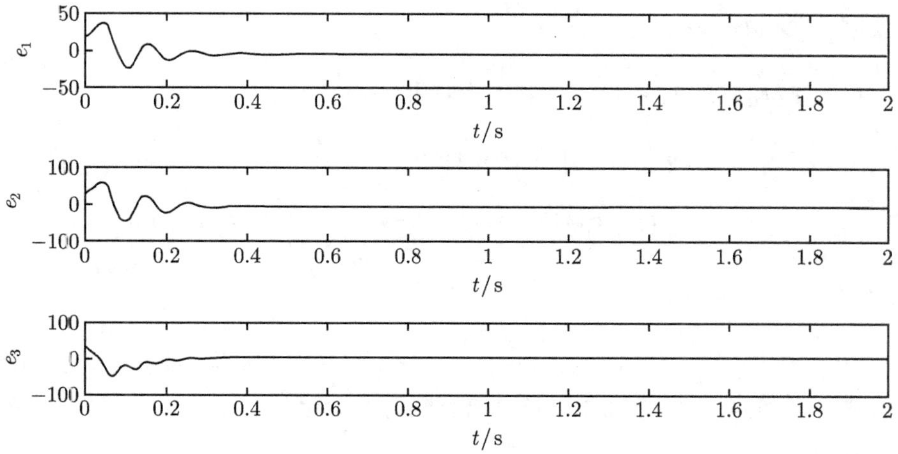

图 5-2 误差演化图

5.4 混沌系统的固定时间同步[150-153]

本节给出了动力系统的几个固定时间稳定性准则, 根据固定时间稳定性准则, 给出了混沌系统的固定时间同步的条件, 数值仿真验证了结论的有效性.

5.4.1 理论分析

引理 5.5[142] 如果存在连续的径向无界函数 $V: R^n \to R_+ \cup \{0\}$ 满足

(1) $V(x) = 0 \Rightarrow x \in M$;

(2) 对于 $\dot{x} = g(t,x), x(0) = x_0$ 任意解 $x(t)$ 满足不等式

$$\dot{V}(x(t)) \leqslant -(aV^{\theta}(x(t)) + bV^{\delta}(x(t)))^k,$$

其中 $a, b, \theta, \delta, k > 0$, $\theta k < 1, \delta k > 1$, 那么, 集合 $M \subset R^n$ 是动力系统 $\dot{x} = g(t,x), x(0) = x_0$ 的固定时间吸引域, 并且

$$T(x_0) \leqslant \frac{1}{a^k(1-\theta k)} + \frac{1}{b^k(\delta k - 1)}, \quad \forall x_0 \in R^n.$$

定理 5.4 对于下列微分方程

$$\dot{u} = -\left(au^{\theta} + bu^{\delta + k^{-1}\mathrm{sign}(|u|-1)}\right)^k, \tag{5.16}$$

其中 $a, b, \delta, \theta, k > 0$, $k\theta < 1$, $\delta k > 1 + k\theta$. 那么, 系统 (5.16) 是固定时间稳定的, 并且

$$T < \frac{1}{b^k \delta k} + \frac{1}{a^k(1-k\theta)}. \tag{5.17}$$

证明 令 $\nu(u)=u^2$, 那么

$$\begin{aligned}\dot{\nu}(u)&=-2u\left(au^{\theta}+bu^{\delta+k^{-1}\mathrm{sign}(|u|-1)}\right)^k\\&=-2\left(a+bu^{\delta+k^{-1}\mathrm{sign}(|u|-1)-\theta}\right)^k u^{k\theta+1}\\&=-2\left(b(u^2)^{\left(\delta+k^{-1}\mathrm{sign}(|u|-1)-\theta\right)/2}+a\right)^k (u^2)^{(k\theta+1)/2}\\&=-2\left(b\nu^{\left(\delta+k^{-1}\mathrm{sign}(|u|-1)-\theta\right)/2}+a\right)^k \nu^{(k\theta+1)/2},\end{aligned}\tag{5.18}$$

当 $b\nu^{\left(\delta+k^{-1}\mathrm{sign}(|u|-1)-\theta\right)/2}>0$ 时, $\dot{\nu}(u)<-2a^k\nu^{(k\theta+1)/2}$. 因此, 对于 $0<2^{-1}(k\theta+1)<1$, 基于引理 4.4, 系统 (5.16) 是全局有限时间稳定的.

由式 (5.18), 有

$$\frac{1}{\nu^{(k\theta+1)/2}}\frac{\mathrm{d}\nu}{\mathrm{d}t}=-2\left(b\nu^{\left(\delta+k^{-1}\mathrm{sign}(|u|-1)-\theta\right)/2}+a\right)^k,$$

即

$$\frac{2}{1-k\theta}\frac{\mathrm{d}\nu^{(1-k\theta)/2}}{\mathrm{d}t}=-2\left(b\nu^{\frac{1}{2}\left(\delta+k^{-1}\mathrm{sign}(|u|-1)-\theta\right)}+a\right)^k.\tag{5.19}$$

令 $\varpi=\nu^{(1-k\theta)/2}$, 方程式 (5.19) 可写为

$$\frac{\mathrm{d}\varpi}{\mathrm{d}t}=-(1-k\theta)\left(b\varpi^{(\delta+k^{-1}\mathrm{sign}(|u|-1)-\theta)/(1-k\theta)}+a\right)^k,$$

即

$$\frac{1}{\left(b\varpi^{(\delta+k^{-1}\mathrm{sign}(|u|-1)-\theta)/(1-k\theta)}+a\right)^k}\mathrm{d}\varpi=-(1-k\theta)\,\mathrm{d}t.$$

令 $\Re(\omega)=\displaystyle\int_0^{\omega}\frac{1}{(b\varpi^{(\delta+k^{-1}\mathrm{sign}(|u|-1)-\theta)/(1-k\theta)}+a)^k}\mathrm{d}\varpi$, 那么

$$\Re(\omega(t))=\Re(\omega(0))-(1-k\theta)\,t.$$

由于 $\Re(\omega)$ 是单调递增函数, 当 $t\to T(u_0)$ 时, $\Re(\omega)=0\Leftrightarrow\omega=0$, 这意味着 $\nu=0$. 因此

$$\lim_{t\to T(u_0)}\nu=0,$$

其中 $T(u_0)$ 表示时间函数, 满足

$$T(u_0)=\frac{1}{1-k\theta}\Re(\omega(0)).$$

因此, 可以证明 $T(u_0)$ 是有界的, 并且

$$\lim_{u_0\to\infty}T(u_0)=\lim_{\omega_0\to\infty}\frac{1}{1-k\theta}\Re(\omega(0))$$

$$= \lim_{\omega_0 \to \infty} \frac{1}{1-k\theta} \int_0^{\omega_0} \frac{1}{(b\varpi^{(\delta+k^{-1}\text{sign}(|u|-1)-\theta)/(1-k\theta)}+a)^k} \mathrm{d}\varpi. \quad (5.20)$$

在 (5.20) 中, 假如 $|u|<1$, $1-k\theta>0$, 那么 $\varpi=u^{1-k\theta}\in(0,1)$, 假如 $|u|>1$, 那么 $\varpi=u^{1-k\theta}>1$. 因此

$$\begin{aligned}
&\lim_{u_0\to\infty} T(u_0)\\
\leqslant& \lim_{\omega_0\to\infty}\frac{1}{1-k\theta}\left(\int_1^{\omega_0}\frac{1}{(b\varpi^{(\delta+1/k-\theta)/(1-k\theta)}+a)^k}\mathrm{d}\varpi+\int_0^1\frac{1}{(b\varpi^{(\delta-1/k-\theta)/(1-k\theta)}+a)^k}\mathrm{d}\varpi\right)\\
\leqslant& \lim_{\omega_0\to\infty}\frac{1}{1-k\theta}\left(\int_1^{\omega_0}\frac{1}{(b\varpi^{(\delta+1/k-\theta)/(1-k\theta)}+a)^k}\mathrm{d}\varpi+\int_0^1\frac{1}{a^k}\mathrm{d}\varpi\right)\\
<& \lim_{\omega_0\to\infty}\frac{1}{1-k\theta}\left(\int_1^{\omega_0}\frac{1}{b^k\varpi^{(k\delta+1-k\theta)/(1-k\theta)}}\mathrm{d}\varpi\right)+\frac{1}{1-k\theta}\frac{1}{a^k}.
\end{aligned}$$

对于 $\varpi>1$, 我们有

$$\lim_{\omega_0\to\infty}\int_1^{\omega_0}\frac{1}{\varpi^{(k\delta+1-k\theta)/(1-k\theta)}}\mathrm{d}\varpi<\frac{1}{(k\delta+1-k\theta)/(1-k\theta)-1},$$

那么

$$\begin{aligned}
\lim_{u_0\to\infty} T(u_0) &< \frac{1}{1-k\theta}\left(\frac{1}{b^k[k\delta/(1-k\theta)]}\right)+\frac{1}{1-k\theta}\frac{1}{a^k}\\
&=\frac{1}{b^k\delta k}+\frac{1}{a^k}\frac{1}{1-k\theta}.
\end{aligned}$$

显然, $\nu(u(t))=0$ 意味着 $u(t)=0$.

注释 5.10 当系统 (5.16) 固定时间稳定时, $u(t)\to 0$, $t\to T$, $T\in R^+$. 因此, $|u|-1<0$. 当文献 [142] 中引理 4.3 的参数重新表示为 $\delta k+\text{sign}(|u|-1)>1$ 时, 得到 $\delta k>2$. 在定理 5.4 中 $\delta k>1+k\theta$, 由于 $k\theta<1$, 因此, 定理 5.4 中的参数 δk 范围大于文献 [142] 中的引理 1, 也就是说, 定理 5.4 稳定时间的估计比文献 [142] 中的引理 1 保守性更低.

注释 5.11 利用本节中的参数, 将 [142] 引理 1 中系统稳定的固定时间重新表示为 $\left(a^k(1-\theta k)\right)^{-1}+\left(b^k(\delta k+\text{sign}(|u|-1)-1)\right)^{-1}$. 由于 $(b^k(\delta k+\text{sign}(|u|-1)-1))^{-1}=\left(b^k(\delta k-2)\right)^{-1}$, 因此 $\left(b^k\delta k\right)^{-1}+\left(a^k(1-k\theta)\right)^{-1}<\left(a^k(1-\theta k)\right)^{-1}+(b^k(\delta k-2))^{-1}$. 因此, 定理 5.4 给出的固定时间稳定系统比文献 [142] 中引理 1 的收敛时间更短.

注释 5.12 当 $k=1$ 时, $\dot{u}=-\left(au^\theta+bu^{\delta+k^{-1}\text{sign}(|u|-1)}\right)^k$ 变为 $\dot{u}=-au^\theta-bu^{\delta+\text{sign}(|u|-1)}$, 那么, 定理 5.4 就简化为文献 [145] 中的引理 1.

当 $\theta=0$ 时, 我们有推论 5.2.

推论 5.2　对于下列微分方程

$$\dot{u} = -\left(bu^{\delta+k^{-1}\mathrm{sign}(|u|-1)} + a\right)^k, \tag{5.21}$$

其中 $a, b, \delta, k > 0$, $\delta - k^{-1} > 0$. 那么, 系统 (5.21) 是固定时间稳定的, 且

$$T < \frac{1}{a^k} + \frac{1}{b^k \delta k}. \tag{5.22}$$

证明　设 $\nu(u) = u^2$, 那么

$$\frac{\mathrm{d}\nu^{1/2}}{\mathrm{d}t} = -2\left(b\nu^{2^{-1}(\delta+k^{-1}\mathrm{sign}(|u|-1))} + a\right)^k.$$

令 $Q = \nu^{1/2}$, 则

$$\frac{\mathrm{d}Q}{\mathrm{d}t} = -2\left(bQ^{(\delta+k^{-1}\mathrm{sign}(|u|-1))} + a\right)^k.$$

与定理 5.3 的证明类似, 收敛时间的上界可以估计为

$$\lim_{u_0\to\infty} T(u_0) = \lim_{Q_0\to\infty}\int_0^{Q_0}\left(bQ^{(\delta+k^{-1}\mathrm{sign}(|u|-1))} + a\right)^{-k}\mathrm{d}Q. \tag{5.23}$$

在 (5.23) 中, 假如 $|u| < 1$, 那么 $Q = \nu^{1/2} = |u| \in (0,1)$, 假如 $|u| > 1$, 那么 $Q = \nu^{1/2} = |u| > 1$. 因此

$$\begin{aligned}
\lim_{u_0\to\infty} T(u_0) &= \lim_{Q_0\to\infty}\left(\int_0^1\left(bQ^{\delta-k^{-1}} + a\right)^{-k}\mathrm{d}Q + \int_1^{Q_0}\left(bQ^{\delta+k^{-1}} + a\right)^{-k}\mathrm{d}Q\right)\\
&\leqslant \lim_{Q_0\to\infty}\left(\int_0^1 a^{-k}\mathrm{d}Q + \int_1^{Q_0}\left(bQ^{\delta+k^{-1}}\right)^{-k}\mathrm{d}Q\right)\\
&= a^{-k} + \left(b^k\delta k\right)^{-1}.
\end{aligned}$$

注释 5.13　根据文献 [142] 中的定理 1, 参数重新表示为 $\left(\delta - k^{-1}\right)k - 1 > 0$, 这在文献 [142] 中是必需的条件, 然而, 在推论 5.2 中, 条件放宽到 $\delta - k^{-1} > 0$. 因此, 推论 5.2 收敛时间的估计保守性是较少的.

当 $\delta = 0$ 时, 我们有推论 5.3.

推论 5.3　对于下列微分方程:

$$\dot{u} = \begin{cases} -\left(bu^{k^{-1}\mathrm{sign}(|u|-1)} + au^{\theta}\right)^k, & u \neq 0,\\ 0, & u = 0,\end{cases} \tag{5.24}$$

其中 $a, b, k > 0$, $k\theta - 1 > 0$. 那么, 系统 (5.24) 是固定时间稳定的, 并且

$$T < \frac{1}{a^k(k\theta-1)\exp\{(k\theta-1)/2\}}. \tag{5.25}$$

证明 设 $\nu(u)=u^2$, 那么

$$\frac{\mathrm{d}\ln\nu}{\mathrm{d}t}=-2\left(b\nu^{2^{-1}k^{-1}(\mathrm{sign}(|u|-1)-1)}+a\nu^{2^{-1}(\theta-k^{-1})}\right)^k.$$

令 $Q=\ln\nu$, 则

$$\frac{\mathrm{d}Q}{\mathrm{d}t}=-2\left(b\exp\left\{2^{-1}k^{-1}Q(\mathrm{sign}(|u|-1)-1)\right\}+a\exp\left\{2^{-1}Q(\theta-k^{-1})\right\}\right)^k.$$

与推论 5.2 的证明类似, 收敛时间的上界可以估计为

$$\lim_{u_0\to\infty}T(u_0)=\lim_{Q_0\to\infty}\frac{1}{2}\int_0^{Q_0}\left(be^{\left\{\frac{1}{2k}Q(\mathrm{sign}(|u|-1)-1)\right\}}+ae^{\left\{\frac{1}{2}Q(\theta-k^{-1})\right\}}\right)^{-k}\mathrm{d}Q. \quad (5.26)$$

在 (5.26) 中, 假如 $|u|<1$, 那么 $Q=\ln u^2<0$, 假如 $|u|>1$, 那么 $Q=\ln u^2>0$. 因此

$$\begin{aligned}\lim_{u_0\to\infty}T(u_0)&=\lim_{Q_0\to\infty}\frac{1}{2}\left(\int_0^{Q_0}\left(b+a\exp\left\{2^{-1}Q(\theta-k^{-1})\right\}\right)^{-k}\mathrm{d}Q\right)\\&\leqslant\lim_{Q_0\to\infty}\frac{1}{2}\left(\int_0^{Q_0}\left(a\exp\left\{2^{-1}Q(\theta-k^{-1})\right\}\right)^{-k}\mathrm{d}Q\right).\end{aligned}$$

当 $k\theta-1>0$ 时, 有

$$\lim_{u_0\to\infty}T(u_0)<\left(a^k(k\theta-1)\exp\left\{(k\theta-1)/2\right\}\right)^{-1}.$$

注释 5.14 当 $k\theta-1<0$ 时, 我们可能得不到收敛时间的上界.

引理 5.6 [143] 考虑以下微分方程

$$\dot{y}=-\alpha y^{\frac{m}{n}}-\beta y^{\frac{p}{q}}, \quad (5.27)$$

其中 $\alpha>0,\beta>0$, 并且 m,n,p,q 是正奇数, $m>n,p<q$. 那么, 系统 (5.27) 是固定时间稳定的, 并且

$$T_1<\frac{1}{\alpha}\frac{n}{m-n}+\frac{1}{\beta}\frac{q}{q-p}.$$

引理 5.7 [145] 考虑以下微分方程

$$\dot{y}=-\alpha y^{\frac{1}{2}+\frac{m}{2n}+\left(\frac{m}{2n}-\frac{1}{2}\right)\mathrm{sign}(|y|-1)}-\beta y^{\frac{p}{q}}, \quad (5.28)$$

其中 $\alpha>0$, $\beta>0,m,n,p,q$ 是正奇数, $m>n,p<q$. 那么, 系统 (5.28) 是固定时间稳定的, 并且

$$T_2<\frac{1}{\alpha}\frac{n}{m-n}+\frac{q}{q-p}\frac{1}{\alpha}\ln\left(1+\frac{\alpha}{\beta}\right).$$

定理 5.5　对于下列微分方程

$$\dot{y} = -\alpha y^{1+\frac{m}{n}\mathrm{sign}(|y|-1)} - \beta y^{\frac{p}{q}}, \tag{5.29}$$

其中 $\alpha > 0, \beta > 0$, m, n, p, q 是正奇数, $m > n, p < q$. 那么, 系统 (5.29) 是固定时间稳定的, 并且

$$T < \frac{1}{\alpha}\frac{n}{m} + \frac{q}{q-p}\frac{1}{\alpha}\ln\left(1 + \frac{\alpha}{\beta}\right). \tag{5.30}$$

证明　系统 (5.29) 的微分方程可以改写为

$$\dot{y} = -\alpha y^{1+\frac{m}{n}} - \beta y^{\frac{p}{q}}, \quad |y| > 1, \tag{5.31}$$

$$\dot{y} = -\alpha y^{1-\frac{m}{n}} - \beta y^{\frac{p}{q}}, \quad |y| < 1. \tag{5.32}$$

令 $z = y^{1-\frac{p}{q}}$, 那么 $\dfrac{q}{q-p}\dot{z}y^{\frac{p}{q}} = \dot{y}$, 系统 (5.31) 可以重写为

$$\dot{z} + \frac{q-p}{q}\alpha z^{\frac{q}{q-p}\left(1+\frac{m}{n}-\frac{p}{q}\right)} + \frac{q-p}{q}\beta = 0,$$

即

$$\frac{1}{\beta + \alpha z^{\frac{q}{q-p}\left(1+\frac{m}{n}-\frac{p}{q}\right)}}\mathrm{d}z = -\frac{q-p}{q}\mathrm{d}t. \tag{5.33}$$

系统 (5.32) 可以表示为

$$\dot{z} + \frac{q-p}{q}\alpha z^{1-\frac{q}{q-p}\frac{m}{n}} + \frac{q-p}{q}\beta = 0,$$

即

$$\frac{1}{\beta + \alpha z^{1-\frac{q}{q-p}\frac{m}{n}}}\mathrm{d}z = -\frac{q-p}{q}\mathrm{d}t. \tag{5.34}$$

求解 (5.31) 和 (5.32) 的收敛时间, 收敛时间的上界可估计为

$$\lim_{z_0\to\infty} T(z_0) = \lim_{z_0\to\infty}\frac{q}{q-p}\left(\int_1^{z_0}\frac{1}{\alpha z^{\frac{q}{q-p}\left(1+\frac{m}{n}-\frac{p}{q}\right)} + \beta}\mathrm{d}z + \int_0^1 \frac{1}{\alpha z^{1-\frac{q}{q-p}\frac{m}{n}} + \beta}\mathrm{d}z\right).$$

因为 $p < q$, $0 < 1 - \dfrac{p}{q} < 1$, 当 $|y| < 1$ 时, 那么 $z = y^{1-\frac{p}{q}} \in (0,1)$, 即

$$\alpha z + \beta \leqslant \alpha z^{1-\frac{q}{q-p}\frac{m}{n}} + \beta.$$

因此

$$\lim_{z_0\to\infty} T(z_0) \leqslant \lim_{z_0\to\infty}\frac{q}{q-p}\left(\int_1^{z_0}\frac{1}{\alpha z^{\frac{q}{q-p}\left(1+\frac{m}{n}-\frac{p}{q}\right)} + \beta}\mathrm{d}z + \int_0^1\frac{1}{\alpha z + \beta}\mathrm{d}z\right)$$

$$< \lim_{z_0 \to \infty} \frac{q}{q-p} \int_1^{z_0} \frac{1}{\alpha z^{1+\frac{mq}{(q-p)n}}} \mathrm{d}z + \frac{q}{\alpha(q-p)} \ln \frac{(\alpha+\beta)}{\beta}.$$

当 $|y| > 1$ 时, 有 $z = y^{1-\frac{p}{q}} > 1$, 即

$$\lim_{z_0 \to \infty} \int_1^{z_0} \frac{1}{z^{1+\frac{mq}{(q-p)n}}} \mathrm{d}z < \frac{(q-p)n}{mq}.$$

因此

$$\begin{aligned} \lim_{z_0 \to \infty} T(z_0) &< \frac{q}{q-p} \frac{(q-p)n}{\alpha mq} + \frac{q}{\alpha(q-p)} \ln \frac{(\alpha+\beta)}{\beta} \\ &= \frac{1}{\alpha} \frac{n}{m} + \frac{q}{(q-p)} \frac{1}{\alpha} \ln\left(1 + \frac{\alpha}{\beta}\right). \end{aligned}$$

注释 5.15 在引理 5.6 中, 系统在有限时间内稳定, 即

$$T_1 < \frac{1}{\alpha} \frac{n}{m-n} + \frac{1}{\beta} \frac{q}{q-p}.$$

在引理 5.7 中, 系统在有限时间内稳定, 即

$$T_2 < \frac{1}{\alpha} \frac{n}{m-n} + \frac{1}{\alpha} \frac{q}{q-p} \ln\left(1 + \frac{\alpha}{\beta}\right).$$

由于不等式

$$\ln\left(1 + \frac{\alpha}{\beta}\right) \leqslant \frac{\alpha}{\beta}$$

成立, 则 $(T_2)_{\max} < (T_1)_{\max}$. 因此, 文献 [145] 提出的固定时间稳定系统比文献 [143] 提出的系统具有更快的收敛速度.

注释 5.16 当 $|y| = 1$ 时, 有 $\dot{y} = -\alpha - \beta$, 显然, 系统 (5.25) 是固定时间稳定的.

注释 5.17 由于不等式 $\dfrac{n}{m} < \dfrac{n}{m-n}$ 成立, 即本节获得的收敛时间 $T_{\max} < (T_2)_{\max}$. 因此 $T_{\max} < (T_2)_{\max} < (T_1)_{\max}$, 也就是说, 本节提出的方法比文献 [143] 中引理 2 和文献 [145] 中引理 3 具有更快的收敛速度.

引理 5.8[145] 对于下列微分方程

$$\dot{y} = -\alpha y^{2-\frac{p}{q}} - \beta y^{\frac{p}{q}}, \tag{5.35}$$

其中 $\alpha > 0, \beta > 0$, 并且 p, q 是互质的正整数, $p < q$, 则系统 (5.35) 是固定时间稳定的, 且

$$T_1 \leqslant \frac{q\pi}{2\sqrt{\alpha\beta}(q-p)}.$$

基于引理 5.8, 我们得到定理 5.6.

定理 5.6　考虑下列微分方程

$$\dot{y}=-\alpha y^{\delta-\frac{p}{q}}-\beta y^{\frac{p}{q}}, \tag{5.36}$$

其中 $\alpha>\beta>0, \delta>\dfrac{2p}{q}$, $p<q$, 并且 p,q 是互质的正整数, 则系统 (5.36) 是固定时间稳定的, 且

$$T<\frac{1}{\alpha}\frac{1}{\delta-\dfrac{p+q}{q}}+\frac{1}{\beta}\frac{q}{q-p}. \tag{5.37}$$

证明　令 $z=y^{1-\frac{p}{q}}$, $\dfrac{q}{q-p}\dot{z}y^{\frac{p}{q}}=\dot{y}$, 那么方程 (5.36) 可改写如下

$$\dot{z}+\frac{q-p}{q}\alpha z^{\frac{q}{q-p}\left(\delta-\frac{2p}{q}\right)}+\frac{q-p}{q}\beta=0,$$

即

$$\frac{1}{\beta+\alpha z^{\frac{q}{q-p}\left(\delta-\frac{2p}{q}\right)}}\mathrm{d}z=-\frac{q-p}{q}\mathrm{d}t. \tag{5.38}$$

则方程 (5.36) 收敛时间的上界可以估计为

$$\lim_{z_0\to\infty}T(z_0)=\lim_{z_0\to\infty}\frac{q}{q-p}\left(\int_1^{z_0}\frac{1}{\alpha z^{\frac{q}{q-p}\left(\delta-\frac{2p}{q}\right)}+\beta}\mathrm{d}z+\int_0^1\frac{1}{\alpha z^{\frac{q}{q-p}\left(\delta-\frac{2p}{q}\right)}+\beta}\mathrm{d}z\right).$$

当 $z\in(0,1)$ 时, 假如 $\delta>\dfrac{2p}{q}$, 那么 $\beta<\alpha z^{\frac{q}{q-p}\left(\delta-\frac{2p}{q}\right)}+\beta$. 因此

$$\begin{aligned}\lim_{z_0\to\infty}T(z_0)&\leqslant\lim_{z_0\to\infty}\frac{q}{q-p}\left(\int_1^{z_0}\frac{1}{\alpha z^{\frac{q}{q-p}\left(\delta-2\frac{p}{q}\right)}+\beta}\mathrm{d}z+\int_0^1\frac{1}{\beta}\mathrm{d}z\right)\\&<\lim_{z_0\to\infty}\frac{q}{q-p}\int_1^{z_0}\frac{1}{\alpha z^{\frac{q}{q-p}\left(\delta-2\frac{p}{q}\right)}}\mathrm{d}z+\frac{q}{(q-p)}\frac{1}{\beta}.\end{aligned}$$

当 $z>1$ 时, 有 $\displaystyle\lim_{z_0\to\infty}\int_1^{z_0}\frac{1}{z^{\frac{q}{q-p}\left(\delta-\frac{2p}{q}\right)}}\mathrm{d}z<\frac{1}{\dfrac{q}{q-p}\left(\delta-\dfrac{2p}{q}\right)-1}$, 从而

$$\begin{aligned}\lim_{z_0\to\infty}T(z_0)&<\frac{q}{q-p}\frac{1}{\alpha\left(\dfrac{q}{q-p}\left(\delta-\dfrac{2p}{q}\right)-1\right)}+\frac{q}{q-p}\frac{1}{\beta}\\&=\frac{1}{\alpha}\frac{1}{\delta-\dfrac{p+q}{q}}+\frac{q}{q-p}\frac{1}{\beta}.\end{aligned}$$

注释 5.18 显然, 当 $\delta = 2$ 时, 定理 5.6 退化为引理 5.8.

注释 5.19 当 $\delta > \dfrac{p+q}{q}, \beta < \alpha < \dfrac{\pi^2}{4}\beta$ 时, 有

$$\begin{aligned} T &= \frac{1}{\alpha}\frac{1}{\delta - \dfrac{p+q}{q}} + \frac{q}{q-p}\frac{1}{\beta} < \frac{1}{\alpha}\frac{q}{p-q} + \frac{q}{(q-p)}\frac{1}{\beta} \\ &= \frac{q}{q-p}\left(\frac{1}{\beta} - \frac{1}{\alpha}\right) < \frac{q}{q-p}\cdot\frac{1}{\beta} < \frac{q\pi}{2\sqrt{\alpha\beta}(q-p)}, \end{aligned}$$

也就是定理 5.6 比引理 5.8 具有更快的收敛速度.

5.4.2 实例分析

设驱动系统为[152]

$$\begin{cases} \dot{x}(t) = y(t), \\ \dot{y}(t) = -a_1x(t) + a_2\left(a_0 + x(t)\mathrm{sign}x(t)\right)^{-1} + a_3y(t) + q\cos wt. \end{cases} \tag{5.39}$$

则响应系统为

$$\begin{cases} \dot{x}_1(t) = y_1(t) + u_1, \\ \dot{y}_1(t) = -a_1x_1(t) + a_2\left(a_0 + x_1(t)\mathrm{sign}x_1(t)\right)^{-1} + a_3y_1(t) + q\cos wt + u_2. \end{cases} \tag{5.40}$$

根据系统 (5.39) 和 (5.40), 误差系统为

$$\begin{cases} \dot{e}_1(t) = e_2(t) + u_1, \\ \dot{e}_2(t) = -a_1e_1(t) + a_2\left(a_0 + x_1(t)\mathrm{sign}x_1(t)\right)^{-1} \\ \qquad\qquad -a_2\left(a_0 + x(t)\mathrm{sign}x(t)\right)^{-1} + a_3e_2(t) + u_2. \end{cases} \tag{5.41}$$

其中 $e_1 = x_1 - x, e_2 = y_1 - y$.

定理 5.7 驱动系统 (5.39) 和响应系统 (5.40) 在下列控制器下是固定时间同步的.

$$\begin{cases} u_1 = -p_1e_1(t) - \mu\mathrm{sign}\left(e_1(t)\right)\left|e_1(t)\right|^{\lambda - \frac{m}{n}} - \nu\mathrm{sign}\left(e_1(t)\right)\left|e_1(t)\right|^{\frac{m}{n}}, \\ u_2 = -p_2e_2(t) - \mu\mathrm{sign}\left(e_2(t)\right)\left|e_2(t)\right|^{\lambda - \frac{m}{n}} - \nu\mathrm{sign}\left(e_2(t)\right)\left|e_2(t)\right|^{\frac{m}{n}} \\ \qquad -a_2\left(a_0 + x_1(t)\mathrm{sign}x_1(t)\right)^{-1} + a_2\left(a_0 + x(t)\mathrm{sign}x(t)\right)^{-1}. \end{cases} \tag{5.42}$$

其中

$$\frac{m}{n} < \frac{1+\lambda}{2} < \frac{2n+m}{2n}, \quad p_1 > \frac{1-a_1}{2}, \quad p_2 > a_3 + \frac{1-a_1}{2},$$
$$\mu > \nu > 0, \quad m < n, \quad m+n \text{ 与 } 2n \text{ 是互质的正整数}.$$

证明　令 $V(t)=\dfrac{1}{2}e_1^2(t)+\dfrac{1}{2}e_2^2(t)$, 则

$$
\begin{aligned}
\dot{V}(t) &= e_1(t)\dot{e}_1(t)+e_2(t)\dot{e}_2(t)\\
&= e_1(t)\Big(e_2(t)-p_1e_1(t)-\mu\mathrm{sign}\,(e_1(t))\,|e_1(t)|^{\lambda-\frac{m}{n}}-\nu\mathrm{sign}\,(e_1(t))\,|e_1(t)|^{\frac{m}{n}}\Big)\\
&\quad+e_2(t)\Big(-a_1e_1(t)+a_3e_2(t)-p_2e_2(t)-\mu\mathrm{sign}\,(e_2(t))\,|e_2(t)|^{\lambda-\frac{m}{n}}\\
&\quad-\nu\mathrm{sign}\,(e_2(t))\,|e_2(t)|^{\frac{m}{n}}\Big)\\
&=(1-a_1)e_1(t)e_2(t)-p_1e_1^2(t)-(p_2-a_3)e_2^2(t)-\mu(e_1(t)\mathrm{sign}\,(e_1(t))\,|e_1(t)|^{\lambda-\frac{m}{n}}\\
&\quad+e_2(t)\mathrm{sign}\,(e_2(t))\,|e_2(t)|^{\lambda-\frac{m}{n}})-\nu(e_1(t)\mathrm{sign}\,(e_1(t))\,|e_1(t)|^{\frac{m}{n}}\\
&\quad+e_2(t)\mathrm{sign}\,(e_2(t))\,|e_2(t)|^{\frac{m}{n}})\\
&\leqslant\frac{(1-a_1)}{2}(e_1^2(t)+e_2^2(t))-p_1e_1^2(t)-(p_2-a_3)e_2^2(t)-\mu(e_1(t)\mathrm{sign}\,(e_1(t))\,|e_1(t)|^{\delta-\frac{m}{n}}\\
&\quad+e_2(t)\mathrm{sign}\,(e_2(t))\,|e_2(t)|^{\lambda-\frac{m}{n}})-\nu(e_1(t)\mathrm{sign}\,(e_1(t))\,|e_1(t)|^{\frac{m}{n}}\\
&\quad+e_2(t)\mathrm{sign}\,(e_2(t))\,|e_2(t)|^{\frac{m}{n}})\\
&=-\left(p_1-\frac{1-a_1}{2}\right)e_1^2(t)-\left(p_2-a_3-\frac{1-a_1}{2}\right)e_2^2(t)-\mu(e_1(t)\mathrm{sign}\,(e_1(t))\,|e_1(t)|^{\lambda-\frac{m}{n}}\\
&\quad+e_2(t)\mathrm{sign}\,(e_2(t))\,|e_2(t)|^{\lambda-\frac{m}{n}})-\nu(e_1(t)\mathrm{sign}\,(e_1(t))\,|e_1(t)|^{\frac{m}{n}}\\
&\quad+e_2(t)\mathrm{sign}\,(e_2(t))\,|e_2(t)|^{\frac{m}{n}})\\
&\leqslant-\mu(|e_1(t)|^{1+\lambda-\frac{m}{n}}+|e_2(t)|^{1+\lambda-\frac{m}{n}})-\nu(|e_1(t)|^{1+\frac{m}{n}}+|e_2(t)|^{1+\frac{m}{n}})\\
&\leqslant-\mu(|e_1(t)|^2+|e_2(t)|^2)^{\frac{1+\lambda}{2}-\frac{m}{2n}}-\nu(|e_1(t)|^2+|e_2(t)|^2)^{\frac{1}{2}+\frac{m}{2n}}\\
&=-\mu2^{\frac{1+\lambda}{2}-\frac{m}{2n}}\left(\frac{1}{2}|e_1(t)|^2+\frac{1}{2}|e_2(t)|^2\right)^{\frac{1+\lambda}{2}-\frac{m}{2n}}-\nu2^{\frac{1}{2}+\frac{m}{2n}}\left(\frac{1}{2}|e_1(t)|^2+\frac{1}{2}|e_2(t)|^2\right)^{\frac{1}{2}+\frac{m}{2n}}\\
&=-\mu2^{\frac{1+\lambda}{2}-\frac{m}{2n}}(V(t))^{\frac{1+\lambda}{2}-\frac{m}{2n}}-\nu2^{\frac{1}{2}+\frac{m}{2n}}(V(t))^{\frac{1}{2}+\frac{m}{2n}}.
\end{aligned}
$$

根据定理 5.6 和微分方程的比较原理[19], 我们得到

$$\lim_{t\to T}V(t)=0,$$

且

$$T<\frac{1}{\mu2^{\frac{1+\lambda}{2}-\frac{m}{2n}}}\frac{1}{\dfrac{1+\lambda}{2}-\dfrac{2n+m}{2n}}+\frac{1}{\nu2^{\frac{1}{2}+\frac{m}{2n}}}\frac{2n}{(2n-m)}. \tag{5.43}$$

当系统参数取 $a_0=0.15$, $a_1=0.6$, $a_2=0.5$, $a_3=-0.2$, $w=0.6$, $q=0.8$, $\lambda=2$, $m=1,n=2$, $p_1=1$, $p_2=1$, $\mu=2,\nu=1$ 时, 由 (5.43) 式计算得到同步控制时间为 $T<1.6337$. 取系统初值分别 $(2,-2),(6,3)$, 误差演化的数值仿真如图 5-3 所示.

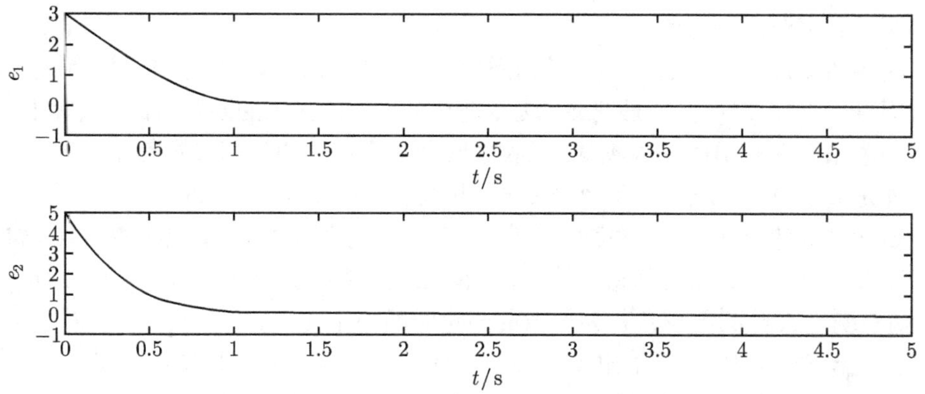

图 5-3 误差的演化图

5.5 混沌系统修改的固定时间同步

在这一节, 我们提出与系统的初值和参数无关的固定时间稳定性方法.

5.5.1 问题的描述与预备知识

由于系统的有限时间稳定性的时间范围与系统的初值有关, 很难设计一个合适的 Lyapunov 函数来满足某些条件. 特别是当初始状态离系统零点较远时, 收敛速度甚至比指数收敛慢, 从而降低了系统的鲁棒性. 随后, Polyakov 提出了系统的固定时间稳定性, 固定时间稳定性方法比有限时间稳定性方法具有更大的实用价值[154-155]. 虽然固定时间稳定性的时间界限与系统的初值无关, 但固定时间稳定性的时间界限仍然与系统的某些参数有关. 后来, Sánchez-Tárres 提出了一类稳定时间上限为可调参数的系统, 称为一个预先定义的时间稳定系统[156]. 由于固定时间稳定性的时间收敛边界与系统的某些参数有关. 因此, 现有的固定时间稳定性方法还不是真正意义上的固定时间. 本节提出的方法克服了以往固定时间稳定方法中收敛时间与系统某些参数相关的问题.

定义 5.1[157](有限时间稳定性) 考虑下列动力系统, $T(\vartheta_0)$ 表示稳定时间函数

$$\dot{\vartheta} = g(t, \vartheta, \alpha), \tag{5.44}$$

其中 α 表示系统的参数.

假如 $\vartheta(\vartheta_0, t) = 0, \forall t \geqslant T(\vartheta_0)$, 那么, 系统 (5.44) 的零解在有限时间内全局渐近稳定.

定义 5.2[158](固定时间稳定性) 如果系统 (5.44) 的零解是全局有限时间稳定的, 并且稳定时间函数 T 满足 $\forall \vartheta_0 \in R^n, \exists T(\vartheta_0) \leqslant T_{\max}, T_{\max} > 0$, 则系统 (5.44)

的零解是固定时间稳定的.

注释 5.20 在定义 5.2 中, 动力系统 (5.44) 收敛到一个与系统参数有关的固定时间, 即 $T^*=T^*(\alpha)$. 一般来说, 这不是一个真正意义上的固定时间. 实际上, 只有当动力系统在有限时间内收敛, 且收敛时间与系统的初值和参数都无关时, 我们认为才是真正意义上的固定时间稳定性. 因此, 我们给出定义 5.3.

定义 5.3 (修正的固定时间稳定性) 对于任何预先给定的时间 $T^*>0$, 如果动力系统 (5.44) 是有限时间稳定的, 并且收敛时间函数 T 满足 $\forall\vartheta_0\in R^n, \exists T(\vartheta_0)\leqslant T^*$, 则系统 (5.44) 的零解被称为修改的固定时间稳定的.

在文献 [156] 中, 作者给出了系统 (5.44) 的下列预定时间稳定性定义.

定义 5.4 [156] (预定时间稳定性) 对于一个预先定义的常数 $T_c>0$, 如果动力系统 (5.44) 是固定时间稳定的, 并且稳定时间函数 T 满足 $T(\vartheta_0)\leqslant T_c, \forall\vartheta_0\in R^n$, T_c 表示预先定义的时间, 则系统 (5.44) 的零解被称为预先定义的时间全局性稳定.

注释 5.21 显然, 定义 5.3 不同于定义 5.2, 定义 5.3 的收敛时间与系统参数无关. 定义 5.3 不同于定义 5.4, 显然, 定义 5.4 的条件比定义 5.3 更严格.

5.5.2 理论分析

基于引理 4.4, 我们提出下列修正的固定时间稳定性定理.

引理 5.9 (修正的固定时间稳定性定理) 假设连续正定函数 $s(t)$ 满足

$$\dot{s}(t)=g(s(t)). \tag{5.45}$$

$$g(s(t))\leqslant-\frac{1}{T^*}\left(\rho_1 s^{r_1}+\rho_2 s^{r_2}\right),\quad t\geqslant t_0,\quad s(t_0)\geqslant 0, \tag{5.46}$$

那么系统 (5.45) 的零解在固定时间内是全局稳定的, 即

$$s(t)=0,\quad t\geqslant T,$$

并且

$$T\leqslant T^*,$$

其中 $\rho_1=\dfrac{1}{r_1-1}, \rho_2=\dfrac{1}{1-r_2}, r_1>1, 0<r_2<1, T^*$ 表示任何事先给定的时间.

证明 设 $H(s)=s^2$, 那么

$$\begin{aligned}\dot{H}(s)&=2s\dot{s}\leqslant-2s\frac{1}{T^*}\left(\rho_1 s^{r_1}+\rho_2 s^{r_2}\right)\\&=-2\frac{1}{T^*}\left(\rho_2+\rho_1 s^{r_1-r_2}\right)s^{1+r_2}\\&=-2\frac{1}{T^*}\left(\rho_2+\rho_1 H^{\frac{r_1-r_2}{2}}\right)H^{\frac{1+r_2}{2}}.\end{aligned}$$

当 $\rho_1 H^{\frac{r_1-r_2}{2}} > 0$ 时, $\dot{H}(s(t)) \leqslant -2\frac{\rho_2}{T^*}H^{\frac{1+r_2}{2}}$, 由引理 4.4 可知, 系统 (5.45) 的零解是有限时间稳定的.

由 (5.45)—(5.46), 有

$$\frac{\mathrm{d}s}{\mathrm{d}t} \leqslant -\frac{1}{T^*}\left(\rho_1 s^{r_1} + \rho_2 s^{r_2}\right),$$

因此

$$\mathrm{d}t \leqslant \frac{\mathrm{d}s}{-\frac{1}{T^*}\left(\rho_1 s^{r_1} + \rho_2 s^{r_2}\right)}.$$

当 $t \to T$ 时, $s(t) \to 0$, 因此, 稳定时间可估计为

$$\begin{aligned}
T = \int_0^{\mathrm{T}} \mathrm{d}t &\leqslant \int_{s(0)}^{0} \frac{\mathrm{d}s}{-\frac{1}{T^*}\left(\rho_1 s^{r_1} + \rho_2 s^{r_2}\right)} \\
&= \int_0^{s(0)} \frac{\mathrm{d}s}{\frac{1}{T^*}\left(\rho_1 s^{r_1} + \rho_2 s^{r_2}\right)} = \int_0^{s(0)} \frac{\mathrm{d}s}{\frac{1}{T^*}s^{r_2}\left(\rho_1 s^{r_1-r_2} + \rho_2\right)} \\
&= \frac{1}{1-r_2}\int_0^{s(0)} \frac{\mathrm{d}s^{1-r_2}}{\frac{1}{T^*}\left(\rho_1 s^{r_1-r_2} + \rho_2\right)}.
\end{aligned}$$

令 $\alpha = s^{1-r_2}$, 那么

$$T \leqslant \frac{1}{1-r_2}\int_0^{(s(0))^{1-r_2}} \frac{\mathrm{d}\alpha}{\frac{1}{T^*}\left(\rho_1 \alpha^{\frac{r_1-r_2}{1-r_2}} + \rho_2\right)}.$$

(i) 假设 $(s(0))^{1-r_2} \leqslant 1$,

$$\begin{aligned}
T &\leqslant \frac{1}{1-r_2}\int_0^{(s(0))^{1-r_2}} \frac{\mathrm{d}\alpha}{\frac{1}{T^*}\left(\rho_1 \alpha^{\frac{r_1-r_2}{1-r_2}} + \rho_2\right)} \\
&\leqslant \frac{1}{1-r_2}\int_0^{1} \frac{\mathrm{d}\alpha}{\frac{1}{T^*}\left(\rho_1 \alpha^{\frac{r_1-r_2}{1-r_2}} + \rho_2\right)} \leqslant \frac{1}{1-r_2}\frac{T^*}{\rho_2} \leqslant T^*.
\end{aligned}$$

(ii) 假设 $(s(0))^{1-r_2} > 1$,

$$\begin{aligned}
T &\leqslant \frac{1}{1-r_2}\int_0^{(s(0))^{1-r_2}} \frac{\mathrm{d}\alpha}{\frac{1}{T^*}\left(\rho_1 \alpha^{\frac{r_1-r_2}{1-r_2}} + \rho_2\right)} \\
&= \frac{1}{1-r_2}\int_1^{(s(0))^{1-r_2}} \frac{\mathrm{d}\alpha}{\frac{1}{T^*}\left(\rho_1 \alpha^{\frac{r_1-r_2}{1-r_2}} + \rho_2\right)} + \frac{1}{1-r_2}\int_0^{1} \frac{\mathrm{d}\alpha}{\frac{1}{T^*}\left(\rho_1 \alpha^{\frac{r_1-r_2}{1-r_2}} + \rho_2\right)}
\end{aligned}$$

$$\leqslant \frac{1}{1-r_2}\int_1^{(s(0))^{1-r_2}} \frac{\mathrm{d}\alpha}{\frac{\rho_1}{T^*}\alpha^{\frac{r_1-r_2}{1-r_2}}} + \frac{1}{1-r_2}\int_0^1 \frac{\mathrm{d}\alpha}{\frac{\rho_2}{T^*}},$$

当 $\alpha^{\frac{r_1-r_2}{1-r_2}} > 1$ 时, $\displaystyle\int_1^{(s(0))^{1-r_2}} \frac{\mathrm{d}\psi}{\alpha^{\frac{r_1-r_2}{1-r_2}}} < \frac{1-r_2}{r_1-1}$, 有

$$T \leqslant \frac{T^*}{\rho_1}\frac{1}{1-r_2}\frac{1-r_2}{r_1-1} + \frac{T^*}{\rho_2}\frac{1}{1-r_2} = T^*.$$

由 (i) 和 (ii), 我们有 $T \leqslant T^*$. 即得证.

注释 5.22　在引理 5.9 中, 当 $g(s(t)) \leqslant -\dfrac{\rho}{T^*}\left(s^{r_1}+s^{r_2}\right),\ t \geqslant t_0,\ s(t_0) \geqslant 0$, $\rho = \max\{\rho_1, \rho_2\}$ 或者 $\rho = \rho_1 + \rho_2$, $r_1 > 1$, $0 < r_2 < 1$ 时, 系统 (5.45) 的零解是有限时间稳定的, 并且 $T \leqslant T^*$.

引理 5.10 (修正的固定时间稳定性定理)　假设连续正定函数 $s(t)$ 满足

$$\dot{s}(t) = g(s(t)). \tag{5.47}$$

$$g(s(t)) \leqslant -\frac{\rho_2}{T^*}s^{r_2}, \quad t \geqslant t_0, \quad s(t_0) \geqslant 0, \tag{5.48}$$

那么, 系统 (5.47) 的零解在固定时间内是全局稳定的, 即

$$s(t) = 0, \quad t \geqslant T,$$

并且

$$T \leqslant T^*,$$

其中 $\rho_2 = \dfrac{(s(0))^{1-r_2}}{1-r_2}$, $0 < r_2 < 1$, T^* 表示任何事先给定的时间.

注释 5.23　虽然引理 5.10 比引理 5.9 简单, 但引理 5.10 中系统的参数取决于系统的初值.

下面我们基于引理 5.10 考虑下列驱动系统和响应系统的修正的固定时间同步问题.

假设驱动系统和响应系统为

$$\dot{x} = f(x), \tag{5.49}$$

$$\dot{y} = f(y) + u. \tag{5.50}$$

其中 x, y 表示 n 维状态向量, 表示 u 控制器.

定理 5.8　驱动系统 (5.49) 和响应系统 (5.50) 在下列控制器下实现修正的固定时间同步

$$u = -ke(t) - \frac{1}{T^*}\left(k_1 e^{\delta}(t) + k_2 e^{\theta}(t)\right),$$

其中 $k \geqslant \mu$, $k_1 = \dfrac{2^{\frac{1-\delta}{2}}}{1-\delta}$, $k_2 = \dfrac{2^{\frac{1-\theta}{2}}}{(\theta-1)(n)^{\frac{1-\theta}{2}}}$, m,s,p,q 是正奇数, $0<\delta<\dfrac{p}{q}<1$, $\theta = \dfrac{m}{s} > 1$, T^* 表示任何事先给定的时间.

证明 选择下列非负的 Lyapunov 函数

$$V = \frac{1}{2}e^{\mathrm{T}}e. \tag{5.51}$$

相应的导数为

$$\dot{V} = e^{\mathrm{T}}\dot{e} = e^{\mathrm{T}}\left[f(y) - f(x) - ke(t) - \frac{1}{T^*}\left(k_1 e^{\delta}(t) + k_2 e^{\theta}(t)\right)\right],$$

由假设 5.1, 有

$$\begin{aligned}
\dot{V} &\leqslant e^{\mathrm{T}}\left[\mu e(t) - ke(t) - \frac{1}{T^*}\left(k_1 e^{\delta}(t) + k_2 e^{\theta}(t)\right)\right] \\
&\leqslant -e^{\mathrm{T}}\left[\frac{1}{T^*}\left(k_1 e^{\delta}(t) + k_2 e^{\theta}(t)\right)\right] \\
&= -\frac{1}{T^*}\left[\left(k_1 e^{\mathrm{T}} e^{\delta}(t) + k_2 e^{\mathrm{T}} e^{\theta}(t)\right)\right] \\
&\leqslant -\frac{1}{T^*}\left[\left(k_1 2^{\frac{1+\delta}{2}} V^{\frac{1+\delta}{2}} + k_2 (2)^{\frac{1+\theta}{2}} (n)^{\frac{1-\theta}{2}} V^{\frac{1+\theta}{2}}\right)\right].
\end{aligned}$$

当 $k_1 = \dfrac{2^{\frac{1-\delta}{2}}}{1-\delta}$, $k_2 = \dfrac{2^{\frac{1-\theta}{2}}}{(\theta-1)(n)^{\frac{1-\theta}{2}}}$ 时,

$$\begin{aligned}
\dot{V} &\leqslant -\frac{1}{T^*}\frac{2}{\theta-1}(V)^{\frac{1+\theta}{2}} - \frac{1}{T^*}\frac{2}{1-\delta}(V)^{\frac{1+\delta}{2}} \\
&= -\frac{1}{T^*}\frac{1}{\dfrac{1+\theta}{2}-1}(V)^{\frac{1+\theta}{2}} - \frac{1}{T^*}\frac{1}{1-\dfrac{1+\delta}{2}}(V)^{\frac{1+\delta}{2}}.
\end{aligned}$$

令 $\rho_1 = \dfrac{1+\theta}{2}$, $\rho_2 = \dfrac{1+\delta}{2}$, 那么

$$\begin{aligned}
\dot{V} &\leqslant -\frac{1}{T^*}\frac{1}{\theta-1}V^{\rho_1} - \frac{1}{T^*}\frac{1}{1-\delta}V^{\rho_2} \\
&= -\frac{1}{T^*}\rho_1 V^{r_1} - \frac{1}{T^*}\rho_2 V^{r_2},
\end{aligned}$$

其中 $\rho_1 = \dfrac{1}{\theta-1}$, $\rho_2 = \dfrac{1}{1-\delta}$.

根据引理 5.9, 驱动系统 (5.49) 和响应系统 (5.50) 在任何事先给定的时间 T^* 内实现了修正的固定时间同步.

5.5.3　实例分析

在这一节, 通过一个例子来验证本节所提方法的有效性.

设驱动系统为

$$\begin{cases} \dot{x}_1 = a(x_2 - x_1), \\ \dot{x}_2 = bx_2 - x_1x_3, \\ \dot{x}_3 = -cx_3 + x_1x_2. \end{cases}$$

响应系统为

$$\begin{cases} \dot{y}_1 = a(y_2 - y_1) + u_1, \\ \dot{y}_2 = by_2 - y_1y_3 + u_2, \\ \dot{y}_3 = -cy_3 + y_1y_2 + u_3. \end{cases}$$

控制器如下

$$\begin{cases} u_1 = -ke_1(t) - \dfrac{1}{T^*}\left(k_1e_1^{\delta}(t) + k_2e_1^{\theta}(t)\right), \\ u_2 = -ke_2(t) - \dfrac{1}{T^*}\left(k_1e_2^{\delta}(t) + k_2e_2^{\theta}(t)\right), \\ u_3 = -ke_3(t) - \dfrac{1}{T^*}\left(k_1e_3^{\delta}(t) + k_2e_3^{\theta}(t)\right). \end{cases}$$

众所周知, Lü 吸引子是有界的. 我们的理论和数值分析表明存在常数 $M_1 = 25$, $M_2 = 30, M_3 = 45$ 满足 $\|x_i\|, \|y_j\| \leqslant M_j, j = 1, 2, 3$. 因此

$$\|f(y) - f(x)\|_2 \leqslant u\,\|e\|_2 \approx 117.5985\,\|e\|_2\,.$$

在仿真中, 假定 $(a, b, c) = (36, 20, 3)$, $k = 120$, $T = 0.1$, $\theta = 1.5, \delta = 0.5$, $k_1 = 2^{\frac{5}{4}}$, $k_2 = 2 \times 6^{\frac{1}{4}}$ 驱动系统和响应系统的初值分别为 $(2, 3, 4)$, $(6, 4, 5)$, 仿真结果如图 5-4 所示. 图 5-4 显示了三个误差状态与时间的关系, 并且随着时间的推移, 误差状态趋近于零.

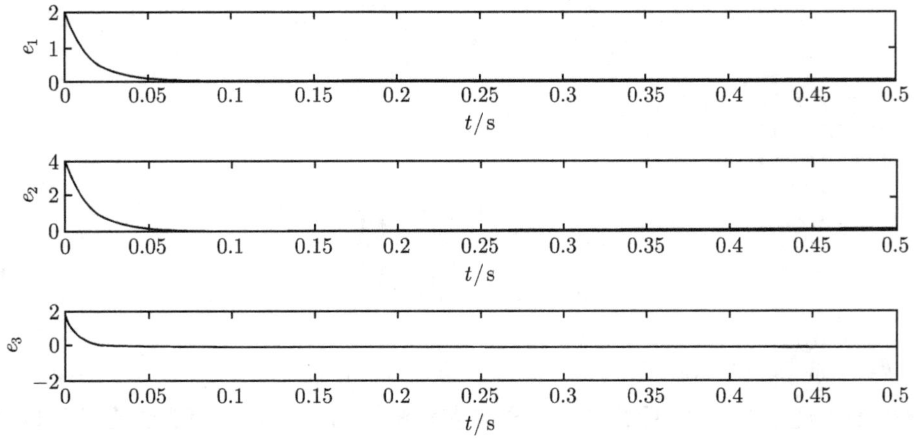

图 5-4　误差的演化图

5.6 本章小结

随着科学技术的高速发展, 要求人们对非线性系统的动力学特征有更深入的了解. 因此, 学者们在时间最优控制领域中引出了有限时间稳定的概念, 与传统的渐近稳定控制性能相比, 有限时间收敛通常表现出更快的收敛速度、更高的精度、更好的抗干扰性能以及对不确定因素的鲁棒性. 本章主要讨论混沌系统的一般有限时间同步、混沌系统的有限时间有界同步、混沌系统的固定时间同步、混沌系统修改的固定时间同步等, 提出一些控制策略, 相应的数值模拟验证了本章提出策略的有效性, 并且本章提出的有限时间、固定时间控制策略也适用其他复杂动力系统.

第 6 章　混沌系统在经济中的应用

6.1　引　　言

自从 1963 年 Lorenz 第一次发现了奇怪吸引子以来, 研究者相继提出了各种混沌系统[4], 然而, 在经济中混沌动力模型的发展相对缓慢. 1994 年, 徐寅峰通过讨论经济模型的混沌现象给出了混沌模型的经济含义、经济混沌的定义[159]. Rosser 讨论了资本主义市场的两阶段乘数加速度计量经济模型和刻画社会主义计划经济增长的投资模型, 刻画了市场经济存在不稳定性, 中央计划的社会主义经济会表现周期性变化, 甚至是混沌等[160]. 埃德加 · E. 彼得斯中提出了分形市场假说, 分形市场假说弥补了有效市场假说的严重不足, 特别是它重点分析了市场的流动性和投资期限对投资者行为的影响, 直接对投资行为和价格的变动建立模型[161]. 2002 年, 刘静岩等以著名 Logsitic 虫口模型为原型, 讨论了房地产动力学模型的分岔、控制等问题[162]. 2004 年杜建国等以二维动态产量博弈模型为例, 以一个参与人采取控制和两个参与人同时参与控制等形式, 成功地实现了模型混沌态的控制[163]. 徐争辉等建立了外商与中资机构向中国国有企业投资的离散动态系统模型, 在对该模型研究基础上得出改变投资模型中的相关参数, 系统将经由倍周期分岔通向混沌的结果, 即投资模型产生混沌现象[164]. 2009 年, 丁娟等将两种延迟反馈控制方法应用到具有不同预期决策规则的双寡头垄断生产模型[165]. 2011 年, Wang 等讨论了一类分形金融系统的分岔行为[166]. 2012 年, Ding 等讨论了一类非线性金融延迟系统的分岔行为[167]. 2006 年, 马军海等讨论了在参数变化的情况下经济系统的动力学行为[168]等. 总的来说, 对混沌经济模型的研究还有许多内容有待于进一步的探讨.

本章主要讨论了混沌系统在广告经济系统、金融风险演化系统、股票价格波动演化系统以及双寡头博弈模型中的应用.

6.2　混沌系统在广告经济模型中的应用[169]

由于广告竞争是市场竞争的重要形式, 也是目前营销活动中经常选用的竞争策略, 这使得对广告经济模型的研究引起了越来越多的科学工作者的关注. 本节基于需求量、广告支出、成本和利润建立了广告动力学模型, 分析了它的演化行为, 同时, 分析了扰动后的经济系统混沌行为, 得到了一些有益的结论, 从而为科学决策提供一定的参考.

6.2.1 广告经济模型描述

为了建立新广告模型, 引入如下的记号: $x(t)$ 表示在时刻 t 对一种商品的需求量; $y(t)$ 表示在时刻 t 对该商品的广告支出; $z(t)$ 表示在时刻 t 获得的利润.

我们给出如下模型的假设.

假设 6.1 单位时间内的商品需求量变化率 $\dfrac{\Delta x(t)}{\Delta t}$, 与广告支出有关, 在一定的广告支出限度内 (设广告支出限度最大量为 a_2), 广告越多, 顾客越多, 超过这一限度后, 消费者将会产生逆反心理, 从而降低对该商品的需求. 另外, 商品需求量变化率 $\dfrac{\Delta x(t)}{\Delta t}$, 与是否已经买够该商品 (设该商品最大需求量为 a_1), 或者说离该商品够用相差多少有关, 如果离够用差距越小, 则单位时间内的商品需求量递减. 用数学模型描述如下

$$\frac{\Delta x(t)}{\Delta t} = b_1(a_1 - x(t)) + b_2 y(t)(a_2 - y(t)). \tag{6.1}$$

假设 6.2 单位时间内的广告量变化率 $\dfrac{\Delta y(t)}{\Delta t}$, 受到消费者对该商品需求量 $x(t)$ 的影响, 需求增加时相应可减少广告支出. 用数学模型描述如下

$$\frac{\Delta y(t)}{\Delta t} = b_3(a_1 - x(t)). \tag{6.2}$$

假设 6.3 单位时间内的利润变化率 $\dfrac{\Delta z(t)}{\Delta t}$, 受到该商品需求量、广告支出以及该商品的成本 (商品成本一般是变化的, 为了分析方便, 这里设为常数 a_3) 的影响. 设商品的最大利润为 a_4. 当商品逐渐接近最大利润时, 单位时间内的利润变化率逐渐递减. 用数学模型描述如下

$$\frac{\Delta z(t)}{\Delta t} = b_4 x(t) + b_5(a_4 - z(t)) - b_6 y(t) - a_3. \tag{6.3}$$

由微分学的知识可知

$$\frac{\Delta x(t)}{\Delta t} = \frac{\mathrm{d}x(t)}{\mathrm{d}t} = \dot{x}(t), \quad \frac{\Delta y(t)}{\Delta t} = \frac{\mathrm{d}y(t)}{\mathrm{d}t} = \dot{y}(t), \quad \frac{\Delta z(t)}{\Delta t} = \frac{\mathrm{d}z(t)}{\mathrm{d}t} = \dot{z}(t).$$

把 (6.1)—(6.3) 式联立, 可得如下商品广告微分方程模型

$$\begin{cases} \dot{x} = b_1(a_1 - x) + b_2 y(a_2 - y), \\ \dot{y} = b_3(a_1 - x), \\ \dot{z} = b_4 x + b_5(a_4 - z) - b_6 y - a_3. \end{cases} \tag{6.4}$$

式中, $b_i > 0, i = 1, 2, \cdots, 6,\ a_j > 0, j = 1, 2, \cdots, 4$.

6.2.2　广告经济模型演化分析

1. 均衡解的稳定性分析

显然系统是一个非线性自治系统, 令

$$\begin{cases} b_1(a_1 - x) + b_2 y(a_2 - y) = 0, \\ b_3(a_1 - x) = 0, \\ b_4 x + b_5(a_4 - z) - b_6 y - a_3 = 0. \end{cases} \tag{6.5}$$

系统有两个平衡点

$$E_1\left(a_1, a_2, a_4 - \frac{a_3 + a_2 b_6 - a_1 b_4}{b_5}\right), \quad E_2\left(a_1, 0, a_4 - \frac{a_3 - a_1 b_4}{b_5}\right).$$

系统 (6.4) 的 Jacobian 矩阵为

$$J = \begin{pmatrix} -b_1 & a_2 b_2 - 2b_2 y & 0 \\ -b_3 & 0 & 0 \\ b_4 & -b_6 & -b_5 \end{pmatrix}.$$

为了定量分析广告经济模型演化行为, 我们取 $a_1 = 0.85, a_2 = 5, a_3 = 4, a_4 = 1, b_1 = 1, b_2 = 0.2, b_3 = 2, b_4 = 0.5, b_5 = 3, b_6 = 0.5$.

将 $E_1\left(a_1, a_2, a_4 - \dfrac{a_3 + a_2 b_6 - a_1 b_4}{b_5}\right)$ 代入

$$|\lambda I - J_{E_1}| = 0$$

可得到相应的特征值

$$\lambda_1 = -3, \quad \lambda_2 = 1, \quad \lambda_3 = -2,$$

可知 E_1 是不稳定的点.

类似地, 可得到 $E_2\left(a_1, 0, a_4 - \dfrac{a_3 - a_1 b_4}{b_5}\right)$ 相应的特征值

$$\lambda_1 = -3.0000, \quad \lambda_2 = -0.5000 + 1.3229\mathrm{i}, \quad \lambda_3 = -0.5000 - 1.3229\mathrm{i}.$$

可知 E_2 是稳定的点.

尽管 E_1 是不稳定的点, 但由于 E_2 是稳定点, 系统 (6.4) 的演化轨迹最终稳定到稳定点 E_2, 而没有产生混沌行为. 图 6-1 表明系统 (6.4) 由初值 (2,1,0) 最终稳定到稳定点 E_2.

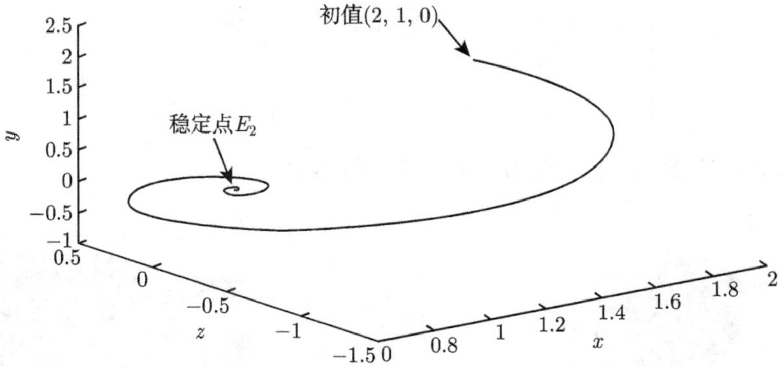

图 6-1 系统稳定到稳定点 E_2

另外, 由于需求量变化反映了利润变化, 图 6-2 只给出了需求量和广告支出的演化图. 由图 6-2 可知, 当需求量 $x(t)$ 接近于 0.85 时, 广告支出接近于 0. 当需求量 $x(t) < a_1$, 广告支出 $y(t) < a_2$ 时, 需求量 $x(t)$ 将随广告支出 $y(t)$ 的增加而增加 (如图 6-2 中大约 0 到 2 个单位时间之间), 此时广告有促销作用, 但当广告过多 (超过 a_2) 时, 随广告总支出 $y(t)$ 的增加而需求量将会减少 (如图 6-2 中大约 2 到 4 个单位时间之间), 此时广告过多反而有负面作用.

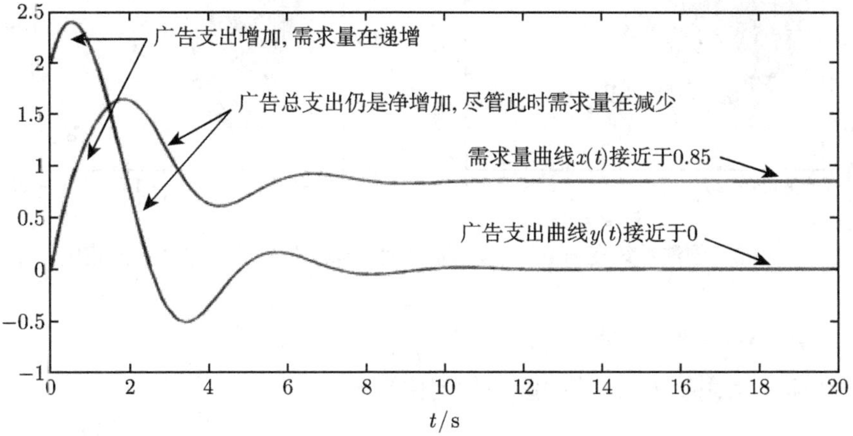

图 6-2 需求量和广告支出的演化图

2. 扰动下的系统混沌分析

由于许多实际经济、金融复杂系统经常受到白噪声和有色噪声等随机噪声的干扰. 因此, 研究扰动现象对经济、金融复杂系统的动力学影响是一个不可避免的问题, 下面通过给予系统 (6.4) 外在的扰动, 系统随即表现出混沌行为, 扰动的系统如下

$$
\begin{cases}
\dot{x} = b_1(a_1 - x) + b_2 y(a_2 - y) + k\text{sign}y, \\
\dot{y} = b_3(a_1 - x) + k\sin z, \\
\dot{z} = b_4 x + b_5(a_4 - z) - b_6 y - a_3 + k\sin x.
\end{cases}
\tag{6.6}
$$

当 $k = 6.5$ 时, 系统 (6.6) 表现出混沌现象 (图 6-3).

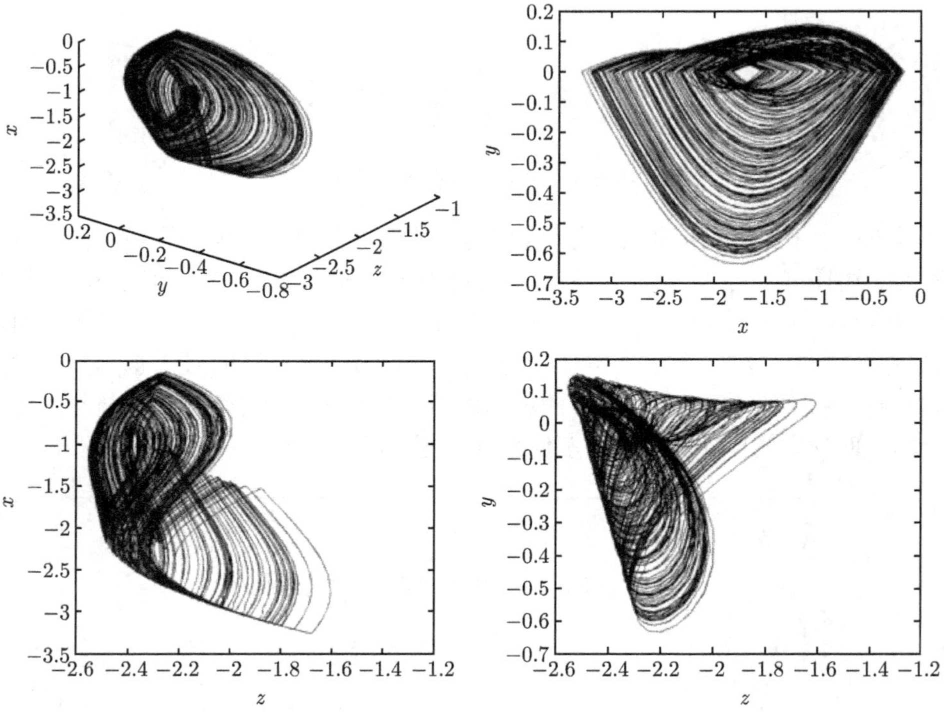

图 6-3　混沌系统在 x-y-z 轴、x-y 平面、x-z 平面、y-z 平面上的相图

3. 均衡解的稳定性分析

下面来分析系统 (6.6) 均衡解的稳定性情况.

令

$$
\begin{cases}
b_1(a_1 - x) + b_2 y(a_2 - y) + k\text{sign}y = 0, \\
b_3(a_1 - x) + k\sin z = 0, \\
b_4 x + b_5(a_4 - z) - b_6 y - a_3 + k\sin x = 0,
\end{cases}
\tag{6.7}
$$

系统有两个平衡点 $E_3(-0.3180, -4.1776, -0.3676)$, $E_4(-0.3180, 9.1776, -2.5935)$.

类似于前面的分析, 均值 $E_3(-0.3180, -4.1776, -0.3676)$ 相应的特征值为

$$
\lambda_1 = 2.8673, \quad \lambda_2 = -3.4336 + 4.3904\text{i}, \quad \lambda_3 = -3.4336 - 4.3904\text{i},
$$

可知 E_3 是不稳定的点.

均值 $E_4(-0.3180, 9.1776, -2.5935)$ 相应的特征值为

$$\lambda_1 = 4.1320, \quad \lambda_2 = -4.0660 + 3.4573\mathrm{i}, \quad \lambda_3 = -4.0660 - 3.4573\mathrm{i},$$

可知 E_4 也是不稳定的点.

系统 (6.6) 的 2 个均衡解都是不稳定的, 不稳定的均衡解意味着系统内在的不稳定性, 不稳定性是系统产生混沌的必要条件, 一般对经济系统是有害的.

通常, 如果一个系统是有界的, 且有 1 个正 Lyapunov 指数, 那么这个系统是混沌的. 通过计算得到 $\lambda_1 = 0.8644$, $\lambda_2 = 0.5202$, $\lambda_3 = -3.2024$, 系统 (6.6) 有 2 个大于 0 的 Lyapunov 指数. 另外, 扰动后动力系统 (6.6) 的边界为

$$-3.5645 \leqslant x \leqslant 4.3810, \quad -1.6960 \leqslant y \leqslant 1.9812, \quad -2.5355 \leqslant z \leqslant 1.0453,$$

所以系统 (6.6) 此时处于混沌状态.

4. *系统分岔仿真分析*

非线性金融动力模型在演化的过程往往表现出一种复杂的金融现象, 系统由简单的状态, 如均衡状态、失稳、分岔, 进入混沌状态, 特别是分岔出现时, 系统平衡点的稳定性发生改变, 并在平衡点的小邻域内产生周期解, 经济危机的周期性发生.

图 6-4 给出了系统 (6.6) 随着扰动参数 $k \in [5.6, 9]$ 变化的分岔图, 从图 6-4 可见系统 (6.6) 随着扰动参数 k 变化展现出系统运动的复杂性. 随扰动参数 k 的逐渐增大, 系统 (6.6) 经历了由 1 周期倍化为 2 周期, 4 周期, $\cdots$, 倍周期分岔的运动形式. 从稳定的 1 周期轨道通过倍周期分岔走向混沌. 在混沌域内有许多长度不同的周期窗口, 在这些窗口中, 有的发生了倍周期分岔, 有的窗口出现混沌危机. 系统从倍周期分岔、失稳通向混沌, 当系统处于不稳定的混沌状态, 系统波动会较为剧烈, 对经济系统稳定运行产生较大的破坏作用, 这时需要对经济系统适时给予调控, 防止经济系统的长期剧烈波动.

通过分析扰动后广告经济系统的演化情况, 可以发现不稳定均衡解可使系统产生分岔、失稳, 继而混沌态, 处于混沌态的经济系统是一种失控状态, 会产生非常大的破坏作用, 需要及时给予宏观调控, 平抑系统的长期剧烈波动, 通过调控后的经济系统, 会朝向有益的方向运行. 这表明外界扰动产生的系统混沌效应使经济系统管理中的各个环节风险值不确定性增加, 从而降低各个环节的管理效率. 因此如何减弱外界扰动对经济系统的影响是经济、金融风险管理研究和应用中的重要工作.

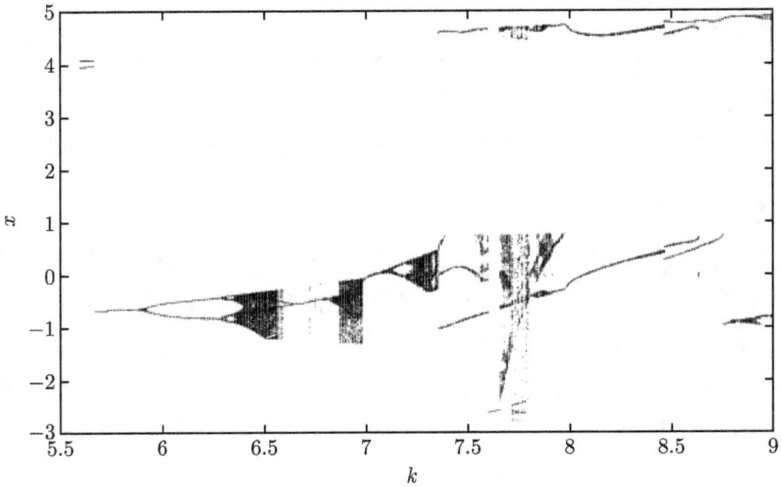

图 6-4 扰动后广告经济系统的分岔图

6.3 混沌系统在金融系统风险演化中的应用[170]

本节基于系统的外部或内部冲击、系统的传染效应和系统的风险控制建立了一个新的金融系统风险模型, 分析了它的均衡解的稳定性和 Hopf 分岔发生的条件, 通过分岔图对该系统的复杂性演化行为进行仿真研究, 得出了一些有意义的结论.

6.3.1 金融风险系统模型描述

实际上金融风险系统是一个非常复杂的非线性系统, 与非线性回归模型相比, 非线性混沌动力学模型更适合于研究金融风险系统.

为了简化模型, 假设系统风险的演化包括三个阶段. 第一阶段, 来自外部或内部的冲击对金融系统造成破坏性影响. 第二阶段, 系统风险经过金融网络间的传染效应, 进一步破坏金融系统的稳定性. 第三阶段, 面对系统的风险, 金融机构、监管制度和货币政策作出调控反应. 这三个阶段可看成三阶段循环结构的金融风险系统模式 (图 6-5). 需要注意的是, 系统风险的三个发展阶段并不呈现直线发展趋势, 发展速度并不均匀, 会呈现出非线性状态.

金融系统风险模型假设如下.

假设 6.4 第 i 时期风险分析处理的信息来自风险发生第 $i-1$ 期的值, 风险控制可减少系统总风险. x_i 表示第 i 期第一阶段外部或内部冲击作用下的系统总风险值, y_i 表示第 i 期第二阶段传染效应作用下的系统总风险值, z_i 表示第 i 期第三阶段系统风险控制的值.

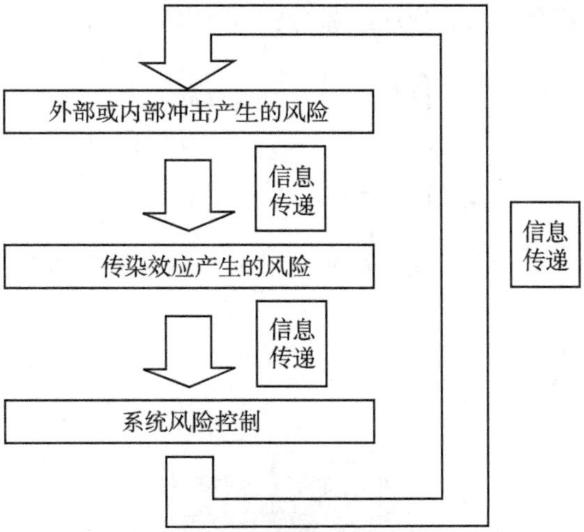

图 6-5 三阶段循环结构系统风险模式

假设 6.5 第一阶段系统当期风险 (外部或内部冲击作用系统之前), 主要受前期第二阶段传染效应产生的风险和前期第三阶段风险的控制情况 $f(y_{i-1}, z_{i-1})$、第一阶系统前期风险 (ax_{i-1}) 所共同影响. 式中, $f(y_{i-1}, z_{i-1})$ 表示 f 是变量 y_{i-1}, z_{i-1} 的函数, 为了简化模型, 在这里取 $f(y_{i-1}, z_{i-1}) = y_{i-1}z_{i-1}$, a 表示风险程度. 用数学模型描述如下

$$x_i = y_{i-1}z_{i-1} - ax_{i-1}. \tag{6.8}$$

假设 6.6 第二阶段系统当期风险 (传染效应作用系统之前), 主要受前期第一阶段系统冲击产生的风险和前期第三阶段风险的控制情况 $f(x_{i-1}, z_{i-1})$、第二阶系统前期风险 (by_{i-1}) 所共同影响. 式中, 类似假设 6.5, 这里取 $f(x_{i-1}, z_{i-1}) = x_{i-1}z_{i-1}$, b 表示风险程度. 用数学模型描述如下

$$y_i = x_{i-1}z_{i-1} - by_{i-1}. \tag{6.9}$$

假设 6.7 第三阶段系统当期风险 (系统风险控制作用系统之前), 主要受前期第一阶段系统冲击产生的风险和前期第二阶段传染效应产生的风险情况 $f(x_{i-1}, y_{i-1})$、第三阶系统前期风险的控制情况 (cz_{i-1}) 所共同影响. 式中, 类似假设 6.5, 这里取 $f(x_{i-1}, y_{i-1}) = x_{i-1}y_{i-1}$, c 表示控制强度. 用数学模型描述如下

$$z_i = cz_{i-1} - x_{i-1}y_{i-1}. \tag{6.10}$$

把 (6.8)—(6.10) 式联立, 可得如下差分方程数学模型

$$\begin{cases} x_i = y_{i-1}z_{i-1} - ax_{i-1}, \\ y_i = x_{i-1}z_{i-1} - by_{i-1}, \\ z_i = cz_{i-1} - x_{i-1}y_{i-1}. \end{cases} \tag{6.11}$$

上述差分方程可转化为下列连续微分方程模型

$$\begin{cases} \dot{x} = yz - (a+1)x, \\ \dot{y} = xz - (b+1)y, \\ \dot{z} = (c-1)z - xy. \end{cases} \tag{6.12}$$

式中, $a, b \in R^+, c > 1$. 当 $a = 4, b = 8, c = 2$ 时, 系统 (6.10) 表现出混沌现象 (图 6-6).

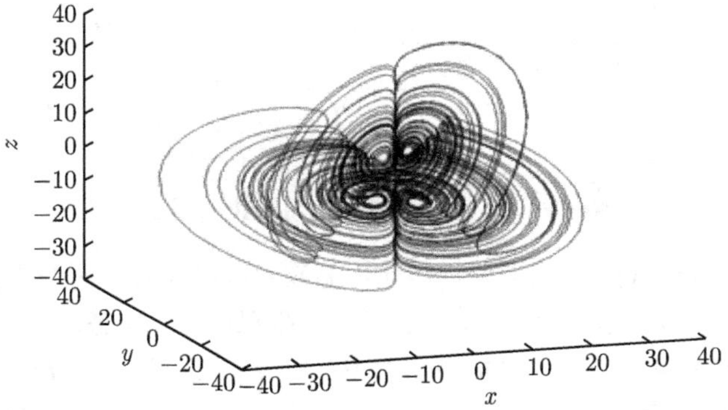

图 6-6　混沌吸引子

6.3.2　金融风险系统模型演化分析

混沌与分岔是存在于非线性经济金融系统中的一种复杂现象, 系统由简单的状态, 如均衡状态、周期性运动状态和拟周期运动状态, 进入混沌状态, 而系统的混沌效应是一个衡量金融风险系统管理运作效率的重要指标参数.

下面来分析系统的演化情况.

$$\begin{cases} yz - (a+1)x = 0, \\ xz - (b+1)y = 0, \\ (c-1)z - xy = 0. \end{cases} \tag{6.13}$$

当 $a = 4, b = 8, c = 2$ 时, 可得到系统的 5 个均衡解, 即

$$E_1(0,0,0), \quad E_2(3, \sqrt{5}, 3\sqrt{5}), \quad E_3(3, -\sqrt{5}, -3\sqrt{5}),$$
$$E_4(-3, \sqrt{5}, -3\sqrt{5}), \quad E_5(-3, -\sqrt{5}, 3\sqrt{5}),$$

这 5 个均衡解的分布如图 6-7 所示.

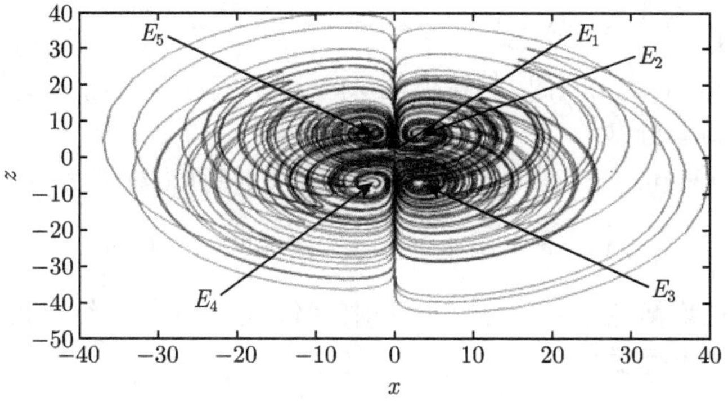

图 6-7 混沌吸引子均衡解的分布

1. 均衡解的稳定性分析

系统 (6.12) 的 Jacobian 矩阵为

$$J_{E(x_0,y_0,z_0)}=\begin{pmatrix}-a-1 & z_0 & y_0\\ z_0 & -b-1 & x_0\\ -y_0 & -x_0 & c-1\end{pmatrix}.$$

将 $E_1(0,0,0)$ 代入 Jacobian 矩阵可得到相应的特征值, 即 $\lambda_1=-9,\lambda_2=-5,\lambda_3=1$; 将 E_2,E_3,E_4,E_5 分别代入 Jacobian 矩阵可得到 4 组完全相同的特征值, 即

$$\lambda_1\approx-13.9279,\quad \lambda_2\approx0.4640+3.5649\mathrm{i},\quad \lambda_3\approx0.4640-3.5649\mathrm{i},$$

由以上特征值可知 E_1,E_2,E_3,E_4,E_5 都是不稳定的均衡解.

金融系统中不稳定的均衡解意味着系统内在的不稳定性, 不稳定性是系统产生混沌的必要条件, 一般对经济系统是有害的.

2. 系统 Hopf 分岔分析

非线性金融动力模型在演化的过程往往表现出一种复杂的金融现象, 系统由简单的状态, 如均衡状态、失稳 (分岔), 进入混沌状态, 特别是 Hopf 分岔出现时, 系统平衡点的稳定性发生改变, 并在平衡点的小邻域内产生周期解, 经济危机的周期性发生.

1) 对参数 a 的分岔分析

当 $b=8,c=2$, a 不确定时, 可得到系统关于参数 a 的 5 个均衡解, 即

$$E_1(0,0,0),\quad E_2(3,\sqrt{a+1},3\sqrt{a+1}),\quad E_3(3,-\sqrt{a+1},-3\sqrt{a+1}),$$

$$E_4(-3,\sqrt{a+1},-3\sqrt{a+1}),\quad E_5(-3,-\sqrt{a+1},3\sqrt{a+1}).$$

在均衡点 $E_1(0,0,0)$, 相应的特征值 $\lambda_1=-9,\lambda_2=-5,\lambda_3=1$, 显然在均衡点 E_1 不会出现 Hopf 分岔.

经计算, 系统 (6.12) 在上述均衡点 E_2—E_5 的特征方程都为

$$f(\lambda)=\lambda^3+(a+9)\lambda^2+9a\lambda+36(a+1)=0.$$

当 Hopf 分岔在均衡点 E_2 — E_5 出现时, 都会有一对共轭纯虚根, 设为 $\lambda_{1,2}=\pm\omega\mathrm{i},\omega\in R$, 由根与系数关系

$$\lambda_1+\lambda_2+\lambda_3=-a-9,$$

因此, $\lambda_3=-a-9$. 由 $f(\lambda_3)=-a^2-5a+4=0$, 得到

$$a=\frac{-5-\sqrt{41}}{2}<0\quad(\text{因 } a>0,\text{ 此解舍弃})\quad\text{或}\quad a=\frac{-5+\sqrt{41}}{2}.$$

也就是说, 当 $b=8,c=2,a=\dfrac{-5+\sqrt{41}}{2}$ 时, 系统在均衡点 E_2—E_5 都会出现 Hopf 分岔 (图 6-8). 此时, 系统平衡点的稳定性发生改变, 并在平衡点的小邻域内产生周期解, 经济危机的周期性发生.

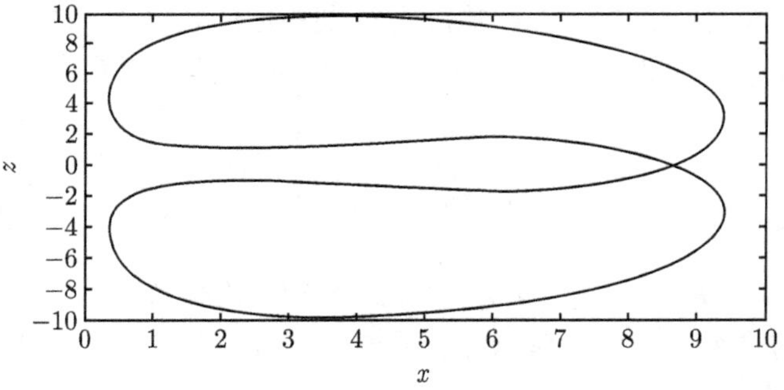

图 6-8 Hopf 分岔发生时的相图

通过仿真, 得到了 $a\in[0,8]$ 的系统分岔图, 从分岔图 6-9, 系统会从倍周期分岔、失稳通向混沌. 当系统 (6.10) 处于不稳定的混沌状态时, 系统波动会较为剧烈, 对金融系统稳定运行产生较大的破坏作用, 这时需要对金融系统适时给予调控, 防止金融系统的长期剧烈波动; 当 $a=\dfrac{-5+\sqrt{41}}{2}$ 时, 系统 (6.12) 会发生 Hopf 分岔, 整个系统处于周期性运动变化状态, 但也是一种不稳定的状态. 当 $a>7.9$ 时, 系统 (6.12) 处于渐近稳定均衡状态, 整个金融系统能够稳定有序地运转, 可以对该系统的未来状态进行短期预测.

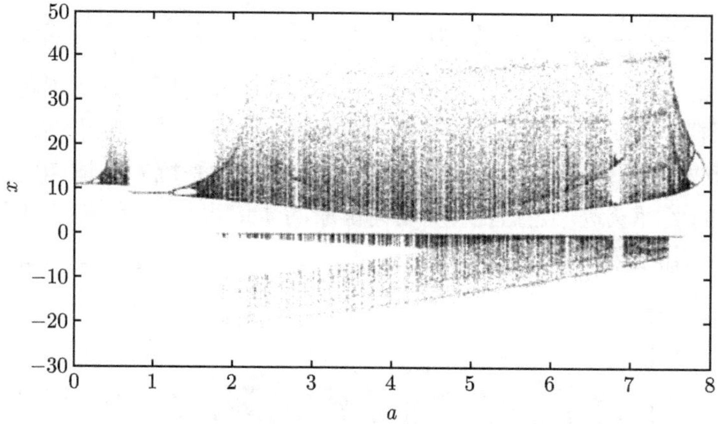

图 6-9 参数 $a \in [0,8]$ 的分岔图

2) 对参数 b、参数 c 的分岔分析

当 $a=4, c=2$, b 不确定时, 类似于对参数 a 的分岔分析, 可计算得到, 当 $a=4, c=2$, $b=\dfrac{-11\pm\sqrt{101}}{2}$ 时, 系统会出现 Hopf 分岔. 由于 $b>0$, 故应舍弃 $b=\dfrac{-11\pm\sqrt{101}}{2}<0$, 也就是说金融风险系统在均衡点 E_2—E_5 都不会出现 Hopf 分岔. 尽管此种情况在均衡点不会出现 Hopf 分岔, 但是倍周期分岔仍然出现, 这表明金融风险系统仍具有不稳定性 (图 6-10, 图 6-11).

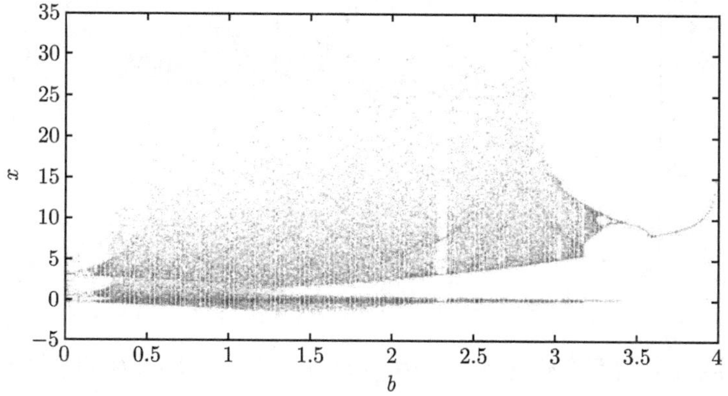

图 6-10 参数 $b \in [0,4]$ 的分岔图

当 $a=4$, $b=8$, c 不确定时, 类似于对参数 a 的分岔分析, 可计算得到, 当 $a=4$, $b=8$, $c=\dfrac{179\pm\sqrt{23641}}{28}$ 时, 系统会出现 Hopf 分岔. 因为 $c>1$, 故应舍

弃 $c=\dfrac{179-\sqrt{23641}}{28}<1$. 所以, 当 $a=4, b=8, c=\dfrac{179+\sqrt{23641}}{28}$ 时, 金融风险系统在均衡点 E_2—E_5 都会出现 Hopf 分岔. 此种情况均衡点除了出现 Hopf 分岔, 并且也出现了倍周期分岔 (图 6-12). 当 $c>5$ 时, 系统 (6.12) 处于渐近稳定均衡状态, 金融系统能够稳定有序地运转, 这表明对金融风险系统施加适当的控制强度可以改变系统的运行轨迹, 使金融系统朝向健康的轨道运行, 达到控制的目标.

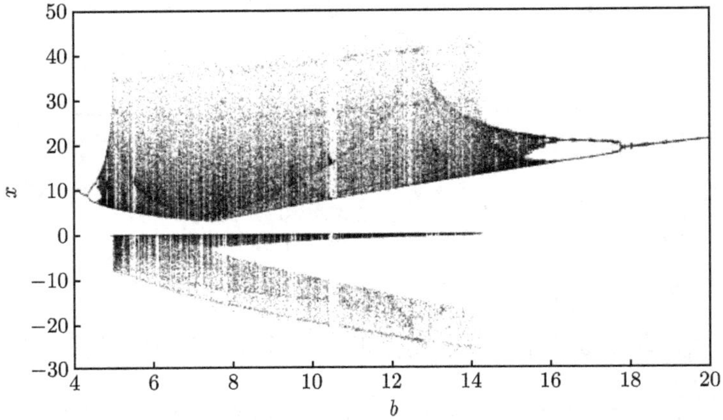

图 6-11　参数 $b\in[4,20]$ 的分岔图

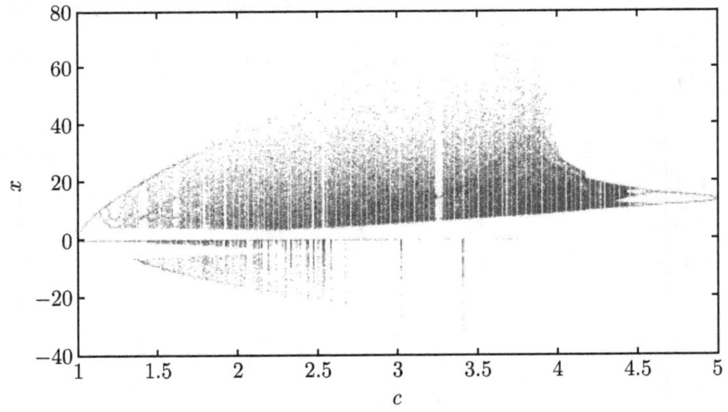

图 6-12　参数 $c\in[1,5]$ 的分岔图

系统混沌效应的存在使金融风险系统管理中的各个环节风险值不确定性增加, 从而降低各个环节的管理效率. 因此如何减弱混沌效应是金融风险系统管理研究和应用中的重要工作. 通过分析金融系统的演化情况, 可以发现不稳定均衡解可使系统产生分岔、失稳, 继而混沌态, 对于处于混沌态的金融系统是一种失控状态, 会产生非常大的破坏作用, 需要及时给予宏观调控, 平抑系统的长期剧烈波动, 通过调控后的金融系统, 系统朝向有益的方向运行.

6.4 混沌系统在股票价格波动演化中的应用[152]

本节基于股票市场的供求关系与股价之间的内在联系, 在外力干扰股票市场的情况下, 建立了一个动力系统, 分析了其基本的混沌动力学行为.

6.4.1 股票价格波动模型描述

为了建立模型, 引入如下的记号: 记 $A_b(t)$ 为时刻 t 已下单的股票买入量, 即求购量, $A_s(t)$ 为时刻 t 已下单的股票卖出量, 即供出量, $P(t)$ 为时刻 t 的股票价格, $P(t)=p_0+p(t)$, p_0 为原始股价, $p(t)$ 为股票价格波动值, $p(t)>0$ 表示股价上涨, $p(t)<0$ 表示股价下跌, $p(0)=0$. $b_i, i=1,2,3,4$ 和 $s_i, i=1,2$ 为待定系数.

根据学者云天铨作的简化假设[171], 股票在时刻 t 的供求差用数学模型描述如下

$$A(t)=A_b(t)-A_s(t). \tag{6.14}$$

假设所有变量是关于时间 t 的连续函数. 根据式 (6.14) 可得

$$A(t) \rightleftharpoons P(t+1)-P(t)=\dot{P}(t), \tag{6.15}$$

上述表达式 (6.15) 所示的意义是供求差与股价变化的一种等价关系. 由文献 [171] 可知, 只要引进系数满足量纲要求, 式 (6.14) 就可以写成等式, 即

$$\dot{P}(t)=kA(t). \tag{6.16}$$

假设一个风险中性者, 在股票市场执行 "低吸高抛" 的策略. 考虑股票的买入与其股价及其变化率的关系. 根据股票市场的规律, 时刻 t 的买入量与股价成反比, 而与股价变化率的负值成正比, 从而得到方程

$$\dot{A}_b(t)=b_1\left(P(t)\right)^{-1}-b_2\dot{P}(t), \tag{6.17}$$

在式 (6.17) 中, 当 $\dot{P}(t)\approx P(t+1)-P(t)>0$, 即 $P(t+1)>P(t)$ 时, 说明在 $t+1$ 时刻的股票价格高于 t 时刻, 这时, 由于时刻 $t+1$ 价格高, 下单的股票买入量应该减少; 反之, 当 $\dot{P}(t)\approx P(t+1)-P(t)<0$ 时, 下单的股票买入量应该增多, 此时, $-b_2\dot{P}(t)>0$. 然而股票买入量的变化率不但和时刻 t 股票的价格、股价变化率有关, 而且和时刻 t 股票的买入量、卖出量有直接的关系. 设此时买入量的变化率与时刻 t 的买入量成正比, 与卖出量负值成正比. 从而进一步得出方程

$$\dot{A}_b(t)=b_1\left(P(t)\right)^{-1}-b_2\dot{P}(t)+b_3A_b(t)-b_4A_s(t)+\delta_1, \tag{6.18}$$

δ_1 为外界对股市的干扰, 如外界政策影响等.

类似于式 (6.17) 的讨论, 时刻 t 的卖出量 $A_s(t)$ 的变化率与股价成正比, 与股价变化率的成正比, 与时刻 t 股票的卖出量成正比, 而与时刻 t 买入量的负值成正比, 从而又得到方程

$$\dot{A}_s(t) = s_1 P(t) + s_2 \dot{P}(t) + b_3 A_s(t) - b_4 A_b(t) + \delta_2, \tag{6.19}$$

类似于 δ_1, δ_2 也为外界干扰.

下面对方程 (6.14)—(6.19) 进行整理.

由 $\dot{P}(t) = k(A_b(t) - A_s(t))$, 有 $\ddot{P}(t) = k(\dot{A}_b(t) - \dot{A}_s(t))$, 从而

$$\begin{aligned}
\ddot{P}(t) &= k(b_1 (P(t))^{-1} - b_2 \dot{P}(t) + b_3 A_b(t) - b_4 A_s(t) + \delta_1 \\
&\quad - s_1 P(t) - s_2 \dot{P}(t) - b_3 A_s(t) + b_4 A_b(t) - \delta_2) \\
&= k b_1 (P(t))^{-1} - k(b_2 + s_2)\dot{P}(t) + (k b_3 + k b_4)(A_b(t) - A_s(t)) - k s_1 P(t) + k(\delta_1 - \delta_2) \\
&= -k s_1 P(t) + k b_1 (P(t))^{-1} + [(b_3 + b_4) - k(b_2 + s_2)]\dot{P}(t) + k(\delta_1 - \delta_2).
\end{aligned}$$

由于 $P(t) = p_0 + p(t)$, $\dot{P}(t) = \dot{p}(t)$, $\ddot{P}(t) = \ddot{p}(t)$, 所以股票价格波动值 $p(t)$ 的动力学方程为

$$\begin{aligned}
\ddot{p}(t) &= -k s_1 p(t) - k s_1 p_0 + k b_1 (p_0 + p(t))^{-1} + [(b_3 + b_4) - k(b_2 + s_2)]\dot{p}(t) + k(\delta_1 - \delta_2) \\
&= -k s_1 p(t) + k b_1 (p_0 + p(t))^{-1} + [(b_3 + b_4) - k(b_2 + s_2)]\dot{p}(t) + k(\delta_1 - \delta_2) - k s_1 p_0.
\end{aligned}$$

设 $a_1 = k s_1, a_2 = k b_1, a_3 = (b_3 + b_4) - k(b_2 + s_2), k(\delta_1 - \delta_2 - s_1 p_0) = q\cos wt$, 则股票价格波动状态 $p(t)$ 的动力学方程可化简为

$$\ddot{p}(t) = -a_1 p(t) + a_2 (p_0 + p(t))^{-1} + a_3 \dot{p}(t) + q\cos wt, \tag{6.20}$$

其中, $p(t)$ 表示股票价格波动的状态, $\ddot{p}(t)$ 表示股票价格波动的加速度, q 表示政策的控制参数, w 表示外力的频率.

为方便对本模型进行分析, 并实现降价的目的, 可以按照下列方式描述系统, 即

$$\begin{cases}
\dot{x}(t) = y(t), \\
\dot{y}(t) = -a_1 x(t) + a_2 (p_0 + x(t))^{-1} + a_3 y(t) + q\cos wt,
\end{cases} \tag{6.21}$$

其中 $p(t) = x(t)$.

从实际情况来看, $p_0 + x(t) > 0$, 股票价格波动值 $p(t)$ 不会下跌到原始股价 p_0 及以下, 使得 $p_0 + x(t) \leqslant 0$, 否则早已破产退市, 而对方程组 (6.21) 而言, 理论上讲, 有可能 $p_0 + x(t) \leqslant 0$, 特别是, $p_0 + x(t) = 0$, 使得 $(p_0 + x(t))^{-1}$ 无意义. 因此, 假设 $p_0 = x(t)\mathrm{sign}x(t) + a_0 - x(t)$, $a_0 > 0$, 方程组 (6.21) 变成以下方程组

$$\begin{cases}
\dot{x}(t) = y(t), \\
\dot{y}(t) = -a_1 x(t) + a_2 (a_0 + x(t)\mathrm{sign}x(t))^{-1} + a_3 y(t) + q\cos wt.
\end{cases} \tag{6.22}$$

尽管上式中的这种假设是有缺陷的, 但是, 当 $x(t)>0$ 时, 方程组 (6.22) 与方程组 (6.21) 有相似的性质. 因此, 为了方便理论和仿真研究, 可以通过分析方程组 (6.22) 的性质来部分地推断实际中股票价格波动 $p(t)$ 的演化行为, 从而可以为管理者提供一定的理论借鉴.

6.4.2 股票价格波动动力学演化分析

1. 平衡点的稳定性分析

显然系统 (6.22) 是一个非线性自治系统, 令

$$\begin{cases} y(t)=0, \\ -a_1x(t)+a_2\left(a_0+x(t)\text{sign}x(t)\right)^{-1}+a_3y(t)+q\cos wt=0. \end{cases} \tag{6.23}$$

(a) 当 $x(t)=0$, $a_2\left(a_0\right)^{-1}+q\cos wt=0$ 时, 平衡点为 $E_0\left(x,y\right)=(0,0)$.

(b) 当 $x(t)\neq 0$,

(i) $q\cos wt\neq 0$ 时, 平衡点 $E_{1,2}\left(M,N\right)$ 为

$$\begin{aligned}&(M,N)\\ =&\left(\frac{-(a_0a_1-q\text{sign}x\cos wt)\pm\sqrt{(a_0a_1-q\text{sign}x\cos wt)^2+4a_1\text{sign}x\left(a_2+a_0q\cos wt\right)}}{2a_1\text{sign}x},0\right),\end{aligned}$$

(ii) $q\cos wt=0$ 时, 平衡点为

$$(M,N)=\left(\frac{-a_0a_1\pm\sqrt{(a_0a_1)^2+4a_1a_2\text{sign}x}}{2a_1\text{sign}x},0\right).$$

根据 Jury (朱利) 条件和二维系统分岔定理, 关于系统的 2 个不动点的局部稳定性, 有如下定理.

定理 6.1 如果 $x(t)=0$, $a_2\left(a_0\right)^{-1}+q\cos wt=0$, 则 E_0 的局部稳定性如下:

(1) 当 $a_1<1, |a_3|<1+a_1$ 时, 系统在不稳定点 E_0 处渐近稳定;

(2) 当 $a_3=1+a_1$ 时, 系统在不稳定点 E_0 处产生 Fold(鞍结) 分岔;

(3) 当 $a_3=-1-a_1$ 时, 系统在不稳定点 E_0 处产生 Flip(周期加倍) 分岔;

(4) 当 $a_1=1, -2<a_3<2$ 时, 系统在不稳定点 E_0 处产生 Neimark-Sacker (二次 Hopf) 分岔.

证明 系统 (6.22) 在边界平衡点 $E_0=(0,0)$ 处的 Jacobian 矩阵

$$J_{E_0}=\begin{pmatrix} 0 & 1 \\ -a_1-a_2\text{sign}x(t)\left(a_0+x(t)\text{sign}x(t)\right)^{-2} & a_3 \end{pmatrix}=\begin{pmatrix} 0 & 1 \\ -a_1 & a_3 \end{pmatrix}.$$

其对应的特征多项式 $f(\lambda)=\lambda^2-a_3\lambda+a_1$. 根据 Jury 条件, 当参数取值使得 $f(1)=1-a_3+a_1>0$, $f(-1)=1+a_3+a_1>0$, $1-f(0)=1-a_1>0$ 时, 平衡点 E_0 稳定, 即有定理 6.1 中的 (1); 当 $f(1)=1-a_3+a_1=0$ 时, 系统在 E_0 处产生 Fold 分岔, 即有定理 6.1 中的 (2); 当 $f(-1)=1+a_3+a_1=0$ 时, 系统在 E_0 处产生 Flip 分岔, 即有定理 6.1 中的 (3); 当 $1-f(0)=1-a_1=0$ 且 $\Delta=a_3^2-4a_1<0$ 时, 系统 (6.22) 存在单位圆上的一对共轭复根, 在 E_0 处产生 Neimark-Sacker 分岔, 即有定理 6.1 中的 (4).

定理 6.2 如果 $x(t)\neq 0$, 则 $E_{1,2}(M,N)$ 的局部稳定性如下:

(1) 当 $a_1<1-\dfrac{a_2\text{sign}M}{(a_0+M\text{sign}M)^2}$, $|a_3|<1+a_1+\dfrac{a_2\text{sign}M}{(a_0+M\text{sign}M)^2}$ 时, 系统在不稳定点 $E_{1,2}$ 处渐近稳定;

(2) 当 $a_3=1+a_1+\dfrac{a_2\text{sign}M}{(a_0+M\text{sign}M)^2}$ 时, 系统在不稳定点 $E_{1,2}$ 处产生 Fold(鞍结) 分岔;

(3) 当 $a_3=-1-a_1-\dfrac{a_2\text{sign}M}{(a_0+M\text{sign}M)^2}$ 时, 系统在不稳定点 $E_{1,2}$ 处产生 Flip(周期加倍) 分岔;

(4) 当 $a_1=1-\dfrac{a_2\text{sign}M}{(a_0+M\text{sign}M)^2}$, $-2<a_3<2$ 时, 系统在不稳定点 $E_{1,2}$ 处产生 Neimark-Sacker (二次 Hopf) 分岔.

定理 6.2 的证明过程同定理 6.1, 故省略.

2. 耗散性和吸引子的存在性

对于系统 (6.22), 有下列表达式

$$\nabla V=\frac{\partial\dot{x}}{\partial x}+\frac{\partial\dot{y}}{\partial y}=a_3,$$

当 $a_3<0$ 时, 系统 (6.22) 表现出耗散性, 它收敛于指数形式

$$\frac{\mathrm{d}V}{\mathrm{d}t}=e^{a_3}.$$

即当时刻为 t 时, 相体积 V_0 会缩小至体积元 $V_0e^{a_3t}$. 这就表明, 当 $t\to\infty$ 时, 任何含系统轨线的体积元都会依据 a_3 的指数率缩小至 0. 不过这并不代表着每一个小体积都收敛到同一点, 它可以沿着复杂的轨迹在曲面上延展, 最后系统的全部轨线将会约束在一个特定的体积等于 0 的子集合上, 而且在这个系统里的渐近轨线会稳固在一个 (子集合) 吸引子上[3].

3. 分数维、Lyapunov 指数、分岔图、功率谱及 Poincaré 图

通过仿真, 系统 (6.22) 表现出一些复杂的动力学性质. 如当我们取 $a_0 = 0.15$, $a_1 = 0.6$, $a_2 = 0.5$, $a_3 = -0.2$, $q = 0.8$, 并且该模型的序参量外力频率参数 $w = 0$ 时, 股票市场受到恒定的外力干扰, 市场处于稳定的状态 (图 6-13), 图中所有的轨道从初值出发, 经过一段时间的迭代, 系统逐渐收敛到一个平衡点. 当 $w \neq 0$ 时, 市场受到不断变化的外力干扰时, 系统会逐渐失去稳定, 产生分岔, 最终产生混沌 (图 6-14, $w = 0.6$).

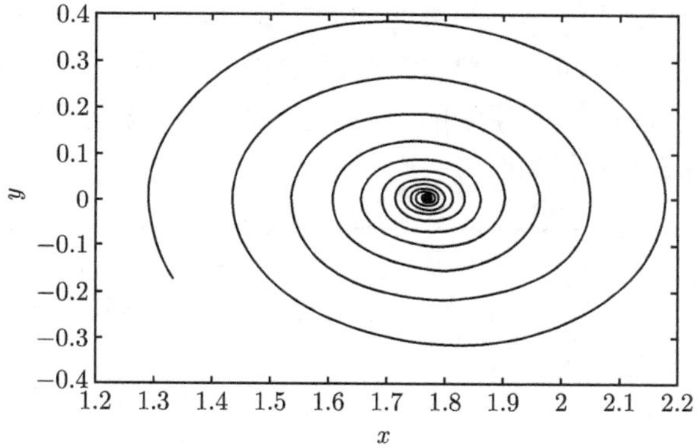

图 6-13 $w = 0$ 的相图

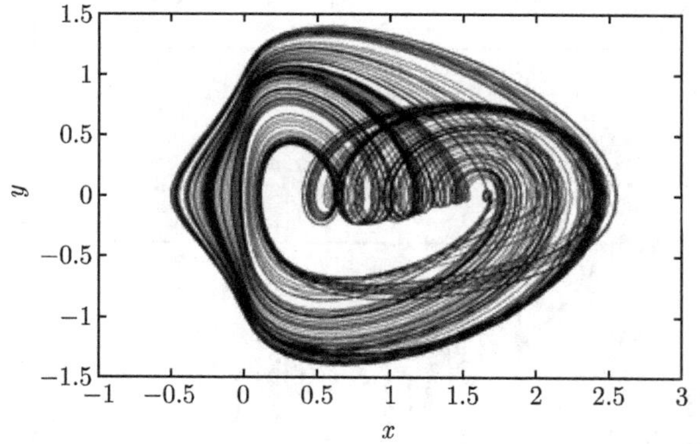

图 6-14 $w = 0.6$ 的相图

Lyapunov 指数是刻画系统邻近轨道平均分离快慢的平均量, 若系统的最大的 Lyapunov 指数大于零, 则通常认为系统是混沌系统[1]. 对于参数 $a_0 = 0.15$, $a_1 = 0.6$, $a_2 = 0.5$, $a_3 = -0.2$, $w = 0.6$, $q = 0.8$, 初值取 (0.01,0.1), 经计算, 得到系统的 Lyapunov 指数如下

$$L_1 = 3.1452, \quad L_2 = 3.4912.$$

Lyapunov 分数维为

$$D_L = j + \frac{1}{|L_{j+1}|}\sum_{i=1}^{j} L_i = 1 + \frac{L_1}{|L_2|} = 1 + \frac{3.1452}{|3.4912|} = 1.9009.$$

图 6-15 给出了系统随着参数 $q \in [0,1]$ 变化的分岔图, 从图 6-15 可见, 随参数 q 的逐渐增大, 系统 (6.22) 经历了由 1 周期倍化为 2 周期, 4 周期, $\cdots$, 倍周期分岔的运动形式, 系统从稳定的 1 周期轨道通过倍周期分岔走向混沌. 图 6-16 给出当 $a_3 \in [-0.3, 0.1]$ 时的最大 Lyapunov 指数图, 它展示了新系统有一些周期窗口, 这些周期窗口对系统的动力学演化有着非常重要的作用[3]. 另外, 图 6-17 显示了系统连续的宽带特征, 图 6-18 显示了系统的 Poincaré 图, 其中吸引子的叶片被折叠, 这也导致了系统复杂的动力学行为.

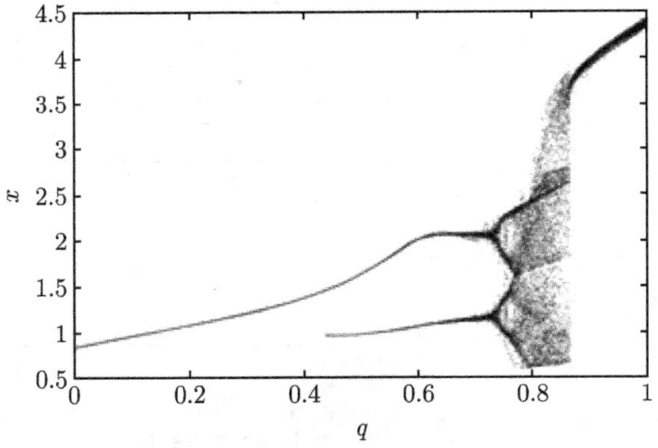

图 6-15　分岔图

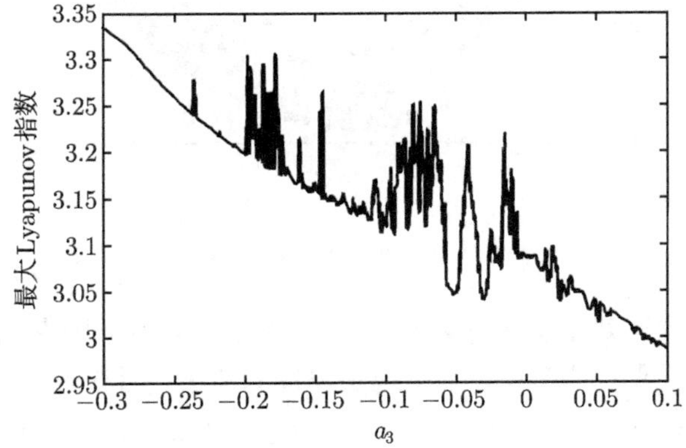

图 6-16　最大的 Lyapunov 指数

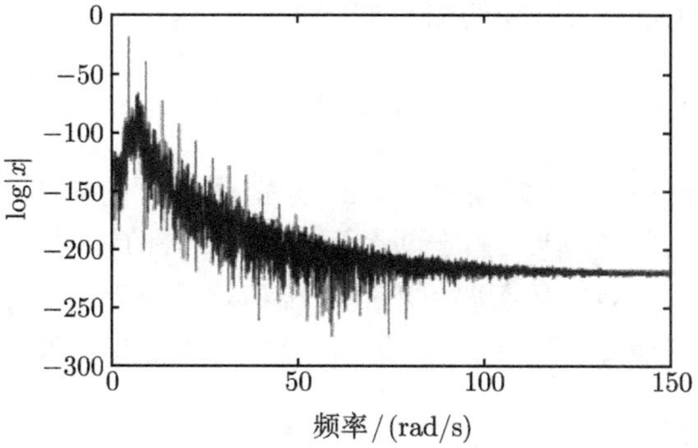

图 6-17 系统的功率谱图

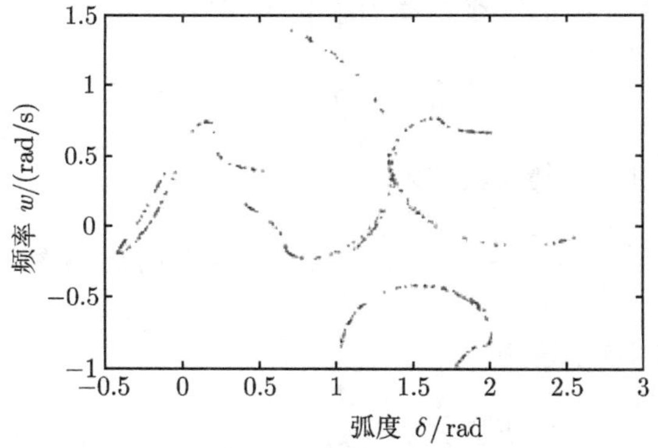

图 6-18 系统的 Poincaré 图

6.5 混沌系统在双寡头博弈模型中的应用[172]

在构建动态博弈模型时, 许多学者基于寡头模型中的 "边际利润" 或 "边际效用" 来定产定价, 并没有考虑其他可能会影响边际利润函数和边际效用函数的因素. 本节考虑了大小两个双寡头厂商, 并引入了小厂商的 "模仿行为" 这一决策影响因素. 寡头之间由于市场地位和实力的不同, 会出现小厂商模仿大厂商的行为, 进而调整自己的产量. 小厂商 "模仿行为" 的引入会使博弈模型更接近实际, 更好地分析厂商竞争时的演化行为, 从而为厂商科学的决策提供一定的参考.

6.5.1 模型建立

假设某行业中有大小两个寡头厂商, 大厂商相对于小厂商具有更多的信息优势, 且两个厂商都能够知道对方的历史决策信息, 即前一时刻的产量, 因此市场是

出清的. 假设他们所处产品市场的需求曲线为

$$p_i = a_i - b_i q_i - d q_j, \quad a_i > 0, b_i > 0, 0 \leqslant d \leqslant 1, i \neq j,$$

其中 p_i 是两个厂商的产品市场价格, q_1, q_2 分别是大厂商和小厂商的产量, d 是两个厂商所生产产品的同质程度. 假定两个厂商采取的都是产量决策.

大厂商生产一单位的产品所要付出的资源相对于小厂商来说是更多的, 因此我们假定大厂商的边际成本大于小厂商的边际成本. 为简化计算, 我们假设两个厂商的成本函数均为一次型

$$C_i = c_i q_i, \quad c_1 > c_2, \quad i = 1, 2.$$

由此我们可得出大厂商和小厂商的利润函数为

$$\pi_i = (p_i - c_i) q_i, \quad i = 1, 2.$$

两个厂商在 t 时刻的边际利润函数为

$$\frac{\partial \pi_i(q_1, q_2)}{\partial q_i} = a_i - c_i - 2b_i q_i(t) - d q_j(t), \quad i \neq j. \tag{6.24}$$

大厂商的边际利润函数为

$$\frac{\partial \pi_1(q_1, q_2)}{\partial q_1} = a_1 - c_1 - 2b_1 q_1(t) - d q_2(t),$$

由于小厂商存在模仿行为, 小厂商则会根据上期与大厂商存在的 “产量差” 进行调整, 如若 $q_1(t) > q_2(t)$, 在下期会相应地增加自己的产量. 因此, 基于模仿行为下的小厂商的边际利润函数为

$$\frac{\partial \pi_2(q_1, q_2)}{\partial q_2} = a_2 - c_2 - 2b_2 q_2(t) - d q_1(t) + (q_1(t) - q_2(t)).$$

现实生活中, 由于两个厂商无法掌握市场的充分信息, 并且不了解对手的决策信息, 只能通过各自的边际效用函数进行下期的产量决策, 这也是有限理性思想中的满意化原则, 在本章中, 我们引入小厂商对大厂商的模仿行为, 考虑其他可能会影响边际利润函数的因素, 使得模型更贴近现实. 因此, 小厂商基于模仿行为的两个厂商动态博弈模型如下

$$\begin{cases} q_1(t+1) = q_1(t) + \alpha_1 q_1(t)\left(a_1 - c_1 - 2b_1 q_1(t) - d q_2(t)\right), \\ q_2(t+1) = q_2(t) + \alpha_2 q_2(t)\left(a_2 - c_2 - 2b_2 q_2(t) - d q_1(t) + (q_1(t) - q_2(t))\right), \end{cases} \tag{6.25}$$

在 (6.25) 式中, α_1 和 α_2 分别为两个厂商进行产量调节的调节速度或幅度系数. $(q_1(t)-q_2(t))$ 表示在第 t 期厂商 1 和厂商 2 的产量差, 若 $q_1(t)-q_2(t)>0$, 则表明在第 t 期厂商 1 的产量大于厂商 2 的产量, 厂商 2 预测在 $t+1$ 产量厂商 1 仍会保持原有产量, 于是厂商 2 便会模仿厂商 1 的行为, 在 $t+1$ 时刻提高自己的产量.

式 (6.25) 中, 我们采用的仍是 "有限理性" 策略, 在小厂商的行为决策模型中, 由于信息不对称等原因, 我们考虑了小厂商会模仿大厂商的历史信息进行决策, 这也是符合现实情况.

6.5.2 寡头模型复杂性分析

1. 均衡点分析

市场中两个寡头厂商经过多次的策略博弈, 不断地调整自己的策略最终会达到一种均衡, 在这种均衡下, 只要竞争对手不改变自己的策略, 其中另一个寡头厂商也不会改变自己的策略选择, 即满足

$$q_1(t+1)=q_1(t)=q_1^*(t),\quad q_2(t+1)=q_2(t)=q_2^*(t),$$

根据式系统 (6.25), 我们可以求出系统的四个均衡点分别为

$$E_0\,(0,0)\,,\quad E_1\left(0,\frac{a_2-c_2}{1+2b_2}\right),\quad E_2\left(\frac{a_1-c_1}{2b_1},0\right),$$

$$E_3\left(\frac{a_1-c_1+2a_1b_2-a_2d-2b_2c_1+c_2d}{4b_1b_2+2b_1+d-d^2},\frac{a_1-c_1+2a_2b_1-a_1d-2b_1c_2+c_1d}{4b_1b_2+2b_1+d-d^2}\right),$$

显而易见 E_0,E_1,E_2 是有界均衡点, E_3 是纳什均衡点, 现在我们需要讨论四个均衡点的稳定情况及达到稳定状态时参数所需要满足的条件, 根据式 (6.25) 得出其 Jacobian 矩阵:

$$J=\begin{pmatrix} 1+\alpha_1\left(a_1-c_1-4b_1q_1-dq_2\right) & -\alpha_1dq_1 \\ (1-d)\alpha_2q_2 & 1+\alpha_2\left(a_2-c_2-\left(4b_2+2\right)q_2+\left(1-d\right)q_1\right) \end{pmatrix}.$$

(i) 对于均衡点 E_0, 其对应的 Jacobian 矩阵为

$$J_{E_0}=\begin{pmatrix} 1+\alpha_1\left(a_1-c_1\right) & 0 \\ 0 & 1+\alpha_2\left(a_2-c_2\right) \end{pmatrix},$$

其对应的特征根

$$\lambda_1=1+\alpha_1(a_1-c_1),\quad \lambda_2=1+\alpha_2(a_2-c_2).$$

若使式 (6.24) 满足经济意义, 则参数必须满足

$$a_1>c_1,\quad a_2>c_2,$$

因此, 方程的两个特征根均大于 1, 可知, 均衡点 E_0 是不稳定的.

(ii) 对于均衡点 E_1, 其对应的 Jacobian 矩阵为

$$J_{E_1}=\begin{pmatrix} 1+\alpha_1\left(\dfrac{a_1-c_1+2a_1b_2-a_2d-2b_2c_1+c_2d}{1+2b_2}\right) & 0 \\ \dfrac{\alpha_2(1-d)(a_2-c_2)}{1+2b_2} & 1+\alpha_2(c_2-a_2) \end{pmatrix},$$

由均衡点 E_1 具有实际意义, 因此

$$a_1-c_1+2a_1b_2-a_2d-2b_2c_1+c_2d>0.$$

由此得出该矩阵特征方程的根分别为

$$\lambda_1=1+\alpha_1(a_1-c_1+2a_1b_2-a_2d-2b_2c_1+c_2d/1+2b_2)>1,$$
$$\lambda_2=1+\alpha_2(2b_2(c_2-a_2)+(c_2-a_2)/1+2b_2)<1.$$

因此, 均衡点 E_1 是不稳定的.

(iii) 对于均衡点 E_2, 其对应的 Jacobian 矩阵为

$$J_{E_2}=\begin{pmatrix} 1+\alpha_1(c_1-a_1) & \dfrac{-\alpha_1d(a_1-c_1)}{2b_1} \\ 0 & 1+\alpha_2\dfrac{a_1-c_1+2a_2b_1-a_1d-2b_1c_2+c_1d}{2b_1} \end{pmatrix},$$

由此可得出其特征方程的根分别为

$$\lambda_1=1+\alpha_1(c_1-a_1)<1,\quad \lambda_2=1+\alpha_2(a_1-c_1+2a_2b_1-a_1d-2b_1c_2+c_1d)/2b_1>1.$$

因此, 均衡点 E_2 也是不稳定的.

(iv) 对于均衡点 E_3, 其对应的 Jacobian 矩阵为

$$J_{E_2}=\begin{pmatrix} 1+\alpha_1(a_1-c_1-4b_1q_1^*-dq_2^*) & -\alpha_1dq_1^* \\ (1-d)\alpha_2q_2^* & 1+\alpha_2(a_2-c_2-(4b_2+2)q_2^*+(1-d)q_1^*) \end{pmatrix}.$$

该矩阵的特征方程为

$$p(\lambda)=\lambda^2-T\lambda+D=0,$$

其中

$$q_1^*=\frac{a_1-c_1+2a_1b_2-a_2d-2b_2c_1+c_2d}{4b_1b_2+2b_1+d-d^2},\quad q_2^*=\frac{a_1-c_1+2a_2b_1-a_1d-2b_1c_2+c_1d}{4b_1b_2+2b_1+d-d^2},$$

设

$$T = 2 + \alpha_1(a_1 - c_1 - 4b_1q_1^* - dq_2^*) + \alpha_2[a_2 - c_2 - (4b_2 + 2)q_2^* + (1 - d)q_1^*],$$

$$D = [1 + \alpha_1(a_1 - c_1 - 4b_1q_1^* - dq_2^*)][1 + \alpha_2(a_2 - c_2 - (4b_2 + 2)q_2^* + (1 - d)q_1^*)] \\ + \alpha_1\alpha_2(1 - d)dq_1^*q_2^*.$$

根据 Jury 条件, 若使均衡点 E_3 是稳定的, 则需满足如下条件

$$\begin{cases} D < 1, \\ 1 - T + D > 0, \\ 1 + T + D > 0. \end{cases} \tag{6.26}$$

在我们除了对 α_1, α_2 之外的参数赋值后, 满足上式 Jury 条件的值即为纳什均衡点 E_3. 关于 α_1, α_2 的稳定域, 若 α_1, α_2 的值在稳定域内, 则表示经过一系列博弈之后, $q_1(t), q_2(t)$ 最终趋于稳定点 E_3, 反之不在稳定域内, 系统则最终会失去稳定进入混沌状态.

经计算式 (6.26) 中前两个条件都是成立, 因此, 式 (6.26) 成立则要求参数满足如下条件

$$4 + 2\alpha_1M + 2\alpha_2N + \alpha_1\alpha_2MN + \alpha_1\alpha_2d(1 - d)q_1^*q_2^* > 0,$$

其中 $M = \alpha_1(a_1 - c_1 - 4b_1q_1^* - dq_2^*)$, $N = \alpha_2[a_2 - c_2 - (4b_2 + 2)q_2^* + (1 - d)q_1^*]$.

由上, 我们可以得到结论 6.1.

结论 6.1 E_0, E_1, E_2 是有界不稳定均衡点; 当满足条件 (6.26) 时, 该均衡点 E_3 是局部稳定的. 当 α_1, α_2 位于稳定域内时, 系统 (6.25) 是稳定的, 当 α_1, α_2 不在稳定域内时, 系统 (6.25) 会出现一系列复杂的动力学行为, 甚至进入混沌状态.

2. 数值模拟分析

在本节中, 我们通过对动态博弈系统中的参数赋值, 以此来更直观地观察系统的演化过程. 在我们引入小厂商的模仿行为后, 小厂商在有限理性的基础上进行下一阶段的产量决策, 小厂商的模仿行为是否加强了自身系统的稳定性呢? 大厂商又是否受到小厂商模仿行为的影响呢? 下面我们通过对参数赋值, 进行数值模拟来观察大小厂商的一系列分岔混沌等动力学行为. 参数赋值为 $a_1 = 6; a_2 = 4; b_1 = b_2 = 0.8; c_1 = 0.5; c_2 = 0.4; d = 1$, 初值 $q_1(t) = 1$, $q_2(t) = 1$.

首先, 我们分析小厂商的动力学行为, 通过对大厂商不同调节速度的赋值, 来观察小厂商的稳定性情况, 当大厂商的调节速度 $\alpha_1 = 0.2$ 时, 系统的稳定性随时间的演化过程如图 6-19 所示.

当大厂商的调整系数 $\alpha_1 = 0.2$ 时, 系统 (6.23) 的分岔图和最大 Lyapunov 指数如图 6-19 所示, 我们可以看到 $\alpha_2 = 0.5565$ 时系统发生第一次倍周期分岔, 当 $\alpha_2 = 0.6792$ 时, 系统发生第二次倍周期分岔, 当 α_2 大于 0.7005 时, 系统开始进入

混沌状态, 与之对应的是下方最大 Lyapunov 指数图. Lyapunov 指数大于 0, 意味着系统进入无序状态. 因此, 我们可得到结论 6.2.

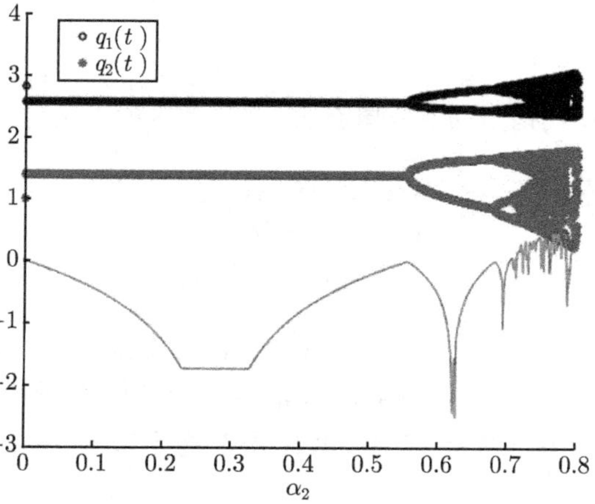

图 6-19 参数 $\alpha_1 = 0.2$

结论 6.2 随着厂商调整速度的不断增大, 系统会出现一系列动力学行为, 出现分岔并最终进入无序的混沌状态. 因而, 厂商的调整幅度或速度过快时, 容易引发整个系统的不稳定性, 进而可能使整个行业陷入混乱的危机之中, 不利于整个行业的健康发展.

当厂商 1 的调整系数 $\alpha_1 = 0.3$ 时, 根据图 6-20 的产量分岔图和最大 Lyapunov 指数, 并与图 6-19 进行对比, 我们发现小厂商的稳定性几乎是和大厂商保持一致的, 并没有受到大厂商调节速度或幅度的影响. 我们认为小厂商的模仿行为实际是根据环境结构的变化或大厂商之间的产量差进行自我调节的一个过程. 这也体现出小厂商在与大厂商竞争的过程中, 不断进行产量的调整, 在调整的过程中, 小厂商势必要根据发挥自身优势并改变相应发展战略. 由此可见, 模仿行为增强了小厂商自身的稳定性, 促进了其良性的发展. 因此, 有结论 6.3.

结论 6.3 当加入小厂商的模仿行为后, 小厂商的稳定性几乎是和大厂商保持同步的, 且小厂商的稳定性并没有受到大厂商调节速度的影响. 我们可以得出厂商之间的竞争在一定程度上有利于企业的发展, 合理的竞争关系会使整个行业处于有活力的状态, 促进整个行业的不断更新与迭代.

那么对于大厂商呢? 大厂商是否会因为小厂商的模仿行为而加剧自身系统的不稳定性呢? 下面我们给定小厂商的调节速度 $\alpha_2 = 0.2$, 分别给出存在模仿行为和不存在模仿行为时大厂商的产量分岔图和最大 Lyapunov 指数图, 更加直观地观察模仿行为对大厂商稳定性的影响. 图 6-21 是不存在模仿行为时大厂商的产量分岔图.

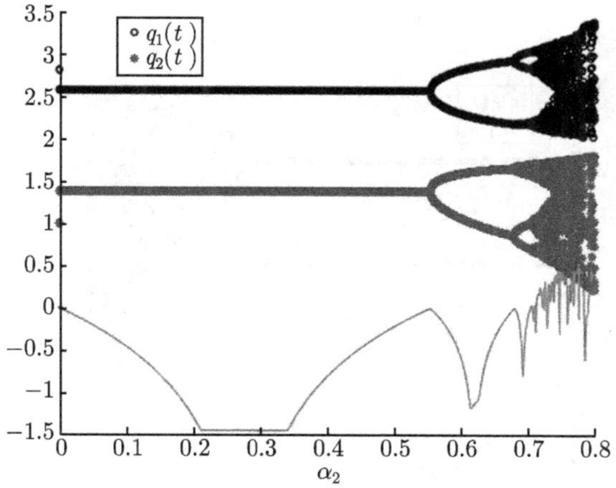

图 6-20 参数 $\alpha_1 = 0.3$

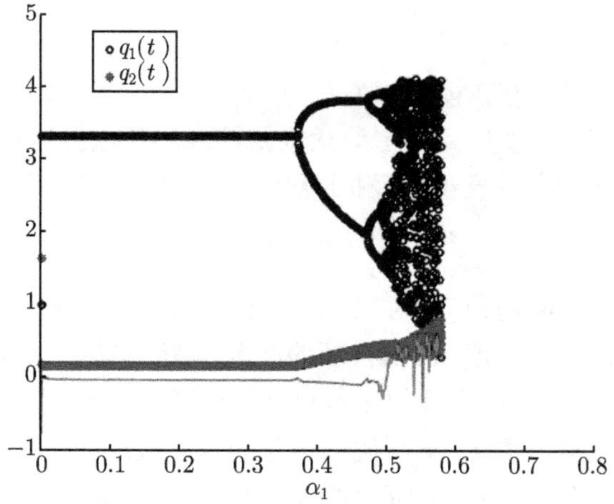

图 6-21 参数 $\alpha_2 = 0.2$

当给定小厂商的调整系数 $\alpha_2 = 0.2$ 时, 根据大厂商的产量分岔图和最大 Lyapunov 指数, 在调整系数 $\alpha_1 = 0.3692$ 时, 系统发生第一次倍周期分岔, 在 $\alpha_1 = 0.4718$ 系统发生第二次倍周期分岔, 当 α_1 大于 0.4940 时, 系统进入混沌状态, 与之对应的是 Lyapunov 指数大于 0. 这表明当厂商 2 的调整速度或幅度逐渐增大时, 系统最终进入无序的混乱状态.

当存在模仿行为时, 大厂商的产量分岔图和最大 Lyapunov 指数如图 6-22 所示: 在 $\alpha_1 = 0.4850$ 时, 系统发生第一次倍周期分岔, 在 $\alpha_1 = 0.5905$ 时, 系统发生第二次倍周期分岔, 当 $\alpha_1 > 0.6195$ 时, 系统开始进入混乱状态. 与不存在模仿行为时相比, 大厂商的系统稳定性反而增强了, 随着大厂商调节速度的增加, 系统最终仍会进入混沌无序的状态, 但明显推迟了进入混沌状态的时间点. 我们认为, 小厂商的模仿行为使得整个动态博弈更快地趋向于平衡, 从而增强了系统的稳定性. 由此, 我们得出结论 6.4.

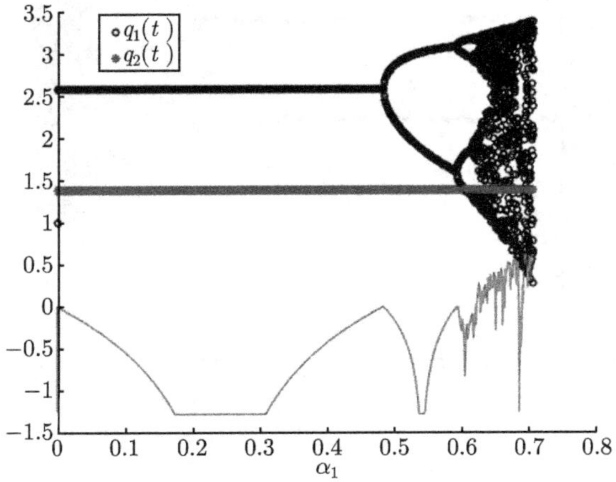

图 6-22　参数 $\alpha_2 = 0.2$

结论 6.4　当小厂商存在模仿行为时, 反而推迟了大厂商出现分岔混沌等不稳定的动力学行为时间点. 小厂商的主动竞争促使大厂商也会自行调整其决策行为, 最终实现了整个行业的良性竞争, 有利于整个行业的创新和持续发展.

3. 政策建议

为了做好厂商的风险防范, 针对以上分析结果提出三点建议: ① 厂商可以在纳什均衡点的稳定域内调整速度, 做出合理的产量决策, 避免厂商的价格演化出现失稳、分岔、甚至混沌状态; ② 合理的竞争有利于厂商的发展, 企业在发展的过程中, 要不断根据自身特点与时俱进, 不断调整自身的发展战略; ③ 适当地对产量进行调控, 能够有效防止厂商进入无序的混乱状态. 总之, 管理者应根据自己的实际情况制定适合自己的产量策略, 保证企业目标的顺利实现.

6.6　本章小结

混沌与分岔是非线性经济、金融系统中的一种复杂现象, 是当前非线性经济动力学研究的一项重要内容. 系统由简单的状态, 如均衡状态、周期性运动状态和拟周期运动状态, 进入混沌状态. 本章主要讨论了混沌系统在广告经济系统、金融风险演化系统、股票价格波动演化系统以及双寡头博弈模型中的应用. 分析了系统的基本动力学特征, 如稳定结点、鞍点、分岔、Hopf 分岔、Lyapunov 指数、分数维等. 系统参数变化会导致经济停滞僵化、稳定或不稳定增长、通货膨胀、经济萧条或经济局面失控等.

参 考 文 献

[1] 吕金虎, 陆君安, 陈士华. 混沌时间序列分析及其应用. 武汉: 武汉大学出版社, 2002.

[2] Poincaré H. Les Methodes Nouvelles de la Mécanique Celeste. Paris: Gauthier-Villars et fils, 1892.

[3] 陈关荣, 汪小帆. 动力系统的混沌化: 理论、方法与应用. 上海: 上海交通大学出版社, 2006.

[4] Lorenz E. Deterministic nonperiodic flow. J. Atmos. Sci., 1963, 20: 130-141.

[5] Hénon M N. A two dimensional mapping with a strange attractor. Comm. Math. Phys., 1976, 50(1): 69-77.

[6] 关新平, 范正平, 陈彩莲. 混沌控制及其在保密通信中的应用. 北京: 国防工业出版社, 1993.

[7] Li T, Yorke J. Period three implies chaos. Amer. Math. Monthly, 1975, 82: 985-992.

[8] May M R. Simple mathematical models with very complicated dynamics. Nature, 1976, 261: 459-467.

[9] Feigenbaum M J. Quantitative universality for a class of nonlinear transformations. J. Stat. Phys., 1978, 19: 25-52.

[10] Mandelbrot B B. Fractal Geometry of Nature. California: W. H. Freeman Company, 1982.

[11] Hao B. Chaos. Singapore: World Scientific, 1984.

[12] 王光瑞, 于熙龄, 陈式刚. 混沌的控制、同步和利用. 北京: 国防工业出版社, 2001.

[13] 邹恩, 李祥飞, 陈建国. 混沌控制及其优化应用. 长沙: 国防科技大学出版社, 2002.

[14] Sprott J. Some simple chaotic flows. Phys. Rev. Lett., 1994, 50(2): R647-R650.

[15] Chen G, Lai D. Feedback control of Lyapunov exponents for discrete-time dynamical systems. Int. J. Bifurcation and Chaos, 1996, 6: 1341-1349.

[16] Tang Y, Yang F, Chen G, Hou T. Classification of homoclinic tangencies for periodically perturbed systems. Chaos Soliton. Fract., 2006, 28: 76-89.

[17] 罗晓曙. 混沌控制、同步的理论与方法及其应用. 桂林: 广西师范大学出版社, 2007.

[18] 刘玉良, 姚齐国. 非线性动力学系统的混沌控制与反控制. 上海: 上海交通大学出版社, 2013.

[19] Chen G, Dong X. From Chaos to Order: Methodologies, Perspectives and Applications. Singapore: World Scientific, 1998.

[20] Rössler O. An equation for continuous chaos. Phys. Lett. A, 1976, 57: 397-398.

[21] Chua L, Komuro M, Matsumoto T. The double scroll family. Part I: Rigorous proof of chaos. IEEE Trans. Circuits Syst. I, 1986, 33: 1072-1096.

[22] 甘春标, 郭乙木. 拟可积哈密顿系统中噪声诱发的混沌运动. 力学学报, 2000, 32(5): 613-620.

[23] Vanecek A, Celikovsky S. Control Systems: From Linear Analysis to Synthesis of Chaos. London: Prentice Hall, 1996.

[24] Chen G, Ueta T. Yet another chaotic attractor. Int. J. Bifurcation and Chaos, 1999, 9: 1465-1466.

[25] Wang X, Chen G. Chaotifying a stable LTI system by tiny feedback control. IEEE Trans. Circuits Syst. I, 2000, 47: 410-415.

[26] Tang K, Man K, Zhong G. Generating chaos via $x|x|$. IEEE Trans. Circuits Syst. I, 2001, 48(5): 636-641.

[27] Lü J, Chen G, Cheng D. Bridge the gap between the Lorenz system and the Chen system. Int. J. Bifurcation and Chaos, 2002, 12(12): 2917-2926.

[28] Lü J, Chen G, Yu X. Dynamical behaviors of a unified chaotic system. Dynamical of Continuous, Discrete and Impulsive Systems Series B, 2003, 10(1): 115-124.

[29] Codreanu S. Desynchronization and chaotification of nonlinear dynamical systems. Chaos Soliton. Fract., 2002, 13: 839-843.

[30] Liu C, Liu T, Liu L. A new chaotic attractor. Chaos Soliton. Fract., 2004, 22: 1031-1038.

[31] Celikovsky S, Chen G. On the generalized Lorenz canonical form. Chaos Soliton. Fract., 2005, 26: 1271-1276.

[32] Li Y, Chen G, Wallace K. Controlling a unified chaotic system to hyperchaotic. IEEE Trans. Circuits Syst. II, 2005, 52(4): 204-207.

[33] Chen A, Lu J, Lü J, Yu S. Generating hyperchaotic Lü attractor via state feedback control. Physica A, 2006, 364(15): 103-110.

[34] Zheng Z, Lü J, Chen G. Generating two simultaneously chaotic attractors with a switching piecewise-linear controller. Chaos Soliton. Fract., 2004, 20: 277-288.

[35] Lü J, Chen G. Generating multiscroll chaotic attractors: Theories, methods and applications. Int. J. Bifurcation and Chaos, 2006, 16(4): 775-858.

[36] Yu S, Tang W, Lü J, Chen G. Design and implementation of multi-wing butterfly chaotic attractors via Lorenz-type systems. Int. J. Bifurcation and Chaos, 2010, 20(1): 29-41.

[37] Liu W, Chen G. A new chaotic system and its generation. Int. J. Bifurcation and Chaos, 2006, 13: 261-267.

[38] Lü J, Chen G, Cheng D. A new chaotic system and beyond: The generalized Lorenz-like system. Int. J. Bifurcation and Chaos, 2004, 14: 1507-1537.

[39] Li D. A three-scroll chaotic attractor. Phys. Lett. A, 2008, 372: 387-393.

[40] Dong G, Du R, Tian L, Jia Q. A novel 3D autonomous system with different multilayer chaotic attractors. Phys. Lett. A, 2009, 373: 3838-3845.

[41] Qi G, Chen G, Wyk M, Wyk B, Zhang Y. A four-wing chaotic attractor generated from a new 3-D quadratic autonomous system. Chaos Soliton. Fract., 2008, 38: 705-721.

[42] Chen Z, Yang Y, Yuan Z. A single three-wing or four-wing chaotic attractor generated from a three-dimensional smooth quadratic autonomous system. Chaos Soliton. Fract., 2008, 38: 1187-1196.

[43] Sprott J. Simplest dissipative chaotic flow. Phys. Lett. A, 1997, 228: 271-274.

[44] 李少远, 陈增强. 智能控制的新进展. 控制与决策, 2000, 5: 13-23.

[45] 方锦清. 驾驭混沌与发展高新技术. 北京: 原子能出版社, 2002.

[46] 方锦清, 赵耿, 罗晓曙. 混沌保密通信应用研究的进展. 广西师范大学学报 (自然科学版). 2002, 20(1): 6-18.

[47] Ditto W, Rauseo S, Spano M. Experimental control of chaos. Phys. Rev. Lett., 1990, 65: 3211-3214.

[48] Chen G, Dong X. On feedback control of chaotic continuous-time systems. IEEE Trans. Circuits Syst. I, 1993, 40(9): 591-601.

[49] Ott E, Grebogi C, Yorke J. Controlling chaos. Phys. Rev. Lett., 1990, 64(11): 1196-1199.

[50] Chen G, Dong X. Controlling Chua's system. Circuits, Systems and Computations, 1993, 3: 139-148.

[51] Gallego J. Nonlinear regulation of a Lorenz system by feedback linearization techniques. Dynamic Control, 1994, 4: 277-298.

[52] Naumenko A V, Loiko N A, Turovets I S, Spencer P S, Shore K A. Chaos control in external cavity laser diodes using electronic impulsive delayed feedback. Int. J. Bifuracation and Chaos, 1996, 8: 1791-1799.

[53] Qiu S. A cell model of chaotic attractor. Proceedings IEEEIS CAS'97, HongKong, 1997.

[54] Chen L. Predictive fuzzy control of uncertain chaotic systems. Houston: University of Houston, 1998.

[55] 方天华. 超混沌同步的非线性控制法. 原子能科学技术, 1998, 32(2): 184-187.

[56] 张晓辉, 沈柯. 高周期混沌轨道的构造方法和应用, 物理学报, 1999, 48(12): 2186-2190.

[57] 张思进, 陆启韶, 王士敏. 碰摩转子映射系统的延迟反馈混沌控制. 固体力学学报, 2001, 22(3): 89-94.

[58] Luo X, Fang Q. A method of controlling spatiotemporal chaos in coupled map lattices. Chinese physics, 2000, 9(5): 333-336.

[59] Luo X, Wang B, Jiang F. Using random Proportional pulse feedback of system variables to control chaos and hyperchaos. Chinese Physics, 2001, 10(1): 17-20.

[60] 薛月菊, 冯汝鹏. 连续时间耦合系统中时空混沌的自适应模糊控制. 物理学报, 2001, 50(3): 440-444.

[61] 李伟, 陈式刚. 用周期拍方法控制非线性耗散系统和保守系统的混沌. 物理学报, 2001, 50(10): 1862-1870.

[62] Yu Y, Zhang S. Adaptive backstepping control of the uncertain Lü system. Chinese Physics, 2002, 11(12): 1249-1253.

[63] Guan X, Hua C, Duan G. Comments on "Robust stabilization of a class of time-delay nonlinear systems". IEEE Trans. Autom. Control, 2003, 48(5): 907-908.

[64] Yang L, Liu Z, Mao J. Controlling hyperchaos. Phys. Rev. Lett., 2004, 84: 67-70.

[65] Lu Z, Shieh L, Chen G, Coleman P. Simplex sliding mode control for nonlinear uncertain systems via chaos optimization. Chaos Soliton. Fract., 2005, 23(3): 747-755.

[66] Liu X, Teo, Zhang H, Chen G. Switching control of linear systems for generating chaos. Chaos Soliton. Fract., 2006, 30(3): 725-733.

[67] Wu Z, Xie J, Fang Y, Xu Z. Controlling chaos with periodic parametric perturbations in Lorenz system. Chaos Soliton. Fract., 2007, 32(1): 104-112.

[68] Wang F, Liu C. Synchronization of unified chaotic system based on passive control. Physica D, 2007, 225(1): 55-60.

[69] Rech P. Chaos control in a discrete time system through asymmetric coupling. Phys. Lett. A, 2008, 372(24): 4434-4437.

[70] Hung Y, Liao T, Yan J. Adaptive variable structure control for chaos suppression of unified chaotic systems. Applied Mathematics and Computation, 2009, 209(2): 391-398.

[71] Salarieh H, Alasty A. Control of stochastic chaos using sliding mode method. Journal of Computational and Applied Mathematics, 2009, 225(1): 135-145.

[72] 陶朝海, 陆君安, 罗燕, 杨春德. 一类混沌系统的降维控制. 系统工程与电子技术, 2005, 27(8): 1459-1461.

[73] 高为炳. 变结构控制的理论及设计方法. 北京: 科学出版社, 1996.

[74] Austin F, Sun W, Lu X. Estimation of unknown parameters and adaptive synchronization of hyperchaotic systems. Commun. Nonlinear Sci. Numer. Simul., 2009, 14: 4264-4272.

[75] Li C, Liao X. Lag synchronization of Rossler system and Chua circuit via a scalar signal. Physics Letters A, 2004, 329: 301-308.

[76] 陈关荣, 吕金虎. Lorenz 系统族的动力学分析、控制与同步. 北京: 科学出版社, 2003.

[77] Pecora L, Carroll T. Synchronization in chaotic systems. Phys. Rev. Lett., 1990, 64: 821-824.

[78] Sun Y, Cao J, Wang Z. Exponential synchronization of stochastic perturbed chaotic delayed neural networks. Neurocomputing, 2007, 70(13-15): 2477-2485.

[79] Li R. Exponential generalized synchronization of uncertain coupled chaotic systems by adaptive control. Commun. Nonlinear Sci. Numer. Simul., 2009, 14(6): 2757-2764.

[80] Shi X, Wang Z. Adaptive added-order anti-synchronization of chaotic systems with fully unknown parameters. Applied Mathematics and Computation, 2009, 215(5): 1711-1717.

[81] Sawalha M, Noorani M. Adaptive reduced-order anti-synchronization of chaotic systems with fully unknown parameters. Commun. Nonlinear Sci. Numer. Simul., 2010, 15(10): 3022-3034.

[82] Wang H, Han Z, Xie Q, Zhang W. Finite-time chaos synchronization of unified chaotic system with uncertain parameters. Commun. Nonlinear Sci. Numer. Simul., 2009, 14(5): 2239-2247.

[83] Salarieh H, Shahrokhi M. Multi-synchronization of chaos via linear output feedback strategy. Journal of Computational and Applied Mathematics, 2009, 223(2): 842-852.

[84] Liu X. Impulsive synchronization of chaotic systems subject to time delay. Nonlinear Analysis, 2009, 71(12): 1320-1327.

[85] Ha S, Ha T, Kim J. On the complete synchronization of the Kuramoto phase model. Physica D, 2010, 239(17): 1692-1700.

[86] Wang J, Chen A. Partial synchronization in coupled chemical chaotic oscillators. Journal of Computational and Applied Mathematics, 2010, 233(8): 1897-1904.

[87] Choon K A. Fuzzy delayed output feedback synchronization for time-delayed chaotic systems. Nonlinear Analysis, 2010, 4(1): 16-24.

[88] Kebriaei H, Yazdanpanah M. Robust adaptive synchronization of different uncertain chaotic systems subject to input nonlinearity. Commun. Nonlinear Sci. Numer. Simul., 2010, 15(2): 430-441.

[89] Sudheer K, Sabir M. Switched modified function projective synchronization of hyperchaotic Qi system with uncertain parameters. Commun. Nonlinear Sci. Numer. Simul., 2010, 15(12): 4058-4064.

[90] Zhang W, Huang J, Wei P. Weak synchronization of chaotic neural networks with parameter mismatch via periodically intermittent control. Applied Mathematical Modelling, 2011, 35(2): 612-620.

[91] Sun J, Shen Y, Zhang G, Cui G, Wang Y. General hybrid projective complete dislocated synchronization with non-derivative and derivative coupling based on parameter identification in several chaotic and hyperchaotic systems. Chinese Physics B, 2013, 22(4): Article ID 040508.

[92] Samko S, Kilbas A, Marichev O. Fractional Integrals and Derivatives: Theory and Applications. Yverdon: Gordon and Breach, 1993.

[93] Kilbas A, Srivastava H, Trujillo J. Theory and Applications of Fractional Differential Equations. Amsterdam: Elsevier Science Ltd, 2006.

[94] Wang X, He Y. Projective synchronization of fractional order chaotic system based on linear separation. Phys. Lett. A, 2008, 372: 435-441.

[95] Li C, Liao X, Yu J. Synchronization of fractional order chaotic systems. Phys. Rev. Lett., 2003, 68: 067203.

[96] Day R H. The emergence of chaos from classical economic growth. The Quarterly Journal of Economics, 1983, 98(2): 201-231.

[97] Benhabib J, Day R H. Rational choice and erratic behavior. The Review of Economic Studies, 1981, 48(3): 459-471.

[98] Baumol W J, Wolff E N. On Interindustry differences in absolute productivity. Journal of Political Economy, 1984, 92(6): 1017-1034.

[99] Baumol W J, Benhabib J. Chaos significance, mechanism, and economic applications. Journal of Economic Perspectives, 1989, 3(1): 77-105.

[100] 朱鋐雄, 张立洪. 经济数据中存在混沌吗? 自然杂志, 1993, 10: 12-16.

[101] Feichtinger G, Kopel M. Chaos in nonlinear dynamical systems exemplified by an R&D model. European Journal of Operational Research, 1993, 68(2): 145-159.

[102] 陈平. 文明分岔、经济混沌、和演化经济学. 北京: 北京大学出版社, 2004.

[103] 拉姆塞. 股票市场: 气泡、发射性及混沌. 北京: 经济科学出版社, 1987.

[104] 叶中行, 杨利平. 上证指数的混沌特性分析. 上海交通大学学报, 1998, 32(3): 129-132.

[105] 高红兵, 潘瑾, 陈宏民. 我国证券市场混沌的判据. 系统工程, 2000, 18(6): 28-32.

[106] 刘洪. 经济系统预测的混沌理论原理与方法. 北京: 科学出版社, 2003.

[107] 埃德加 · E. 彼得斯. 资本市场的混沌与秩序. 王小东, 译. 北京: 经济科学出版社, 1999.

[108] 王高雄, 周之铭. 常微分方程. 北京: 高等教育出版社, 2006.

[109] 王兴元. 混沌系统的同步及在保密通信中的应用. 北京: 科学出版社, 2012.

[110] Wang X, Chen G. Chaotification via arbitrarily small feedback controls: Theory, method, and applications. Int. J. Bifurcation and Chaos, 2000, 10: 549-570.

[111] Zhou W, Xu Y, Lu H, Pan L. On dynamics analysis of a new chaotic attractor. Phys. Lett. A, 2008, 372(36): 5773-5777.

[112] 舒永录, 张万欣, 张勇. 一个新混沌系统的有界性和同步. 重庆理工大学学报(自然科学), 2010, 1: 114-117.

[113] Xu Y, Zhou W, Fang J, Wang Y. Generating the new chaotic attractor by feedback controlling method. Mathematical Methods in the Applied Sciences, 2011, 34(17): 2159-2166.

[114] Xu Y, Zhou W, Fang J. On dynamics analysis of a new symmetrical five-term chaotic attractor. Proceedings of the 29th Chinese Control Conference. July 29-31, 2010, Beijing, China.

[115] Xu Y, Wang Y. A new chaotic system without linear term and its impulsive synchronization. Optik. 2014, 125(11): 2526-2530.

[116] Xu Y, Li Bing, Wang Y, Zhou W, Fang J. A new four-scroll chaotic attractor consisted of transient chaotic two-scroll and ultimate chaotic two-scroll. Mathematical Problems in Engineering, 2012, Article ID 438328, 12 pages.

[117] 徐玉华, 周武能. 一类新单参数混沌系统的降维控制. 东华大学学报, 2010, 36(1): 52-56.

[118] Lü J, Zhou T, Zhang S. Chaos synchronization between linearly coupled chaotic systems. Chaos Soliton. Fract., 2002, 14: 529-541.

[119] Zhou J, Lu J, Wu X. Linearly and nonlinearly bidirectionally coupled synchronization of hyperchaotic systems Chaos. Chaos Soliton. Fract., 2007, 31: 230-235.

[120] Hu M, Xu Z. Adaptive feedback controller for projective synchronization. Nonlinear Analysis, 2008, 9: 1253-1260.

[121] Grassi G, Mascolo S. Nonlinear observer design to synchronize hyperchaotic systems via a scalar signal. IEEE Trans. Circuits Syst. I, 1997, 44: 1011-1013.

[122] Sun Y, Cao J. Adaptive synchronization between two different noise perturbed chaotic systems with fully unknown parameters. Physica A, 2007, 376: 253-265.

[123] Yang X, Peng D, Lv X, Li X. Recent progress in impulsive control system. Mathematics and Computer in Simulation. 2019, 155: 244-268.

[124] Zhou J, Wen C, Wang W. Adaptive backstepping control of uncertain systems with unknown input time-delay. Automatica, 2009, 45: 1415-1422.

[125] Yu W, Cao J. Adaptive synchronization and lag synchronization of uncertain dynamical system with time delay based on parameter identification. Physica A, 2007, 375: 467-482.

[126] Xu Y, Lu Y, Zhou W, Fang J. Bounded synchronization of the general complex dynamical network with delay feedback controller. Nonlinear Dyn., 2016, 84(2): 661-667.

[127] Xu Y, Zhou W, Fang J. Hybrid dislocated control and general hybrid projective dislocated synchronization for the modified Lü chaotic system. Chaos Soliton. Fract., 2009, 42(3): 1305-1315.

[128] Xu Y, Zhou W, Fang J. Modified scaling function projective synchronization of chaotic systems. Chinese Physics B, 2011, 20(9): 090509(1-5).

[129] Xie C, Xu Y, Tong D. Chaos synchronization of financial chaotic system with external perturbation. Discrete Dynamics in Nature and Society, 2015, Article ID 731376, 7 pages.

[130] 黄登仕, 李后强. 非线性经济学的理论与方法. 成都: 四川大学出版社, 1993.

[131] Gao W, Li J, Xu Y. Adaptive synchronization of uncertain chaotic systems with definite integration scaling function. Optik, 2015, 126(19): 1999-2002.

[132] Xu Y, Xie C, Wang Y, Zhou W, Fang J. Chaos projective synchronization of the chaotic finance system with parameter switching perturbation and input time-varying delay. Mathematical Methods in the Applied Sciences, 2015, 38(17): 4279-4288.

[133] Xu Y, Zhou W, Xie C. Bounded scaling function projective synchronization of chaotic systems with adaptive finite-time control. Circuits, Systems, and Signal Processing, 2018, 37(8): 3353-3363.

[134] Hardy G. H, Littlewood J E, Polya G. Inequalities. Cambridge: Cambridge University Press, 1952.

[135] Zhou X, Xu Y. Hybrid synchronization of uncertain generalized Lorenz system by adaptive control. Journal of Control Science and Engineering, 2018, Article ID 5603639, 5pages.

[136] Xu Y, Zhou W, Fang J, Sun W. Adaptive synchronization of uncertain chaotic systems with adaptive scaling function. J. Franklin Institute, 2011, 348(9): 2406-2416.

[137] Xu Y, Xie C, Wang Y, Zhou W, Fang J, Sun W. Topology identification and adaptive synchronization of uncertain complex networks with adaptive double scaling functions. Commun. Nonlinear Sci. Numer. Simul., 2011, 16(8): 3337-3343.

[138] 徐玉华, 李坤花, 周武能. 混沌系统同步性质的一个注记. 河南科技大学学报 (自然科学版), 2011, 32(5):71-76.

[139] Hu C, Yu J, Jiang H. Finite-time synchronization of delayed neural networks with Cohen-Grossberg type based on delayed feedback control. Neurocomputing, 2014, 14: 390-96.

[140] Li D, Cao J. Finite-time synchronization of coupled networks with one single time varying delay coupling. Neurocomputing, 2015, 166: 265-270.

[141] Cao J, Li R. Fixed-time synchronization of delayed memristor-based recurrent neural networks. Science China, Inf. Sci., 2017, 60: 032201(1-15).

[142] Polyakov A. Nonlinear feedback design for fixed-time stabilization of linear control systems. IEEE Trans. Autom. Control, 2012, 57(8): 2106-2110.

[143] Zuo Z. Non-singular fixed-time terminal sliding mode control of nonlinear systems. IET Contr. Theory Appl., 2015, 9(4): 545-552.

[144] Jiang M, Wang S, Mei J, Shen Y. Finite-time synchronization control of a class of memristor-based recurrent neural networks. Neural Networks, 2015, 63: 133-140.

[145] Ni J, Liu L, Liu C, Hu X, Li S. Fast fixed-time nonsingular terminal sliding mode control and its application to chaos suppression in power system. IEEE Trans. Circuits Syst. II, 2017, 64(2): 151-155.

[146] Shen H, Park J,Wu Z. Finite-time synchronization control for uncertain Markov jump neural networks with input constraints. Nonlinear Dyn., 2014, 77(4): 1709-1720.

[147] Xu Y, Zhou W, Fang J. Xie C, Tong D B. Finite-time synchronisation of the complex dynamical network with non-derivative and derivative coupling. Neurocomputing, 2016, 173: 1356-1361.

[148] Shen Y, Huang Y. Uniformly observable and globally Lipschitzian nonlinear systems admit global finite-time observers. IEEE Trans. Autom. Control, 2009, l54: 2621-2625.

[149] Xu Y, Zhang J, Zhou W, Tong D. Finite-time bounded synchronization of the growing complex network with non-delayed and delayed coupling. Discrete Dynamics in Nature and Society Volume, 2017, Article ID 6501583, 7 pages.

[150] Xu Y, Wu X, Xu C. Synchronization of time-varying delayed neural networks by fixed-time control. IEEE Access, 2018, 6: 74240-74246.

[151] Xu Y, Meng D, Zhou W, Xie C, You G. A class of fast fixed-time synchronization control for the delayed neural network. J. Franklin Institute, 2018, 355(1): 164-176.

[152] Xu Y, Ke Z, Meng D, Zhou W, Xie C. Dynamic evolution analysis of stock price fluctuation and its control. Complexity, 2018, Article ID 5728090, 9 pages.

[153] Xu Y, Zhou W, Lu H, Xie C, Tong D. Adaptive finite-time synchronization of neutral type dynamical network with double derivative coupling. Neural Process. Lett., 2018, 48(2): 1175-1186.

[154] Xu Y, Wu X, Li N, Liu L, Xie C, Li C. Fixed-time synchronization of complex networks with a simpler nonchattering controller. IEEE Trans. Circuits Syst. II, 2020, 67(4): 700-704.

[155] Li N, Wu X, Feng J, Xu Y. Fixed-time synchronization in probability of drive-response networks with discontinuous nodes and noise disturbances. Nonlinear Dyn., 2019, 97(1): 297-311.

[156] Sanchez T, Gomez G, Lopez E, Loukianov A. A class of predefined-time stable dynamical systems. IMA. J. Math. Control Inf., 2017, 35: i1-i29.

[157] Bhat S, Bernstein D, Finite-time stability of continuous autonomous systems. SIAM J. Control Optim., 2000, 38(3), 751-766.

[158] Anguiano G, Muñoz V, Sánchez T, Romero G, Martínez R. On predefined-time synchronization of chaotic systems. Chaos Soliton. Fract., 2019, 122: 172-178.

[159] 徐寅峰. 经济模型及经济混沌. 西安交通大学学报, 1994, 28(3): 83-86.

[160] Rosser J B. Long wave chaos and systemic economic transformation. World Future, 1994, 39(2): 197-207.

[161] 埃德加 · E. 彼得斯. 分形市场分析 —— 将混沌理论应用到投资与经济理论上. 储海林, 殷勤, 等译. 北京: 经济科学出版社, 2002.

[162] 刘静岩, 韩文秀. 房地产投资泡沫的 OGY 混沌控制策略. 系统工程, 2002, 20(3): 41-43.

[163] 杜建国, 盛昭瀚, 姚洪兴. 一类混沌经济模型的阈值控制法研究. 系统工程理论与实践, 2004, 10: 27-32.

[164] 徐争辉, 刘友金, 肖雁飞. 一类投资模型混沌现象的自适应反馈控制. 系统工程, 2009, 7: 34-38.

[165] 丁娟, 杨卫国, 姚洪兴. 一类产出系统的延迟反馈控制. 江苏大学学报, 2009, 30(1): 104-108.

[166] Wang Z, Huang X, Shi G. Analysis of nonlinear dynamics and chaos in a fractional order financial system with time delay. Computers and Mathematics with Applications, 2011, 62(3): 1531-1539.

[167] Ding Y, Jiang W, Wang H. Hopf-pitchfork bifurcation and periodic phenomena in nonlinear financial system with delay. Chaos Soliton. Fract., 2012, 45(8): 1048-1057.

[168] 马军海, 盛昭瀚, 陈春旺. 经济时序动力系统的分形及混沌特性研究. 系统工程学报, 2006, 15(1): 13-18.

[169] 徐玉华, 卢亚娟, 谢承蓉. 一类广告经济系统的建模与演化分析. 统计与信息论坛, 2016, 31(2): 84-87.

[170] 徐玉华, 谢承蓉, 王玉玲. 金融系统风险的演化机理研究. 统计与决策, 2016, 455(1): 172-175.

[171] Yun T. Basic equations, theory and principle of computational stock market (I). Applied Mathematics and Mechanics, 1999, 20(2): 145-151.

[172] 徐玉华, 杜明娟, 赵玥, 周心莲. 基于 "模仿行为" 策略的双寡头博弈模型分析. 江西科学, 2019, 37(175): 727-732.

索　　引